Gutachten zu Fragen
der schweizerischen Berufsbildung

Bildung
Medien
Kommunikation

www.hep-verlag.ch
der bildungsverlag

Professor em. Dr. Dres. h.c. Rolf Dubs
Gutachten zu Fragen der schweizerischen Berufsbildung
erstellt im Auftrag des Bundesamtes für Berufsbildung und Technologie
ISBN 3-03905-164-4

Also available in English under the title:
An Appraisal of the Swiss Vocational Education System
ISBN 3-03905-166-0

Egalement disponible en français sous le titre:
Rapport d'expertise sur les questions concernant la formation professionnelle en Suisse
ISBN 2-606-01149-X

Layout: GBS, Lyss
Umschlag: Wiggenhauser & Woodtli GmbH, Zürich

Bibliografische Information Der Deutschen Bibliothek
Die Deutsche Bibliothek verzeichnet diese Publikation in der Deutschen Nationalbibliografie; detaillierte bibliografische Angaben sind im Internet unter http://dnb.ddb.de abrufbar.

1. Auflage 2005

h.e.p. verlag ag
Bildung.Medien.Kommunikation
Brunngasse 36
CH-3011 Bern

www.hep-verlag.ch

Prof. em. Dr. Dres. h.c. Rolf Dubs

Gutachten zu Fragen der schweizerischen Berufsbildung

erstellt im Auftrag des
Bundesamtes für Berufsbildung
und Technologie

h e p

Vorwort von Joseph Deiss

Für eine starke Berufsbildung!

Vor Ihnen liegt der erste Band der neuen Buchreihe «Berufsbildungsforschung», die eine echte Lücke schliesst und der Berufsbildung endlich eine eigene Plattform veschafft. Es ist in der Tat paradox, dass ausgerechnet die Berufsbildung – von zwei Dritteln der Jugendlichen gewählt – bis jetzt als das Stiefkind der Bildungsforschung behandelt wurde.

Heute braucht es mehr denn je solide wissenschaftliche Grundlagen, um die Entwicklung des Berufsbildungssystems zu unterstützen, zu begleiten und zu leiten. Die neue Reihe trägt dazu bei, indem sie Forschungsresultate der Praxis vermittelt und die Praktikerinnen und Praktiker in ihren Überlegungen unterstützt.

Ich freue mich, dass Professor Rolf Dubs mit seiner umfassenden Expertise die Reihe «Berufsbildungsforschung» eröffnet.

Der Autor ist ein ausgewiesener Kenner der schweizerischen Berufsbildung. Er hat sie mit vielen Forschungs- und Entwicklungsarbeiten geprägt. Im vorliegenden Werk nimmt er eine Standortbestimmung der schweizerischen Berufsbildung vor und stellt sie in den europäischen Kontext.

Welches sind die Trümpfe und Risiken unseres Berufsbildungssystems? Bietet es die besten Chancen auf dem Arbeitsmarkt? – Die Bilanz von Professor Dubs ist ermutigend. Er geht aber auch weiter und benennt die Herausforderungen, denen wir uns zu stellen haben. Er weist insbesondere darauf hin, dass die vielen Akteurinnen und Akteure der Berufsbildung ein besseres Gleichgewicht unter ihren oft auseinander strebenden Interessen finden müssen. Gleichzeitig darf dieses Gleichgewicht nicht erstarren, sondern muss der Entwicklung des Berufsbildungssystems dienen.

Der Autor betont zu Recht, dass die Bedingungen dazu vorhanden sind, dass unsere Berufsbildung weiterhin eine Erfolgsgeschichte bleibt. Angesichts der Öffnung der Grenzen und der beschleunigten Entwicklung des Arbeitsmarktes sind wir aber aufgerufen, uns für eine starke Berufsbildung zu engagieren. Die Reihe «Berufsbildungsforschung» ist dazu ein gutes und geeignetes Mittel.

Viel Gewinn beim Lesen!

Joseph Deiss
Bundesrat
Vorsteher des Eidgenössischen Volkswirtschaftsdepartements

Vorwort

Hauptaufgabe des Gutachtens ist es, Grundlagen über die berufliche Grundbildung, insbesondere die berufspraktische Ausbildung in der Schweiz darzustellen. Im Vordergrund stehen dabei vor allem Fragen im Zusammenhang mit der Einordnung der Grundbildung in die internationale Entwicklung. Der Grund für diese Fragestellung liegt in Befürchtungen, das duale Berufsbildungssystem der Schweiz mit seinem starken berufspraktischen Bezug könnte angesichts gewisser Tendenzen in einzelnen europäischen Ländern zu einer vollschulischen Berufsbildung für eine zukunftsgerichtete Berufsausbildung nicht mehr genügen. Von besonderer Wichtigkeit ist dabei die Problematik der internationalen Anerkennung der Fachhochschulen zu Studienzwecken im Ausland sowie zur Berufsausübung.

Die Lösung dieser Aufgabe erwies sich aus drei Gründen als anspruchsvoll:

Erstens liegen zu diesen Fragen nur wenige empirische Studien vor, sodass die wissenschaftliche Beweisführung schwierig ist.

Zweitens ist die europäische Berufsbildungspolitik im Rahmen der Europäischen Union wenig verbindlich und gegenwärtig sehr stark in Veränderung. Vor allem der Entwurf eines Credit-Systems für die berufliche Grundbildung, der aufzeigen soll, wie die Mobilität verbessert werden kann, liegt zum Zeitpunkt des Abschlusses dieses Gutachtens noch nicht vor, weil sich dessen Ausgestaltung angesichts der Verschiedenartigkeit der Berufsbildungssysteme als sehr schwierig erweist.

Drittens haben viele Entscheide einen politischen Charakter, und sie hängen sehr stark vom Verhalten der Organisationen der Arbeit ab. Wenn sie gewisse Neuentwicklungen, die von der Wissenschaft und interessierten Kreisen vorgeschlagen werden, aus irgendwelchen Gründen nicht als wünschbar erachten, bleiben alle Vorschläge zu Innovationen wirkungslos, selbst wenn sie sich argumentativ und/oder aus wissenschaftlicher Sicht rechtfertigen lassen.

Angesichts dieser Problematik hat sich der Verfasser entschieden, nicht nur die sieben gestellten Fragen zu behandeln, sondern die ganze Arbeit breiter anzulegen, um die Probleme soweit als möglich etwas umfassender und damit differenzierter darzustellen.

Knapp zusammengefasst ist alles andere als ein pessimistisches Bild der schweizerischen Berufsbildung entstanden. Das duale (triale) Berufsbildungssystem hat Vorzüge und schafft für die junge Generation gute

Arbeitsmarktchancen. Aber es besteht ein eindeutiger Reformbedarf in Richtung vermehrter Flexibilität. Auch die Entwicklung der Fachhochschulen darf gesamthaft betrachtet, als erfolgreich bezeichnet werden. Die berufliche Vorbildung zu deren Besuch kann als zweckmässig beurteilt werden. Auch ist die Einführung der Regeln der Bologna-Erklärung sowie des European-Credit-Transfer-Systems auf dem besten Weg. Mögliche Probleme (z. B. Verwässerung des Bachelor-Titels für Fachhochschulen) lassen sich lösen, wenn sich die Fachhochschulen nach dem erfolgten Systemaufbau ganz intensiv mit der weiteren Qualitätsverbesserung beim erweiterten Leistungsauftrag auseinandersetzen.

Dr. Matthias Pilz, wissenschaftlicher Mitarbeiter am Institut für Wirtschaftspädagogik der Universität St. Gallen, hat an einzelnen Fragestellungen dieses Gutachtens intensiv mitgearbeitet. Dafür sei ihm gedankt. Die Verantwortung für die Arbeit trägt aber allein der Verfasser.

St. Gallen, 1. April 2004 — Rolf Dubs

Kurzzusammenfassung (Management Summary)

Im Gutachterauftrag des Bundesamtes für Berufsbildung und Technologie (BBT) wurden sieben konkrete Fragen gestellt, die im Kapitel 6 beantwortet werden. In Ergänzung wünschte das BBT, dass die berufliche Grundbildung und die Entwicklung der Fachhochschulen so dargestellt werden, dass sich daraus Schlussfolgerung hinsichtlich der internationalen Positionierung des schweizerischen Berufsbildungssystems ziehen lassen. Deshalb ist die einleitende Kurzfassung breiter erfolgt, als es zur Beantwortung der sieben Fragen nötig gewesen wäre.

Im **ersten Kapitel** wird Stellung zu kritischen Argumenten zum schweizerischen dualen Berufsbildungssystem bezogen.

1. Aufgezeigt wird, warum ein differenziertes Schulsystem (ein allgemein bildendes und berufsbildendes System sowie universitäre und Fachhochschulen) nötig ist, und eine hohe Quote gymnasialer Maturandinnen und Maturanden allein für den Wirtschaftsstandort Schweiz keine bildungspolitische Zielsetzung sein kann (Abschnitt 1.2.1).[1]
2. Das Ungleichgewicht zwischen Lehrstellenangebot und Lehrstellennachfrage wird ein dauerhaftes Problem bleiben. Angesichts der vielen Einflüsse auf das Angebot und die Nachfrage lässt es sich auch nicht mit einer einzigen staatlichen Steuerungsmassnahme lösen. Je nach konkreter Marktstörung sind unterschiedliche Massnahmen vorzusehen (Abschnitt 1.2.2).
3. Die Problematik der unterschiedlichen Ansprüche der Grossunternehmen sowie der Klein- und Mittelunternehmen an die einzelnen Lehrberufe wird sich eher verschärfen. Mit dem Bundesgesetz über die Berufsbildung vom 13. Dezember 2002 (BBG), das als offenes Gesetz konzipiert ist, kann durch eine entsprechende Gestaltung der Bildungsverordnungen solchen unterschiedlichen Gegebenheiten Rechnung getragen werden (Abschnitt 1.2.3).
4. Die vor allem von ausländischen Wissenschaftern vorgetragene Kritik am dualen Berufsbildungssystem ist in vielen Fällen zu pauschal und hält empirischen Untersuchungen in dieser Form nicht immer stand (Abschnitt 1.2.4).

1 Diese Zahlen verweisen auf die Abschnitte im Gutachten.

5. Vor allem im ersten OECD-Bericht über das schweizerische Bildungswesen werden viele Schwachstellen des schweizerischen dualen Berufsbildungssystems angesprochen. Insgesamt nimmt aber diese Kritik wenig Rücksicht auf dessen Wesensmerkmale. Der spezifische Bericht zeigt aber die Denkweise vieler europäischer Expertinnen und Experten, die nicht ohne Einfluss auf die Entwicklung der europäischen Berufsbildungspolitik sind (Abschnitt 1.2.5).
6. Die Verwirklichung der Ziele der EU für die berufliche Grundbildung bleibt nach gegenwärtiger Rechtslage unter Ausschluss jeglicher Harmonisierung der Rechts- und Verwaltungsvorschriften den Mitgliedstaaten überlassen (Subsidiaritätsprinzip). Deshalb kann die Schweiz auch im Hinblick auf einen allfälligen EU-Beitritt die berufliche Grundbildung nach ihren konzeptionellen Vorstellungen gestalten (Abschnitt 1.2.6).

Das **zweite Kapitel** beschäftigt sich mit der Wirksamkeit des dualen Berufsbildungssystems, die von zwei Gesichtspunkten aus betrachtet wird: dem Transitionsprozess (Übergang von der obligatorischen Schulzeit in die postobligatorische Ausbildung) und der Ausbildungszufriedenheit von Lehrtöchtern und Lehrlingen im dualen System. Ausserdem wird das duale mit dem vollschulischen Berufsbildungssystem verglichen.

1. Insgesamt ergibt sich in der Schweiz beim Übergang von der obligatorischen Schulzeit in die nachobligatorische Ausbildung ein positives Bild. Zwei Jahre nach Ende der obligatorischen Schulzeit gelangen nur ganz wenige Jugendliche nicht in den Genuss einer Ausbildung. Dieses Gesamtergebnis wird aber durch zwei negative Erscheinungen wesentlich getrübt:
   - Die Zahl der Jugendlichen, die keinen direkten Zugang zu einer nachobligatorischen Ausbildung haben und auf eine Zwischenlösung angewiesen sind, ist relativ hoch. Allerdings finden dank einem ausgesprochenen Willen zu einer zertifizierten Ausbildung viele von ihnen zwei Jahre nach dem Schulaustritt doch noch einen Ausbildungsplatz im berufsbildenden Ausbildungsbereich, allerdings in vielen Fällen nicht im Wunschberuf, sondern in einem weniger attraktiven Ausbildungsberuf. Unter Berücksichtigung dieses Nachteils sind – leider nicht kurzfristig – aber längerfristig die Diskrepanzen zwischen Angebot und Nachfrage nach Lehrstellen nicht so gross, wie aufgrund von Momentaufnahmen immer wieder behauptet wird.

     Die relativ hohe Zahl von Volksschulabgängerinnen und -abgängern, die mindestens für ein Jahr auf eine Zwischenlösung angewiesen sind (systemische Pufferfunktion), führt zur Forderung nach dem Ausbau von Angeboten für Zwischenlösungen (wie 10. Schuljahr, Vorlehre usw.). Dieser Weg ist ineffizient. Besser wäre es, die dafür benötigten finanziellen Mittel zur Verbesserung des direkten Einstieges in eine Berufsbildung zu verwenden (z. B. systematischer Ausbau des Berufsattestes gemäss Art. 37 BBG).

– Besonders kritisch ist, dass diejenigen, welche eine Zwischenlösung wählen müssen und die – glücklicherweise ganz wenigen –, die auch im zweiten Anlauf keine Lehrstelle finden, besonders ungünstigen Situationen entstammen. Sie weisen beispielsweise schlechte Leistungsvoraussetzungen verbunden mit einer Stigmatisierung durch Lernerfahrungen in schwächeren Leistungszügen der Sekundarstufe I auf (obschon viele nur zufällig und nicht aufgrund nachweisbarer Leistungsschwäche diesen Zügen zugeordnet werden), kommen aus sozial tiefen und bildungsfernen Schichten oder es handelt sich um Migrantinnen und Migranten aus den jüngeren Einwanderungsländern (Balkan, Türkei, Portugal). Zudem wählen auch mehr weibliche Jugendliche eine Zwischenlösung als männliche. Bedenklich ist, dass bei diesen Gruppen die Chancen für eine Lehrstelle oft aufgrund negativer Vorurteile bei der Lehrstellenvergabe nochmals verringert werden.

  Dieses Problem lässt sich nicht primär über die Berufsbildungspolitik lösen, sondern es handelt sich um Fragen der Integration sowie der schulischen Förderung von benachteiligten Migrantinnen und Migranten (deren Zahl aber bedeutend kleiner ist, als üblicherweise angenommen wird) sowie um die noch immer ungelöste Problematik der Organisation der Sekundarstufe I. Hier besteht ein dringender Handlungsbedarf (Abschnitt 2.2).

2. Weil die Angebots- und Nachfrageverhältnisse auf dem Lehrstellenmarkt kurzfristig und partiell immer wieder gestört sind, das Problem der Zwischenlösungen für die unmittelbare Phase nach der obligatorischen Schulzeit nicht wegdiskutiert werden darf und eine kleinere Zahl – als üblicherweise angenommen – von Benachteiligten vorhanden ist, stellt sich die Frage nach staatlichen Steuerungsmassnahmen. Ein umfassendes, landesweites Bonus-Malus-System wird ebenso abgelehnt wie Steuererleichterungen für ausbildende Unternehmen. Unterstützt wird das in Art. 60 BBG vorgesehene System durch einen verbandlichen Berufsbildungsfonds, dessen Errichtung als allgemein verbindlich erklärt werden kann. Auch Subventionen, die sehr gezielt nach klaren Kriterien und bei dauerhaften Störungen als Anschubfinanzierung vorgesehen sind, werden nicht grundsätzlich verneint (siehe Abschnitt 2.3).

3. Aus wissenschaftlicher Sicht lässt sich nicht nachweisen, dass ein bestimmtes Berufsbildungssystem andern gegenüber generell überlegen ist. Je nach berücksichtigten Kriterien kann es das eine oder andere sein. Für die Schweiz wichtig ist nun, dass sich das duale System im Grossen und Ganzen bewährt. Seine generelle Überlegenheit ist aber im heutigen Umfeld nicht mehr gegeben. Deshalb drängen sich Reformen des dualen Systems auf, ohne es jedoch grundsätzlich in Frage zu stellen. Bei allen Reformen muss eine zentrale Frage, die normativen Charakter hat, immer wieder gestellt werden: Was ist eigentlich mit der schweizerischen Berufsbildung beabsichtigt? Die Antwort auf diese Frage schafft die Voraussetzungen für empirische Analysen der Entwicklung der Anforderungen an einzelne berufliche Tätigkeitsbereiche.
   In der vorliegenden Studie wird vom Bedarfsansatz und nicht vom Social Demand Approach ausgegangen, d. h. es wird unmissverständlich gegen eine Entkoppelung von Berufsbildungs- und Beschäftigungspolitik Stellung bezogen (Abschnitt 2.4).
4. Für die Qualität des dualen Berufsbildungssystems spricht die hohe Ausbildungszufriedenheit der Lehrlinge und Lehrtöchter. Sie ist höher als bei den Gymnasiastinnen und Gymnasiasten und bei den Schülerinnen und Schülern von Vollzeitberufsschulen. Allerdings sind zwei Aspekte kritisch: Einerseits wird die schulische Ausbildung schlechter beurteilt als die betriebliche. Und andererseits wird die mangelnde Abstimmung von Ausbildung in der Schule und im Betrieb (Lernortskooperation) kritisiert (Abschnitt 2.5).

Nachdem im zweiten Kapitel Schwachstellen des schweizerischen dualen Berufsbildungssystems festgehalten wurden, wird im **dritten Kapitel** gefragt, ob das neue BBG die Voraussetzungen für mögliche Verbesserungen schafft.

1. Das Bundesgesetz über die Berufsbildung vom 13. Dezember 2003 schafft als offenes Gesetz gute Grundlagen für Innovationen in der beruflichen Grundbildung. Als zwingend wird die Fortentwicklung des dualen Systems zu einem trialen Berufsbildungssystem (Ausbildung in der Berufsschule, im Betrieb oder in Lehrbetriebsverbünden sowie in vielgestaltigen Ausbildungsblöcken) gesehen. Anhand des Expertenmodells der Expertenkommission zum neuen Berufsbildungsgesetz werden für Berufsfelder, Tätigkeitsfelder und Berufe Möglichkeiten aufgezeigt, wie ein flexibilisiertes triales Berufsbildungssystem ausgestaltet werden kann (Abschnitt 3.2.1).

2. Da die Innovationsfreude nicht bei allen Organisationen der Arbeit gegeben ist, muss das Bundesamt für Berufsbildung und Technologie zu Innovationen anregen (eine stärkere Innovatorrolle übernehmen). Vordringlich ist, dass es eine knappe Rahmenordnung über die materielle Gestaltung der Ausbildungsverordnungen und über die Prüfungen erlässt. Andernfalls besteht im Rahmen des offenen Gesetzes die Gefahr, dass sich die berufliche Grundausbildung und die Prüfungen zu stark individualisieren, was zu unterschiedlichen Qualitäten der Ausbildung führen könnte, wodurch sich die Vergleichbarkeit der Grundbildung verschlechterte.
3. Prioritär sind zwei Bereiche anzugehen: Angesichts kurzfristiger Ungleichgewichte auf dem Lehrstellenmarkt ist der Aufbau von Lehrbetriebsverbünden mit den vielen Gestaltungsmöglichkeiten zu fördern (etwa mittels Subventionen für eine Anschubsfinanzierung). Zudem ist das Modell des Berufsattestes rasch umzusetzen, damit die lernschwachen und sozial benachteiligten Abgängerinnen und Abgänger der obligatorischen Schule bessere Möglichkeiten für eine zertifizierte Ausbildung erhalten. Die Erreichung dieses Zieles setzt eine hohe Bereitschaft der Organisationen der Wirtschaft und der Betriebe zur vorurteilsfreien Schaffung von Arbeitsplätzen für schulisch Schwächere voraus (Abschnitt 3.2.2).

Das **vierte Kapitel** widmet sich der Frage des Ausbildungsniveaus und der Arbeitsmarktfähigkeit der Lehrtöchter und Lehrlinge sowie (ansatzweise) eines Vergleichs ihres Ausbildungsniveaus mit dem Ausland.

1. Im Hinblick auf die berufliche Mobilität und angesichts der vielen gesellschafts- und wirtschaftspolitischen Probleme der Gegenwart darf die berufliche Grundbildung nicht nur auf die Förderung der beruflichen Fähigkeiten ausgerichtet werden. Trotz geringerer Beliebtheit bei den Lehrlingen und Lehrtöchtern und der Zurückhaltung vieler Arbeitgebenden bleibt die Allgemeinbildung ein wesentliches Kriterium für das Ausbildungsniveau der jungen Generation. Deshalb sind die Bemühungen des BBT um eine Verbesserung der Allgemeinbildung vorbehaltlos zu unterstützen (Abschnitt 4.2).
2. Dass das schweizerische Berufsbildungssystem arbeitsmarktfähige Leute ausbildet, belegen die im internationalen Vergleich verhältnismässig tiefen Zahlen der Jugendarbeitslosigkeit. Allerdings darf das Dilemma des dualen Berufsbildungssystems nicht übersehen werden: Je stärker die Strukturierung der Berufe und die Spezialisierung der beruflichen Ausbildung übereinstimmen und Unternehmen eine produktions-

orientierte Ausbildungsstrategie verfolgen, desto besser ist die Arbeitsmarktfähigkeit der Lehrlinge und Lehrtöchter. Gleichzeitig werden aber keine idealen Voraussetzungen für eine berufliche Mobilität geschaffen, sodass viele arbeitsmarktfähige Lehrtöchter und Lehrlinge keine echten Berufsaufstiegschancen haben. Je stärker die Berufsbildung generalisiert wird, desto eher verbessert sich die Mobilität, aber die Arbeitsmarktfähigkeit sinkt. Dieses Dilemma hat sozialpolitische Konsequenzen. Solange volkswirtschaftlich gesehen, anspruchslosere Berufe benötigt werden und im Interesse der Arbeitsmarktfähigkeit vieler Jugendlicher darauf hin ausgebildet wird, bleibt das Problem ungleicher Berufs- und Lebenschancen bestehen.

- Grundsätzlich hat sich bestätigt, dass die gegenseitigen Abhängigkeiten von institutionellen (Berufsbildungssystem) und strukturellen (berufsspezifische) Kontextbedingungen über den Arbeitsmarktwert von Bildungsabschlüssen bestimmen.
- Für den Erfolg eines Berufsbildungssystems ist entscheidend, dass diese institutionellen und strukturellen Kontextbedingungen möglichst gut aufeinander abgestimmt werden. Ein ausgewogenes Mass an Spezialisierung im dualen oder trialen Berufsbildungssystem trägt kurzfristig mehr zur Arbeitsmarktfähigkeit der Lehrlinge und Lehrtöchter bei. Im Verlaufe der beruflichen Karriere unterscheiden sich dual und vollschulisch Ausgebildete bezüglich Arbeitsmarktfähigkeit immer weniger. Die in der Schweiz teilweise etwas engere Spezialisierung liesse sich im Interesse einer etwas besseren Mobilität ohne Verlust an Arbeitsmarktfähigkeit mit Elementen des Expertenmodells aller Wahrscheinlichkeit nach verbessern (Abschnitt 4.3).
- Im internationalen Vergleich ergibt sich Folgendes: In formaler Hinsicht entspricht das System der beruflichen Grundbildung den europäischen Ansprüchen. In materieller Hinsicht wird am Beispiel des schweizerischen Polymechanikers im Vergleich zum deutschen Industrie- und Werkzeugmechaniker aufgezeigt, dass wohl Unterschiede in der Ausbildung bestehen, deren Qualität aber absolut vergleichbar ist (Abschnitt 4.4).
- Qualitativ wird am Beispiel der kaufmännischen Berufe aufgezeigt, dass die Zulassungsvoraussetzungen zu den Fachhochschulen (gemessen an den Prüfungen) ebenfalls vergleichbar sind. Eine Untersuchung, die ungenügende Leistungen der schweizerischen Berufsmaturanden und -maturandinnen beim Eintritt in die Fachhochschule belegt, darf aus methodischen Gründen nicht generalisiert werden. Eine Befragung bei Fachhochschulrektoren erbringt, dass vornehmlich in Mathematik und Muttersprache gewisse Defizite fest-

zustellen sind. Notwendig ist eine bessere Koordination an der Schnittstelle Berufsmittelschule/Fachhochschule (Abschnitt 4.5).
- Vorderhand kein Handlungsbedarf besteht bezüglich der Einführung eines Credit-Systems in der beruflichen Grundbildung. Die Konstruktion eines derartigen Systems ist ausserordentlich komplex, und mit einer europäischen Einführung, die allerdings grosse Auswirkungen auf das Berufsbildungssystem der einzelnen Länder hätte, ist nicht vor 2010 zu rechnen. Die Schweiz sollte die Reformarbeiten gegenwärtig nicht prioritär auf unsichere europäische Entwicklungen ausrichten, sondern sich auf die notwendigen Verbesserungen des eigenen Systems konzentrieren.
- Es gibt keinen einzigen Befund, welcher das System der dualen oder trialen beruflichen Grundbildung qualitativ grundsätzlich in Frage stellt. Es besteht jedoch ein deutlicher Reformbedarf: Viele traditionelle Überzeugungen bestätigen sich nicht mehr (siehe Kapitel 3).

Das **fünfte Kapitel** beschäftigt sich mit der Entwicklung der Fachhochschulen.

1. Zunächst wird der Entwicklungs- und Anerkennungsprozess der schweizerischen Fachhochschulen nachgezeichnet. Dank umfassender Überwachungsmechanismen (zwei Peer-Reviews, die von über 600 in- und ausländischen Expertinnen und Experten, und zwei formelle Überprüfungen, die durch die EFHK durchgeführt wurden) darf heute festgestellt werden, dass der Umbau der höheren Fachschulen in Fachhochschulen qualitativ gelungen ist, wenn auch noch grosse Qualitätsstreuungen zwischen einzelnen Schulen und Studiengängen bestehen. Wahrscheinlich wurde weltweit noch nie ein Reformprozess im Hochschulbereich so rasch und umfassend und in genau überwachter Form durchgeführt. Deshalb sind die Vorwürfe, die Umgestaltung sei ein Etikettenschwindel, nicht zutreffend – wie nachweislich dokumentiert ist. Hingegen ist der Strategie- und Führungsprozess noch in keiner Weise abgeschlossen. Ein grosser Nachholbedarf besteht nach wie vor in der strategischen Gesamtausrichtung der Fachhochschullandschaft Schweiz (sie ist immer noch zu zersplittert), in der Umschreibung der Autonomie der einzelnen Schulen sowie bei den Führungsinstrumenten. Hier drängen sich im Sinne einer vernünftigen Anwendung des New Public Managements noch sehr viele Massnahmen auf (Abschnitte 5.1 und 5.3).
2. Für den Erfolg der Fachhochschulen massgeblich ist die Entwicklung der Arbeitsmarktfähigkeit ihrer Absolventinnen und Absolventen.

Betrachtet werden die Beschäftigungslage, die beruflichen Aufstiegschancen sowie eine Analyse der Stelleninserate. Aus diesen Elementen ergibt sich, dass die Arbeitsmarktchancen (wenn sie auch regional, je nach Studiengebiet und zum Teil für Frauen gegenüber Männern Unterschiede aufweisen) gut sind, zum Teil sogar etwas besser als für die Absolvierenden vieler Studiengebiete der Universität. Allerdings ist eine Konjunkturanfälligkeit für einzelne Studienrichtungen an Fachhochschulen feststellbar (Abschnitt 5.3).

3. Zur Ausbildungsadäquanz von Absolventinnen und Absolventen von Fachhochschulen (umfassend definiert als Übereinstimmung von erhaltener Ausbildung und Qualifikationsanforderungen am Arbeitsplatz) lassen sich trendmässig die folgenden Aussagen machen:
   - Bei einem Arbeitskräfteangebot von Hochschulabsolventinnen und Hochschulabsolventen ist die Gefahr, dass Absolvierende der Fachhochschulen Stellen annehmen müssen, die unter ihrem Qualifikationsniveau liegen, höher als bei Absolventinnen und Absolventen von Universitäten. Der Unterschied ist in der Romandie grösser als in der deutschen Schweiz.
   - Das Risiko einer Überqualifikation ist in Dienstleistungsbetrieben am höchsten. Betroffen sind in erster Linie Studierende der Wirtschaftswissenschaften, und zwar solche von Fachhochschulen und Universitäten gleichermassen.
   - Studierende aus Fachrichtungen mit einem strukturierten Studienverlauf und einem hohen Professionalisierungsgrad (Universitäten und Fachhochschulen) sind in einem grösseren Ausmass adäquat beschäftigt als Studierende aus Studienrichtungen, die keinem klaren Berufsbild entsprechen.

   Diese ersten Erkenntnisse dürfen nur als Trendaussagen bewertet werden. Verlässliche Aussagen über die Ausbildungadäquanz, insbesondere auch hinsichtlich der Unterschiede zwischen den Absolvierenden der Universitäten und Fachhochschulen, liegen noch nicht vor (Abschnitt 5.3).
4. Obwohl die Erklärung von Bologna eine rein politische Absichtserklärung ohne rechtliche Verbindlichkeit ist, werden ihre Prinzipien zu europäischem Standard. Deshalb müssen die formalen Bedingungen im Interesse der internationalen Anerkennung der Fachhochschule strikte eingehalten werden. Da aber insbesondere von der inhaltlichen Seite her Freiheiten bestehen und auch das Formelle eine gewisse Flexibilität zulässt, sollte nicht im Sinne eines vorauseilenden Gehorsams einem dem System inhärenten Formalismus Vorschub geleistet werden. Die sofortige formale Fortentwicklung der schweizerischen Fachhoch-

schulen gemäss den Postulaten der Erklärung von Bologna ist unabdingbar (Bachelor-/Master-Konzept, European Credit Transfer System). Das Schwergewicht der Entwicklungsarbeiten ist jedoch auf die qualitative Weiterentwicklung der Schulen bei der Erfüllung des erweiterten Leistungsauftrages zu legen, wobei drei Aspekte zu beachten sind.

- Die Fachhochschullandschaft Schweiz muss aufgrund der Erklärung von Bologna und der Fachhochschulentwicklung in anderen europäischen Ländern so rasch als möglich einige wenige Masterstudiengänge von höchster Qualität anbieten. Zu vermeiden ist eine Zersplitterung mit zu vielen Masterstudiengängen, um die knapper werdenden finanziellen Mittel gezielt in wenige hochleistungsfähige Masterstudiengänge zu investieren. Viele Studiengänge mit wenig Mitteln führen nicht zu einer guten Schulqualität. Zudem muss, sollen die Masterstudiengänge nicht zu einer schlechten Kopie der Universität werden, dem Umstand Rechnung getragen werden, dass es kurzfristig nicht gelingen wird, genügend Dozierende mit einer guten wissenschaftlichen Basis und einem überzeugenden Praxishintergrund zu gewinnen, die fähig sind, diesen Studiengängen ein fachhochschulspezifisches Profil zu geben. Abgesehen davon, fehlt auch der Mittelbau noch weitgehend.
- Qualitativ hochstehende Masterstudiengänge entwickeln sich – und dies beweisen die Vereinigten Staaten immer wieder – am besten in einer Konkurrenzsituation, d. h. Fachhochschulen, welche Masterstudiengänge anbieten wollen, müssen sich darum bewerben und müssen vor allem das Recht haben, ihre Studierenden mit Bachelorabschluss anhand zusätzlicher Kriterien selbst auswählen zu können (Abschnitt 5.5.4).
- In verschiedenen, vor allem technischen Bereichen wird es nötig sein, die Bachelor-Studienzeit auf 3 1/2 Jahre auszuweiten (3 Jahre Studium und 1/2 Jahr Diplomarbeit). Dies drängt sich nicht etwa auf, weil immer mehr deutsche Fachhochschulen zu vierjährigen Bachelorstudien übergehen. Entscheidend sind die Anforderungen. Wenn die Absolventinnen und Absolventen solcher Bachelorstudiengänge anspruchsvolle berufliche Tätigkeiten in Entwicklungs- und Forschungsabteilungen übernehmen können sollen, so müssen sie in ihrer Ausbildung eine längere angewandte Forschungsarbeit im Schullabor oder im Zusammenhang mit einem Projekt in einem Unternehmen erbracht haben. Andernfalls sind sie nicht richtig vorbereitet. Diese Diplomarbeiten schaffen zugleich die besten Voraus-

setzungen für die Förderung der angewandten Forschung und von Dienstleistungen an Fachhochschulen.

Die Studienzeit von 3 1/2 Jahren soll aber nicht zur Regel werden, damit die Studienzeiten nicht generell verlängert werden, sondern es ist in jedem Fall zu prüfen, ob vom Fachgebiet her eine halbjährige Diplomarbeit nötig ist. In den Wirtschaftswissenschaften beispielsweise gibt es dafür keinen überzeugenden Grund (Abschnitt 5.5.3).

– Oft wird befürchtet, der Bachelor-Titel der Fachhochschulen verliere gegenüber den heutigen Abschlüssen der HTL, HWV und der Schule für Gestaltung sowie im Vergleich mit den Universitäten an Wert. Einerseits wird gesagt, diese Abschlüsse (mit 3 Jahren Sekundarschule I, 3 oder 4-jähriger Berufslehre und 3 Jahren Ingenieurschule HTL, HWV oder Schule für Gestaltung) hätten zu einem eigenständigen, guten Abschluss geführt, der die sofortige Aufnahme einer Berufstätigkeit ermöglichte. Der universitäre Bachelor dauert aber mit 2 Jahren Sekundarschule I, 4 Jahren Gymnasium und 3 Jahren Bachelorstudium in vielen Fällen ein Jahr weniger, ist aber vom System her dem Bachelor der Fachhochschule gleichgestellt. Andererseits wird befürchtet, es könnte ein «Mobilitätsbachelor» entstehen, wenn sich der universitäre und der Fachhochschulbachelor im Sinne einer zunehmenden Gleichschaltung (Vereinheitlichung) immer stärker angleichen, zumal sich an den Universitäten eine Tendenz abzeichnet, den universitären Bachelor in erster Linie als Vorstufe für ein Masterstudium und erst in zweiter Linie als Berufsabschluss zu sehen.

Für Leute mit einer vierjährigen Berufslehre dauert das Fachhochschulstudium bis zum Bachelor tatsächlich ein Jahr länger als an der Universität. Ob aber der Fachhochschulbachelor zu einem «Mobilitätsbachelor» wird, der an Wert verloren hat, hängt nicht von formalen Aspekten, sondern von der Qualität und der Profilierung des Fachhochschulbachelors ab. Wäre es so, dass immer mehr Gymnasiastinnen und Gymnasiasten ohne berufliche Erfahrung (z. B. kein einjähriges Praktikum vor Aufnahme eines Fachhochschulstudium) die Fachhochschule wählten, so entstünde tatsächlich die Gefahr, dass das Bachelorstudium an Fachhochschulen an Profil verlieren würde und sich mangels genügendem Berufs- und Praxisbezug zu einem «Mobilitätsbachelor» entwickelte. Möglich wäre dies auch, wenn die Ausbildung an der Fachhochschule im universitären Sinn akademisiert und den Berufsbezug verlieren würde. Ob dies geschieht, hängt einzig und allein von der Profilierung und der Qualität der Fachhochschulen ab. Je besser sie ihre Andersartigkeit vertiefen, desto höher wird der Stellenwert ihres Bachelors. Diese bewusste andersartige Profilierung drängt sich auch noch aus einem anderen Grund auf. Angesichts der aufkommenden Titelinflation werden sich Anbietende von Stellen bei der Personalauswahl zunehmend weniger an Titeln, sondern an der Frage orientieren, an welcher Ausbildungsstätte der Titel erworben wurde. Mit einer andersartigen, klar berufsorientierten Profilierung ihrer Studiengänge wird die Arbeitsmarktfähigkeit der Fachhochschulabsolventinnen und -absolventen unabhängig von äusseren Gestaltungsformen gut bleiben (Abschnitt 5.5.5).

5. Der Entwurf zum FHSG vom 5. Dezember 2003 sieht vor, dass Fachhochschulen zu akkreditieren sind. Deshalb ist zu entscheiden, wem dieser Bereich zu übertragen ist. Vorgeschlagen wird, diese Aufgabe nicht dem Organ für Akkreditierung und Qualitätssicherung an Schweizer Hochschulen (OAQ) zuzuteilen, sondern sie der Eidgenössischen Fachhochschulkommission zuzuordnen, der im BBT eine kleine «Sektion Akkreditierung» zur Seite gestellt werden soll. Diese Lösung ist administrativ einfach und belässt die strategische Führung der Fachhochschulen seitens des Bundes (strategische Entwicklung und Controlling) in einer Hand. Dass dies machbar ist, wurde mit den beiden Peer-Reviews belegt (Abschnitt 5.6).
6. Zu beachten sind schliesslich pädagogische Aspekte.
   - Wichtig ist die Definition der Module. Module sind nicht nur zusammenhängende, geschlossene Einheiten (Blöcke nach dem Singularisierungskonzept), sondern sie zeichnen sich durch eine vielgestaltige Kombination von Aufbauformen und Unterrichtsmethoden aus. Vor allem ist eine schematische Ausrichtung des Modulaufbaus ausschliesslich nach dem Kriterium der Zuteilung von Kreditpunkten zu verhindern.
   - Der Fachhochschulunterricht ist durch ein anwendungsorientiert-forschendes Lernen zu profilieren, d. h. dem auf die spätere Berufsfähigkeit ausgerichteten Lernen, das entwicklungsorientiert gestaltet wird, ist noch mehr Aufmerksamkeit zu schenken, wobei immer wieder auf die Vielgestaltigkeit der Unterrichtsformen zu achten ist. Jeder Methodenmonismus ist wenig lernwirksam.
   - Schliesslich gilt es zu beachten, dass die Formalisierung aller Tätigkeiten an Fachhochschulen zu weit getrieben wird. Die Qualität einer Fachhochschule hängt nicht von starren, äusseren Gestaltungs- und Prozessvorschriften ab, sondern von der Identifikation und der Kreativität der Dozierenden, was eine genügende Lehr- und Forschungsfreiheit voraussetzt (Abschnitt 5.7).

Insgesamt wird Folgendes festgehalten:

- Bezogen auf die Grundstruktur bedarf es keiner grundsätzlichen Umgestaltungen im schweizerischen Berufsbildungswesen.
- Grundsätzlich entwickelt es sich in die richtige Richtung.
- Aus rechtlicher und faktischer Sicht sind die Voraussetzungen gegeben, dass das schweizerische Berufsschulsystem den europäischen Entwicklungen folgen kann. Auch ist es möglich, die positiven Aspekte des Systems zu bewahren.
- Es darf aber nicht übersehen werden, dass selbst unter diesen Voraussetzungen und ohne europäische Zielvorgaben ein klarer Reformbedarf besteht. Viele der notwendigen Innovationen (berufliche Grundbildung, Lehrstellenmarkt, Ausbau der Masterstufe an Fachhochschulen, weitere Konzentration der Studiengänge an Fachhochschulen) stellen jedoch schwere Zielkonflikte dar, d. h. es gibt keine eindeutigen und wissenschaftlich richtigen Lösungen. Es wird immer nach optimalen Lösungen mit Kompromisscharakter zu suchen sein, die jedoch von pratikulären Interessen und Verzögerungstaktiken vereitelt werden können.
- Innovationen lassen sich nur verwirklichen, wenn eine Stelle die Innovatorenrolle übernimmt. Diese Rolle kann nur das Bundesamt für Berufsbildung und Technologie übernehmen. Und erfolgreich übernehmen kann es diese Rolle nur, wenn es als Initiatorin von Neuem von klaren Konzepten ausgeht und alle interessierten Kreise durch Konsens zu neuen Lösungen führt. Wenn dem Bundesamt die Rolle des Initiators nicht zuerkannt wird, ist die Gefahr der Immobilität in der schweizerischen Berufsbildung angesichts der vielen Partikularinteressen (Kantone, Wirtschaftsverbände) sehr gross.
- Ganz entscheidend ist, dass dem – zu einem grossen Teil aus den Bestrebungen der Europäischen Union kommenden – Trend zu immer mehr sich selbstverstärkenden Formalismen und der damit verbundenen Bürokratisierung des gesamten Bildungswesens wirksam entgegengetreten wird. Alle Bildungseinrichtungen sind langfristig nur erfolgreich, wenn sie auf der Grundlage einer klaren Rahmenordnung Freiräume zur eigenen Entfaltung erhalten.
- Die neue schweizerische Gesetzgebung im Berufsbildungswesen trägt diesem Prinzip Rechnung. Es könnte aber durch eine Überadministration gefährdet werden, die auf zwei Ursachen zurückzuführen ist: das stete Spannungsverhältnis zwischen Bund und Kantonen und als Folge davon eine Überorganisation der Bildungsbehörden in der Schweiz.

Inhaltsverzeichnis

Vorwort von Joseph Deiss V
Vorwort VII
Kurzzusammenfassung (Management Summary) XIX
Inhaltsverzeichnis XXI
Dokumentenverzeichnis XXV
Verzeichnis der Abkürzungen XXVI

Kapitel 1: Schlagworte zur Lage des schweizerischen Berufsbildungssystems 1
1.1 Ausgangslage 3
1.2 Schlagwortartige, kritische Argumente zur Lage des schweizerischen Berufsbildungssystems 4
1.2.1 Zu geringe Zahl an gymnasialen Maturandinnen und Maturanden 4
1.2.2 Ungleichgewicht von Angebot und Nachfrage auf dem Lehrstellenmarkt 7
1.2.2.1 Allgemeine Feststellungen 7
1.2.2.2 Spezielle Aspekte zum Lehrstellenangebot 9
1.2.2.2.1 Jugendliche ohne Lehrstelle (Marktungleichgewicht) . . . 9
1.2.2.2.2 Die Verteilung der Lehrstellen auf Unternehmen 11
1.2.2.2.3 Die Ausbildungsbereitschaft der Unternehmen 13
1.2.2.2.4 Die Ausbildungsbereitschaft der ausländischen Unternehmen 17
1.2.2.2.5 Auszubildendenanteil in Unternehmen mit wachsenden, stagnierenden und sinkenden Umsätzen 18
1.2.2.2.6 Die zyklischen Schwankungen des Lehrstellenangebots . 19
1.2.2.2.7 Eine umfassendere Betrachtung 21
1.2.3 Das schweizerische Berufsbildungssystem orientiert sich schwerpunktmässig immer noch an gewerblichen und kleinindustriellen Verhältnissen 24
1.2.4 Die wissenschaftliche Kritik am dualen Berufsbildungssystem 24
1.2.5 Kritische Stellungnahmen der OECD als Bedrohung des schweizerischen Berufsbildungssystems? 25
1.2.6 Die berufsbildungspolitischen Zielsetzungen und Zuständigkeiten der Europäischen Union sowie ihre Entscheidungsprozesse als Problem für die schweizerische Berufsbildung? 27

Kapitel 2: Die Wirksamkeit des dualen Berufsbildungssystems . 31
2.1 Übersicht und Problemstellung 33
2.2 Der Transitionsprozess von der Sekundarstufe I zur Sekundarstufe II 34
2.2.1 Grundlagen 34
2.2.2 Ausbildungssituation 1 bzw. 2 Jahre nach Austritt aus der obligatorischen Schule 34
2.2.3 Die Zwischenlösung 37
2.2.4 Einflüsse des Migrationshintergrundes 38
2.2.5 Folgerungen 39
2.3 Lenkungsmassnahmen des Staates zur Erhaltung oder Erhöhung des Lehrstellenangebotes 41
2.3.1 Problemstellung 41
2.3.2 Ein umfassendes Bonus-Malus-System 41
2.3.3 Steuererleichterung für ausbildende Betriebe 43
2.3.4 Zusätzliches staatliches Angebot von Lehrstellen 45
2.3.5 Lenkungsmassnahmen über einen Berufsbildungsfonds einzelner Wirtschaftsverbände (allenfalls mit Allgemeinverbindlichkeitserklärung in einem Gesamtarbeitsvertrag [GAV]) 45
2.3.6 Subventionen 46
2.4 Die Wirksamkeit des dualen Berufsbildungssystems im Vergleich zu einer vollschulischen Berufsbildung 48
2.4.1 Übersicht und Problemstellung 48
2.4.2 Folgerungen 52
2.5 Die Ausbildungszufriedenheit von Lehrlingen und Lehrtöchtern 56

Kapitel 3: Das Bundesgesetz über die Berufsbildung vom 13. Dezember 2002 59
3.1 Merkmale des Gesetzes 61
3.2 Anforderungen an ein innovatives duales System 63
3.2.1 Die Berufslehre 63
3.2.2 Lehrbetriebsverbünde 74
3.2.3 Die Berufsschulen als regionale Kompetenzzentren in Bildungsnetzwerken 76
3.2.4 Die künftige Entwicklung des trialen Berufsbildungssystems 78
3.3 Die Berufsmaturität 80

3.4 Höhere Berufsbildung: Eidgenössische Berufsprüfungen und Eidgenössische Höhere Fachprüfungen sowie Höhere Fachschulen 82
3.5 Folgerungen 84

Kapitel 4: Die Wirkungen der beruflichen Grundbildung: Arbeitsmarktfähigkeit und Ausbildungsniveau in der Schweiz im Vergleich mit dem Ausland 87
4.1 Überblick 89
4.2 Das Problem der Allgemeinbildung in der beruflichen Grundbildung 91
4.3 Arbeitsmarktfähigkeit von Lehrlingen und Lehrtöchtern 97
4.4 Die schweizerische berufliche Grundbildung im internationalen Vergleich 104
4.4.1 Der Vergleich von verschiedenartigen beruflichen Ausbildungen 104
4.4.2 Das UEAPME-Projekt «Qualität in der Ausbildung in der EU» 105
4.4.3 Vergleich des schweizerischen Polymechanikers mit dem deutschen Industrie- und Werkzeugmechaniker (Grundbildung) 109
4.4.4 Übergangssituation und Arbeitsmarktreife beim Polymechaniker (CH) und dem Industrie- sowie Werkzeugmechaniker (D) 121
4.4.5 Nachwort 123
4.5 Die schweizerische Berufsmittelschule und die Berufsmaturität 124
4.5.1 Problemstellung 124
4.5.2 Kosten und Nutzen der Berufsmaturität 125
4.5.3 Die Beurteilung der Berufsmittelschule und der Berufsmaturität durch Rektoren und Abteilungsleiter an Fachhochschulen 126
4.5.4 Eine Input-Evaluation der Zürcher Hochschule Winterthur 127
4.5.5 Ein Vergleich von Prüfungen für die Zulassung an die Fachhochschule 130
4.5.6 Zwei Vorschläge zur Flexibilisierung der Berufsmittelschule 139
4.6 ECVET: European Credit Transfer in Vocational Education and Training 141

Kapitel 5: Die schweizerischen Fachhochschulen 143
5.1 Kurze Übersicht über die bisherige Entwicklung 145
5.2 Die Qualitätsentwicklung der schweizerischen Fachhochschulen. 149
5.2.1 Übersicht über die Evaluationsverfahren 149
5.2.2 Die Verfahren bis 2002 150
5.2.3 Die Verfahren des Jahres 2003. 155
5.3 Die Entwicklung des Arbeitsmarktes für Absolvierende von schweizerischen Fachhochschulen 160
5.4 Die Ausbildungsadäquanz der Hochschulen. 166
5.5 Die schweizerischen Fachhochschulen und der Bologna Prozess 169
5.5.1 Grundlagen 169
5.5.2 Der Ist-Zustand (Februar 2004) 173
5.5.3 Die Dauer des Bachelor-Studiums 174
5.5.4 Die Festlegung der Master-Studiengänge. 177
5.5.5 Die Zulassung zum Masterstudium 179
5.5.6 Das Problem der Studiendauer und der Vergleichbarkeit der Bachelor- und Mastergrade zwischen Universitäten und Fachhochschulen 179
5.6 Akkreditierung von Fachhochschulen und ihren Studiengängen. 183
5.7 Pädagogische Aspekte für die Fachhochschulen 185
5.8 Die Anerkennung schweizerischer Fachhochschuldiplome im Ausland. 187

Kapitel 6: Beantwortung der gestellten Fragen. 191

Literaturverzeichnis. 202

Dokumentenverzeichnis

- Allgemeine Leitlinien zur Ausarbeitung eines gemeinschaftlichen Tätigkeitsprogrammes auf dem Gebiet der Berufsbildung vom 26. Juli 1971 (ABl Nr. C vom 12.8.1971).
- Bundesgesetz über die Berufsbildung vom 13. Dezember 2002.
- Bundesgesetz über die Fachhochschulen vom 6. Oktober 1995.
- Entschliessung des Rates zur Qualität und Attraktivität der beruflichen Bildung (ABl C 374 vom 20.12.1994).
- European Ministers of Education: Joint Declaration of the European Ministers of Education Convened in Bologna on the 19th of June 1999 (Erklärung von Bologna).
- Expertengremium: Internationale Anerkennung der FH-Diplome in Architektur. Architekturausbildung an Fachhochschulen in der Schweiz. Rahmenstudienplan vom 27. August 2002.
- Fachhochschulen 2002. Bericht über die Schaffung der Schweizer Fachhochschulen der EFHK vom 17. Juni 2002.
- Fachhochschulen 2003. Beurteilung der Gesuche zur Erneuerung der Genehmigung. Bericht der EFHK vom 29. Oktober 2003.
- Integrationsbüro EDA/EVD: EU-Diplome in der Schweiz.
- Joint Quality Initiative 2003 (Dublin Descriptors).
- Konferenz der Fachhochschulen der Schweiz: Die Konzeption gestufter Studiengänge: Best Practice und Empfehlungen, verabschiedet am 30. September 2003.
- Schweizerische Konferenz der kantonalen Erziehungsdirektoren: Richtlinien für die Umsetzung der Erklärung von Bologna an den Fachhochschulen und den Pädagogischen Hochschulen vom 5. Dezember 2002.
- Schweizerische Universitätskonferenz: Richtlinien für die koordinierte Erneuerung der Lehre an den universitären Hochschulen der Schweiz im Rahmen des Bologna-Prozesses (Bologna-Richtlinien) vom 4. Dezember 2003.
- Statistisches Jahrbuch der Schweiz.
- Verordnung des Bundesrates/Reglement der EDK über die Anerkennung von Berufsmaturitätsausweisen für die Zulassung zu den universitären Hochschulen vom 19. Dezember 2003/4. März 2004.
- Verordnung über den Aufbau und die Fuhrung von Fachhochschulen vom 11. September 1996.
- Verordnung über die Berufsbildung vom 19. November 2003.
- Yearbook of Labor Statistics.
- Zweite allgemeine Regelung für die Anerkennung von beruflicher Ausbildung (Ratsrichtlinie 92/51/EWG vom 18. Juni 1992, ABl Nr. L vom 24. Juli 1992).

Verzeichnis der Abkürzungen

ABU-RLP	Rahmenlehrplan für den allgemein bildenden Unterricht an gewerblich-industriellen Berufsschulen
BBG	Bundesgesetz über die Berufsbildung vom 13. Dezember 2002
BBl	Bundesblatt
BbS-Vo	Verordnung über berufsbildende Schulen (Niedersachsen)
BBT	Bundesamt für Berufsbildung und Technologie
BBV	Verordnung über die Berufsbildung vom 19. November 2003
BFS	Bundesamt für Statistik
BIBB	Bundesinstitut für Berufsbildung
BLK	Bund-Länder-Kommission für die Bildungsplanung und Forschungsförderung
BMBF	Bundesministerium für Bildung und Forschung
ECVET	European Credit Transfer in Vocational Education and Training
EDK	Schweizerische Konferenz der kantonalen Erziehungsdirektoren
EFHK	Eidgenössische Fachhochschulkommission
ETH	Eidgenössische Technische Hochschule
EU	Europäische Union
EURO-BAC	European Baccalauret
FHR	Schweizerischer Fachhochschulrat der EDK
FHSG	Bundesgesetz über die Fachhochschulen vom 6. Oktober 1995
FHSV	Verordnung über Aufbau und Führung von Fachhochschulen vom 11. September 1996
HTL	Höhere Technische Lehranstalt (Ingenieurschulen HTL)
HWV	Höhere Wirtschafts- und Verwaltungsschulen
KFH	Konferenz der Fachhochschulen der Schweiz
KTI	Kommission für Technologie und Innovation
NVQ	National Vocational Qualifications
OAQ	Organ für Akkreditierung und Qualitätssicherung an Schweizer Hochschulen
OECD	Organization for Economie Cooperation and Development
PISA	Programme for International Student Assessment
SECO	Staatssekretariat für Wirtschaft
SUK	Schweizerische Universitätskonferenz
TREE	Transition from Education to Employment
UEAPME	European Association of Craft, Small and Medium-sized Enterprises
VET	Vocational Education and Training

Kapitel 1: Schlagworte zur Lage des schweizerischen Berufsbildungssystems

1.1 Ausgangslage

In den letzten Jahren werden immer mehr Argumente vorgetragen, welche das schweizerische Berufsbildungssystem in einzelnen Bereichen oder insgesamt als nicht mehr zeitgemäss erachten. Viele dieser Argumente führen einerseits laufend zu neuen bildungspolitischen Unsicherheiten und fördern andererseits die Polarisierung zwischen der grossen Mehrheit der Befürwortenden des bestehenden dualen Berufsbildungssystems (vornehmlich Wirtschaftsverbände der Arbeitgeber- und der Arbeitnehmerseite sowie Politikerinnen und Politikern) und den Innovatoren, welche grundlegende Veränderungen wünschen. Viele der vorgetragenen kritischen Argumente scheinen auf den ersten Blick sehr überzeugend. Eine nähere Betrachtung zeigt jedoch, dass sie oft auf Analogieschlüssen aus Vergleichen mit dem Ausland beruhen und damit kulturelle und gesellschaftliche Eigenarten und Unterschiede vernachlässigen. Ausländische Beobachter kennen zudem häufig die Wirklichkeit der schweizerischen Berufsbildung zu wenig, wodurch ihre Vorschläge oft den Wesensmerkmalen des schweizerischen Bildungssystems zu wenig Rechnung tragen. Diese Feststellung ruft aber alle diejenigen schweizerischen Kreise auf den Plan, welche der Meinung sind, die Zeit der Beachtung schweizerischer Eigenarten sei im Zeitalter der Integration und der Globalisierung endgültig vorbei. Da in nächster Zeit eher mit einer Verschärfung der polarisierenden Diskussion zu rechnen ist, seien die schlagwortartigen Argumente einleitend angeführt.

1.2 Schlagwortartige, kritische Argumente zur Lage des schweizerischen Berufsbildungssystems

1.2.1 Zu geringe Zahl an gymnasialen Maturandinnen und Maturanden

Im internationalen Vergleich ist der Anteil der gymnasialen Maturandinnen und Maturanden an der Gesamtzahl der Schülerinnen und Schüler der Sekundarstufe II in der Schweiz tief. Tabelle 1.1 bestätigt diese Feststellung.

Tabelle 1.1

Anteil gymnasialer Maturandinnen und Maturanden an den Bildungsabschlüssen der Sekundarstufe II

Jahr	Anteil Maturandinnen Schweiz und Maturanden	OECD-Länder
2002	20.9 %	43 – 74 %
Quelle: Bundesamt für Statistik: Bildungsabschlüsse, S. 11		

Angesichts der tiefen Werte der Schweiz müsse – so wird immer wieder gefordert – die Zahl der gymnasialen Maturandinnen und Maturanden erhöht werden. Andernfalls bestehe die Gefahr, dass das schweizerische Humankapital nicht ausreiche, damit das Land in den zukünftigen gesellschaftlichen, technologischen, wirtschaftlichen und sozialen Entwicklungen bestehen könne.

Hinter dieser Behauptung steht die Frage, ob in einem Schulsystem an einer differenzierten Sekundarstufe II mit einem allgemein bildenden und einem berufsbildenden Zweig festgehalten werden oder ob zu einem Einheitssystem (beispielsweise mit Vollzeitschulen mit einem Schwergewicht auf der beruflichen Bildung oder gar mit einer Einheitsschule im Sinne der amerikanischen High School) übergegangen werden sollte. Nicht zuletzt unter dem Einfluss der romanischen EU-Staaten vermehren sich die Stimmen zugunsten von wenigstens vollzeitlichen Berufsschulen mit erleichtertem oder freiem Zugang zur universitären Hochschule.

Ob ein solcher Wandel in der Schweiz aus Gründen der Qualität der Berufsbildung wünschbar ist, wird in Abschnitt 2.2 im Kapitel 2 besprochen. Vorweggenommen seien jedoch die folgenden Gesichtspunkte:

Erstens sagt der Anteil der gymnasialen Maturandinnen und Maturanden an der Gesamtzahl der Lernenden auf der Sekundarstufe II überhaupt nichts aus über die Qualität der Bildung in einem Land sowie über die Leistungsfähigkeit von Jugendlichen. Dies lässt sich allein schon mit den Leistungsunterschieden von Maturandinnen und Maturanden aus verschiedenen Schulen (vergleiche dazu für die Schweiz Lusti 1981) oder anhand der Leistungsunterschiede der Abiturienten aus den verschiedenen Bundesländern in der Bundesrepublik Deutschland (z. B. ermittelt in einer internen Erhebung der Universität St. Gallen 1990) belegen.

Zweitens hängt der Entscheid von normativen Zielvorstellungen ab: Wie weit soll ein Schulsystem beschäftigungsorientiert (Bedarfsansatz) oder auf das Ziel einer autonomen Bildungspolitik (Social Demand Approach, d. h. Loslösen der Ziele eines Bildungssystems von der ökonomischen Verwertbarkeit und von der Beschäftigungsstruktur) ausgerichtet werden? Je mehr Bedeutung (nicht Ausschliesslichkeit) der Beschäftigungsorientierung beigemessen wird, desto eher lässt sich die Aufgliederung in einen allgemein bildenden und berufsbildenden Zweig rechtfertigen. Dies nicht zuletzt, weil die Berufseinstiegschancen der dual Ausgebildeten besser sind, auch wenn später ein gewisser Ausgleich stattfindet.

Drittens – und dieser entscheidende Aspekt wird häufig übersehen – ist weniger die Frage der Differenzierung oder der Vereinheitlichung der Sekundarstufe II entscheidend, sondern wesentlich ist die Ausgestaltung der Lehrpläne. Wenn – was leider für die Schweiz tendenziell zutrifft – die beiden Zweige wenig Veränderungsbereitschaft bei der Lehrplangestaltung zeigen, so wird sich der Ruf nach Vereinheitlichung verstärken. Ob aber eine höhere Zahl gymnasialer Maturandinnen und Maturanden unabhängig von der konkreten Ausgestaltung des Bildungssystems zu einem höher entwickelten Humankapital führt, ist zu bezweifeln, gar wenn davon ausgegangen wird, dass die Beschäftigungsorientierung des Systems vor allem im Interesse der wirtschaftlichen Entwicklung eines Landes nicht vernachlässigt werden darf.

Viertens übersehen die Verfechtenden einer zwingenden Stärkung des allgemein bildenden Zweiges mit der Erhöhung der Zahl von gymnasialen Maturandinnen und Maturanden den Aufbau der Berufsmaturitätsschulen mit der Berufsmaturität und ihrer erhöhten Durchlässigkeit mittels der Passerellen-Lösung (erleichterte Zulassung zur Universität aufgrund einer Übertrittsprüfung; Verordnung des Bundesrates/Reglement der EDK über die Anerkennung von Berufsmaturitätsausweisen für die Zulassung zu den universitären Hochschulen vom 19. Dezember 2003/4. März 2004). Mit dieser neu geschaffenen Durchlässigkeit stellt die Berufslehre mit Berufsmaturität keine Sackgasse für Lehrlinge und Lehrtöchter mehr dar. Der Weg zu einer akademischen Bildung wird mit dieser Lösung ohne grosse Restriktionen jetzt auch aus dem dualen System möglich, womit für dual Ausgebildete weitere Entwicklungsmöglichkeiten entstehen.

Fünftens ist ein systematischer Unterschied zwischen Ländern mit verschiedenen Schulsystemen zu beachten: In Ländern mit einem eigenständigen, dualen Berufsbildungssystem werden sehr viele mittlere Qualifikationsebenen mit sehr gut ausgewiesenen Berufsleuten, die sich häufig beruflich weitergebildet haben, besetzt. In Ländern, in denen dieses mittlere Qualifizierungssystem für Berufsleute fehlt, werden für mittlere Berufspositionen Absolvierende von universitären Hochschulen und Fachhochschulen eingesetzt. Deshalb müssen Länder ohne ein duales Berufsbildungssystem zwangsläufig einen höheren Anteil an Maturandinnen und Maturanden ausweisen. Aus dieser Sicht kommt der gymnasialen Maturandenquote in der Schweiz nicht diejenige Bedeutung zu, wie in Ländern ohne duales Berufsbildungssystem. Daraus ergibt sich zugleich ein wesentlicher Vorteil des dualen Systems: Die Polarisierung zwischen Höchst- und Kaumqualifizierten wird zu einem guten Teil vermieden und die Gefahr unterwertiger Beschäftigung von Höherqualifizierten ist geringer.

Sechstens schliesslich ist für die Wettbewerbsfähigkeit von Unternehmen nicht wichtig, ob die jungen Leute über ein universitäres Zertifikat verfügen. Entscheidend ist vielmehr, dass sie als Arbeitskräfte über gute Berufsqualifikationen verfügen und diese im Unternehmen flexibel einsetzen können. Die bildungspolitisch stets geforderte Erhöhung der Zahl der gymnasialen Maturandinnen und Maturanden sowie Studierenden an der Universität schwächt nicht nur das duale Berufsbildungssystem, sondern behindert auch die Universität, denn überfüllte Universitäten sind der Spitzenausbildung und -forschung abträglich (Backes-Gellner 2003). Hier vermag auch die Einführung des Bachelor-Titels nicht korrigierend zu wirken. Je mehr Studierende die Universität aufnehmen muss und je stärker sie mit dem Bachelorgrad auch auf die Berufspraxis vorbereiten muss, desto mehr entfernt sie sich von ihrer zentralen Aufgabe der Förderung einer intellektuellen Elite, gar wenn sie aus politischen und/oder Prestigegründen auch noch gezwungen wird, möglichst viele Studierende zum Masterstudium zuzulassen. Das Ziel der Bildungspolitik im Interesse des Wirtschaftsstandortes Schweiz kann deshalb nicht eine generelle Ausweitung der Zahl der gymnasialen Maturandinnen und Maturanden sowie Studierenden an der Universität sein, sondern anzustreben ist ein differenziertes Hochschulsystem, wozu mit der Errichtung der Fachhochschulen ein wesentlicher und guter Schritt getan wurde, sofern die Fachhochschulen eine eigene Profilierung anstreben und nicht die Universitäten kopieren wollen.

Damit ergibt sich für die Schweiz eine wesentliche **bildungspolitische Forderung**: Die Quote der gymnasialen Maturandinnen und Maturanden darf nicht zu einem entscheidenden Indikator der Entwicklung des schweizerischen Bildungssystems werden. Langfristig ist ein differenziertes allgemein bildendes und berufsbildendes sowie ein differenziertes universitäres und Fachhochschulsystem mit klaren Profilen und einer genügenden Durchlässigkeit für den Wirtschaftsstandort Schweiz vorteilhafter.

1.2.2 Ungleichgewicht von Angebot und Nachfrage auf dem Lehrstellenmarkt

1.2.2.1 Allgemeine Feststellungen

Alle Statistiken der letzten Jahre zeigen, dass je nach Beruf, Branche und Regionen das Angebot und die Nachfrage von Lehrstellen als Momentaufnahme nicht mehr miteinander übereinstimmen. Längerfristig findet aber bis zu einem gewissen Grad ein Ausgleich statt. Die Momentaufnahmen, die Störungen des Gleichgewichtes zeigen, schaffen aber berechtigterweise immer wieder Unruhe.

Auf der **Nachfrageseite** sind allgemein die folgenden Faktoren zu betrachten:

1. In den letzten drei Jahrzehnten hat sich immer mehr die Meinung durchgesetzt, die Schule hätte neben ihrem traditionellen Auftrag der Erziehung und Bildung auch die Pflicht, einen Beitrag zum sozialen Ausgleich in der Gesellschaft zu leisten. Das Schlagwort dafür heisst «Chancengleichheit». Leider meinen immer noch viele Leute, diese Chancengleichheit liesse sich nur mittels einer steigenden Anzahl von gymnasialen Maturandinnen und Maturanden sowie Akademikerinnen und Akademikern erreichen. Deshalb, d. h., weil sie sich bessere Berufs- und Entwicklungschancen erhoffen, wählen immer mehr Jugendliche, meist ermutigt durch ihre Eltern, den Weg übers Gymnasium. Die bis in die neueste Zeit ungenügende Durchlässigkeit des Schulsystems hat den Trend zum Gymnasium zusätzlich verstärkt, weil dieser Ausbildungsweg vermeintlich mehr berufliche Optionen bietet als die traditionelle Berufslehre. Dieses Argument verliert durch die Entwicklung der Berufsmaturität und der Passerellenlösung – so ist zu hoffen – immer mehr an Bedeutung.

2. Hinzu kommt, dass eine handwerkliche und industrielle Berufsausbildung weniger Sozialprestige geniesst als eine akademische Ausbildung. Dieser Trend verschärfte sich, als in Zeiten des Arbeitskräftemangels die Lohnunterschiede zwischen Berufsleuten und akademisch Ausgebildeten grösser wurden.
3. Die höhere Zahl von Gymnasiastinnen und Gymnasiasten führte über die Jahre dazu, dass in vielen Berufen in Mangelsituationen auf weniger leistungsfähige Lernende zurückgegriffen werden musste. Dadurch wurde die Streuung zwischen besseren und schwächeren Lehrtöchtern und Lehrlingen immer grösser, was bei leistungsfähigen Jugendlichen zu einer dauernden Unterforderung führte, wodurch die Attraktivität der Berufslehre vor allem für Leistungsfähige abnahm. Als Folge davon haben Lehrkräfte der Sekundarstufe I solchen Schülerinnen und Schülern zunehmend den Besuch des Gymnasiums empfohlen.
4. Weil immer wieder behauptet wurde und noch wird, die Belastung der Lehrlinge und Lehrtöchter sei höher als diejenige von Gymnasiastinnen und Gymnasiasten, und weil oft propagandistisch von schlechten Arbeitsverhältnissen in Lehrbetrieben gesprochen wurde, mag ein negativer Trend zur Nachfrage nach Lehrstellen gegeben sein. Es sei aber deutlich darauf hingewiesen, dass diese beiden Sachverhalte für die Schweiz nicht zutreffen (ausgenommen für Lernschwache) (siehe Abschnitt 2.5 im Kapitel 2).

Auf der **Angebotsseite** beeinflussen allgemein die folgenden immer wieder angeführten Faktoren die Marktlage:

1. Zunächst sind die wirtschaftsimmanenten Gründe zu beachten: Strukturwandel (das Verschwinden herkömmlicher und die Entstehung neuer Berufe), Produktivitätssteigerungen (der Bedarf an Berufsleuten nimmt ab, sodass auch weniger Lehrstellen angeboten werden), Tertiarisierung der Wirtschaft (Verschiebung von Arbeitsplätzen aus dem zweiten in den dritten Wirtschaftssektor) sowie umfassende Rationalisierungs- und Personalabbaumassnahmen (abnehmende Personalbestände führen häufig zu einem Abbau von Lehrstellen, weil die Betreuungszeit für Lehrlinge und Lehrtöchter fehlt).
2. Lehrstellen werden abgebaut, weil der Betreuungsaufwand und die Kosten als zu hoch und die staatlichen Auflagen (anspruchsvollere Vorgaben für die Betreuung, administrative Umtriebe) als zu aufwändig beurteilt werden, wobei dieser Aspekt allerdings einer differenzierteren Betrachtung bedarf (siehe 1.2.2.2.3 im Kapitel 1).

3. Vor allem gewisse Branchen und vornehmlich Klein- und Mittelunternehmen, welche nur beschränkte Auswahlmöglichkeiten haben, verzichten auf die Einstellung von Lehrlingen und Lehrtöchtern, weil sie sich nicht mit ungeeigneten, nicht motivierten und wenig eingliederungsfähigen Lernenden belasten wollen, wobei auch hier Vorurteile (insbesondere gegenüber ausländischen Jugendlichen) häufig zu Fehlbeurteilungen führen.
4. Spezialisierte Betriebe stellen keine Lehrlinge und Lehrtöchter mehr ein, weil sie keine umfassende Berufslehre mehr anbieten können, oder weil das bisherige Ausbildungssystem zu starr ist (was sich mit dem neuen Bundesgesetz über die Berufsbildung vom 13. Dezember 2002 [BBG] ändern lässt), oder weil die realen Berufsanforderungen nicht mehr den beruflichen Ausbildungsvorschriften entsprechen.
5. In gewissen Wirtschaftszweigen besteht eine Tendenz, anstelle von Lehrlingen und Lehrtöchtern vollschulisch Ausgebildete mit Praktikas, Stages oder speziellen Ausbildungsgängen nach einer schulischen Grundbildung einzusetzen (vor allem im kaufmännischen und im Informatikbereich).

1.2.2.2 Spezielle Aspekte zum Lehrstellenangebot

Empirische Untersuchungen (vergleiche vor allem Geser 1999 sowie Schweri, Mühlemann et al. 2003) machen deutlich, dass die oben angeführten alltäglichen und generellen Aussagen zum Lehrstellenangebot sehr zu differenzieren sind. Im Folgenden sei auf die wichtigsten Aspekte hingewiesen, deren Bedeutung besonders im Hinblick auf den Entscheid, das Angebot mit staatlichen Massnahmen steuern zu wollen, nicht unterschätzt werden darf.

1.2.2.2.1 Jugendliche ohne Lehrstelle (Marktungleichgewicht)

Zwei Sachverhalte beschäftigen die Öffentlichkeit regelmässig: Die Abnahme des Angebotes an Lehrstellen (Abbau von 1985 und 2001 um 15,1 %), die allerdings nicht alle Berufsarten gleichermassen trifft (siehe Statistisches Jahrbuch der Schweiz, 2003, 676) sowie das jeweilig kurzfristige Marktungleichgewicht auf dem Lehrstellenmarkt, das jeweils als Momentaufnahme grösser ist als aus längerfristiger Sicht (Abschnitt 2.2.3 im Kapitel 2).

Nun gilt es aber diese beiden Entscheidungen sorgfältiger zu interpretieren:

1. Zunächst bestehen bezüglich Lehrstellenangebot bzw. -mangel grosse regionale Unterschiede. In städtischen Gebieten ist der Mangel vor allem bei von Jugendlichen bevorzugten Berufen zum Teil gross, während sich in ländlichen Gegenden Angebot und Nachfrage gesamthaft eher decken.
2. Immer problematischer wird, dass sich die Nachfrage nach Lehrstellen und das Angebot nicht decken: In Wunschberufsfeldern stehen zu wenig Lehrstellen zur Verfügung (zum Beispiel kaufmännische und Informatikberufe, gestalterische Berufe), während in weniger gewünschten Berufen Lehrstellen nicht besetzt werden können (insbesondere einzelne Bauberufe und Nahrungsmittelberufe).
3. Zunehmend mehr Schwierigkeiten bei der Suche nach einer Lehrstelle haben Jugendliche, die auf der Sekundarstufe I Schulen mit einem tieferen Anforderungsniveau (z. B. Realschule) besuchen sowie Jugendliche ausländischer Herkunft (vor allem solche aus Mazedonien, Serbien-Montenegro, der Türkei und Afrika). Gemäss einer sorgfältig erhobenen und aussagekräftigen Statistik im Kanton Zürich (Bildungsdirektion des Kantons Zürich 2003) muss von folgenden Extremen gesprochen werden: Bei Schweizerinnen aus Sekundarklassen von höherem Anspruchsniveau fanden nur 2 % keine Lehrstelle, während es bei ausländischen Knaben aus Klassen mit tieferem Anspruchsniveau und aus Sonderklassen 26 % waren.
4. Die fehlende Übereinstimmung von Angebot und Nachfrage wird immer stärker durch die Tertiarisierung der Wirtschaft beeinflusst. Branchen mit traditionell geringeren Lehrlingszahlen gehören eher zu den Wachstumsbranchen der schweizerischen Wirtschaft, während Wirtschaftsbereiche mit hohen Lehrlingszahlen strukturell an Bedeutung verlieren (Sheldon 1998). Weil von der jungen Generation gesuchte Lehrstellen eher den Wachstumsbranchen zuzuordnen sind (z. B. Informatikberufe), wird sich das Ungleichgewicht eher weiter verschärfen.
5. Das Lehrstellenangebot wird sich verkleinern, wenn sich immer mehr Unternehmen von der Idee leiten lassen, die Zukunft für die berufliche Grundbildung liege in einer vollschulischen Ausbildung. Dafür werden folgende Gründe angeführt:
   - Die zunehmenden Spezialisierungen in einzelnen Unternehmen machen es unmöglich, eine umfassende Berufslehre anzubieten.

- Die Belastung der Betriebe mit der Lehrlingsausbildung wird zu gross. Das Angebot von Praktikumsstellen für Lernende aus beruflichen Vollzeitschulen belastet die Betriebe weniger.

Erste Daten dazu sind in Tabelle 1.4 wiedergegeben.

6. Schliesslich ist zu wiederholen, dass Momentaufnahmen nicht aussagekräftig sind. Die Zahlen verändern sich vom ersten zum zweiten Jahr nach Abschluss der obligatorischen Schulzeit ganz wesentlich (siehe ausführlich Abschnitt 2.2.2 im Kapitel 2).

1.2.2.2.2 Die Verteilung der Lehrstellen auf Unternehmen

Tabelle 1.2 verweist auf das Verhältnis von Unternehmen, die Lernende ausbilden, zu solchen, die keine Lehrlingsausbildung anbieten.

Tabelle 1.2

Verteilung der Lehrlingsausbildung auf Unternehmen (2000)

	Bilden Lehrlinge aus	Bilden keine Lehrlinge aus
Alle Unternehmen in der Schweiz	29,1 %	70,9 %
Betriebe mit 2–9 Mitarbeitenden	23,8 %	76,2 %
Betriebe mit 10–49 Mitarbeitenden	40,4 %	59,6 %
Betriebe mit 50–99 Mitarbeitenden	57,5 %	42,5 %
Betriebe mit mehr als 100 Mitarbeitenden	66,9 %	33,1 %

Anmerkung: Die statistischen Angaben variieren je nach Erfassungsmethode (z. B. Einpersonenbetriebe, Filialen). Die immer wieder genannte tiefe Zahl von 18 % der Betriebe, die ausbilden, beruht auf einer umfassenden Zahl von Unternehmen (also auch von Einpersonen-Betrieben, die kaum Lehrlinge und Lehrtöchter ausbilden können), und ist in keiner Weise aussagekräftig.

Quelle: Wolter, Mühlemann & Schweri 2004.

Auch diese Zahlen bedürfen der Interpretation:

1. Die Zahl der kleinen Unternehmen, die keine Lehrlinge und Lehrtöchter mehr ausbilden, ist auf den ersten Blick gross. Dafür mag eine Ursache wesentlich sein: Es lässt sich beobachten, dass insbesondere Klein- und Mittelbetriebe auf die Einstellung von Lehrlingen und Lehrtöchtern verzichten, weil sie – vor allem im Wettbewerb um Lernende mit Grossunternehmen – nicht mehr diejenigen Jugendlichen finden,

die ihren (oft traditionellen) Vorstellungen von Motivation, Leistungswille, Fähigkeiten und charakterlichen Eigenschaften entsprechen.
2. Denkbar ist aber auch, dass vor allem die Kleinbetriebe die Beanspruchungen durch die Lehrlingsausbildung als zu gross empfinden (siehe Tabelle 1.2).
3. Die Analyse von Geser (1999) zeigt jedoch, dass sich aus den globalen Werten der Tabelle 1.2 keine zwingenden Schlussfolgerungen ziehen lassen. Vergleicht man den prozentualen Anteil der Lehrlinge und Lehrtöchter an der gesamten Betriebsbelegschaft und gliedert man ihn nach Betriebsgrösse, Ausbildungsrichtung und Wirtschaftssektor, so ergibt sich ein ganz anderes Bild (wie Tabelle 1.3 zeigt).

Tabelle 1.3

Prozentualer Anteil Lehrlinge an der Betriebsbelegschaft gegliedert nach Betriebsgrösse, Ausbildungsrichtung und Wirtschaftssektor

Betriebsgrösse (Anzahl Mitarbeitende)	Wirtschaftssektor					
	Industrie		Bau		Dienstleistungen	
	gewerblich-technisch	Kaufmännisch-dienstleistungsorientiert	gewerblich-technisch	Kaufmännisch-dienstleistungsorientiert	gewerblich-technisch	Kaufmännisch-dienstleistungsorientiert
bis 10	5,0	1,2	12,1	0,0	3,9	7,6
11–20	6,2	0,9	13,0	0,8	3,7	5,8
21–50	3,8	0,9	8,5	0,5	3,9	3,9
51–100	2,6	1,2	5,8	0,5	1,6	4,3
101–200	2,6	1,5	5,4	0,5	1,3	2,4
201–500	2,8	1,2	6,0	1,1	0,7	2,5
501–1000	3,1	1,0	9,0	0,4	0,1	3,0
über 1000	3,7	0,6	–	–	0,4	3,0

Quelle: Geser (1999), S. 17

Gegenüber im Alltag vertretenen Auffassungen sind diese Ergebnisse eher überraschend:

– Angesichts dieser Daten wird verständlich, warum in berufsbildungspolitischen Diskussionen die Tendenz zu Lösungen, die insbesondere gewerblichen Bedürfnissen Rechnung tragen, immer noch besteht: Die kleinen Unternehmen bilden immer noch eine sehr grosse Zahl von Lehrtöchtern und Lehrlingen aus. Deshalb erheben sie und ihre Verbände Ansprach darauf, dass ihren Bedürfnissen genügend Rechnung getragen wird.

- Dass die Klein- und Mittelunternehmen mehr Auszubildende einstellen, mag zwei Gründe haben. Einerseits lässt sich eine breite betriebliche Grundbildung mit gewerblichem Schwergewicht in einem Kleinbetrieb leichter umsetzen. Und andererseits mögen zweckrationale, an der Betriebsführung orientierte Motive im Vordergrund stehen. Lehrlinge und Lehrtöchter können in Klein- und Mittelunternehmen unmittelbarer unterstützend eingesetzt werden (die Ladeninhaberin benötigt eine Lehrtochter, damit das Geschäft während ihrer Abwesenheit offen bleibt, Geser 1999, 12) und bringen einen höheren finanziellen Nutzen.

Diese Daten führen zu einer ganz entscheidenden **Feststellung**:

Wenn das duale Berufsbildungssystem langfristig überlebensfähig bleiben soll, dürfen die Bildungsverordnungen für die einzelnen Berufe nicht ausschliesslich auf die Bedürfnisse der Klein- und Mittelunternehmen ausgerichtet bleiben. Andernfalls wird die Bereitschaft von Grossunternehmen mit vor allem anspruchsvollen Berufen Lehrlinge und Lehrtöchter einzustellen, weiter abnehmen. Umgekehrt ist aber ebenso davor zu warnen, alles auf die Bedürfnisse der Grossunternehmen auszurichten, denn einerseits wird die klein- und mittelbetriebliche Struktur die schweizerische Wirtschaft auch weiterhin massgeblich prägen. Und andererseits schaffen Klein- und Mittelbetriebe eher mehr Lehrstellen. Dieses Spannungsfeld dürfte zu einem der schwierigsten Probleme bei der künftigen Gestaltung des dualen Berufsbildungssystems werden.

1.2.2.2.3 Die Ausbildungsbereitschaft der Unternehmen

Verschiedentlich wurde bereits die abnehmende Ausbildungsbereitschaft von Unternehmen angesprochen. Geser (1999) hat Unternehmen, die keine Lehrtöchter und Lehrlinge ausbilden, nach den Gründen ihres Verzichtes befragt. Dabei hat er die Ergebnisse auch nach Sprachregionen gegliedert, weil er vermutete, dass kulturelle Unterschiede vorhanden sind. Tabelle 1.4 gibt die Werte wieder.

Tabelle 1.4

Gründe für den Verzicht auf die Lehrlingsausbildung: Prozentanteil der Unternehmen, die keine Lehrstellen anbieten nach Sprachregionen

Grund	Sprachregion		
	Deutsch	Französisch	Italienisch
Zu hohe Kosten	5,1	5,5	6,1
Zeitmangel	25,5	28,5	22,5
Betrieb ungeeignet	57,5	44,2	49,0
Keine geeigneten Bewerberinnen und Bewerber	7,4	19,4	20,4
Quelle: Geser (1999), S. 11			

Auch diese Daten lassen zwei Schlussfolgerungen zu:

- Auffallend ist der grössere Anteil der Unternehmen in der französischen und italienischen Schweiz, die mangels geeigneten Bewerbenden keine Lehrstellen anbieten. Vermutlich ist dafür der grössere Anteil an gymnasialen Maturandinnen und Maturanden verantwortlich. Deshalb ist anzunehmen, dass die immer wieder – und meistens undifferenziert – geforderte Erhöhung der Maturandenquote dem dualen Berufsbildungssystem seitens der Nachfrage auf dem Lehrstellenmarkt schadet.
- Zu beachten ist die grosse Zahl der Unternehmen, die meinen, sie seien für die Lehrlingsausbildung ungeeignet. Wie weit dies eine Schutzbehauptung ist, kann hier nicht beantwortet werden.

Hingegen drängt sich eine weitere **Feststellung** auf: Wenn so viele Betriebe meinen, sie seien für die Lehrlingsausbildung ungeeignet, dann drängen sich neue Gestaltungsideen im dualen System zwingend auf (siehe Abschnitt 3.2.1 im Kapitel 3).

Mit der Einstellung der Ausbildungsbetriebe zur Lehrlingsausbildung haben sich auch Schweri, Mühlemann et al. (2003) befasst. Ihrer Studie lassen sich folgende Erkenntnisse entnehmen:

- Werden Betriebe qualitativ über die Motive befragt, weshalb sie eine eigene Lehrlingsausbildung betreiben, so wird in erster Linie die gesellschaftliche Bedeutung der Lehrlingsausbildung betont, während betriebswirtschaftliche Argumente, insbesondere diejenigen, welche mit der Anpassungsfähigkeit des Betriebes zu tun haben (Ausschalten des Risikos von Qualifikationsengpässen, Erhöhung der Attraktivität des Betriebes für Arbeitskräfte, verbesserte Anpassung an Marktveränderungen) am Ende der Motivskala stehen. Hier mag – wie häufig bei Befragungen – das, was sozial erwünscht ist und nicht die Realität durchschimmern.
- Wird nach der Wichtigkeit der Lehrlingsausbildung für den eigenen Betrieb gefragt, so steht die Nachwuchsbeschaffung im Vordergrund (Sicherung des Fachkräftenachwuchses in der Branche und Region, Gewinnen von Arbeitskräften, wenn es an qualifiziertem Personal auf dem Arbeitsmarkt mangelt sowie Qualifizierung von Nachwuchskräften, die genau den spezifischen betrieblichen Anforderungen genügen). Am Ende der Skala stehen erneut die betriebswirtschaftlich orientierten Aspekte wie Einsparung von un- und angelernten Arbeitskräften durch den Einsatz von Lehrlingen und Lehrtöchtern, Einsparung von Kosten der Personalsuche sowie der Einarbeitungskosten für neues Personal. Folgt man den Ergebnissen dieser Befragung, so scheinen die Betriebe entweder der Kosten-Nutzen-Dimension der Lehrlingsausbildung wenig Bedeutung beizumessen oder sie scheuen sich, in einer Befragung solchen Gründen, die sozial weniger gut zu rechtfertigen sind, zuzustimmen. Werden diese Ergebnisse qualitativer Befragungen mit dem Kosten-Nutzen-Verhältnis der Lehrlingsausbildung konfrontiert, so zeigt sich jedoch, dass die ökonomische Betrachtung der Lehrlingsausbildung bei den Motiven, weshalb Lehrlinge ausgebildet werden, eine nicht unwesentliche Rolle spielt. Bedeutsam ist, dass die Motive und ihr Zusammenhang mit dem Kosten-Nutzen-Verhältnis zu ganz verschiedenartigen strategischen Ausrichtungen der Lehrlingspolitik in Unternehmen führen. Diese **Strategien** können **produktionsorientiert** sein, d. h. die Lernenden werden während der Lehrzeit produktiv eingesetzt, indem sich ihre Lehrbetriebe auf niedrige Kosten für die Ausbildung bzw. hohe Erträge aus den Leistungen der Auszubildenden einrichten. Diese Strategie ist für Unternehmen vorteilhaft, wenn viele betriebliche Arbeiten von den Lehrlingen und Lehrtöchtern günstiger ausgeführt werden als von den übrigen Mitarbeitenden des Betriebes. Deshalb bilden solche Betriebe auch viele Lernende – häufig über den Eigenbedarf hinaus – aus, indem sie immer wieder neue Lehrstellen (es besteht eine hohe Ausbildungs-

intensität) schaffen, weil neue Auszubildende für sie billiger sind als die Weiterbeschäftigung der fertig Ausgebildeten als Facharbeiterinnen und Facharbeiter. Die Strategien können aber auch **investitionsorientiert** sein, indem die einzelnen Unternehmen mehr in ihre Auszubildenden investieren, als sie an Erlös einbringen. Dies ist vor allem dann der Fall, wenn die eigenen Lehrlinge und Lehrtöchter als ausgebildete Fachleute im eigenen Unternehmen weiterbeschäftigt werden. In diesem Fall werden nur so viele Lehrstellen zur Verfügung gestellt, wie es der eigene Bedarf zulässt (geringe Ausbildungsintensität). In Branchen mit dieser Strategie bleibt das Lehrstellenangebot klein.

Welche Strategie gewählt wird, hängt von den Merkmalen des Betriebes und von seinen Rahmenbedingungen ab. Unternehmen, die beispielsweise auf dem Arbeitsmarkt einem hohen Wettbewerb ausgesetzt sind und schwachen, wenig ordnenden Verbänden angehören, werden eher eine produktionsorientierte Strategie wählen, weil sie damit rechnen müssen, dass die Lehrlinge nach dem Lehrabschluss abgeworben werden. Oder ein Betrieb, der hochspezialisierte Berufe ausbildet, wird eher investitionsorientiert wirken, um die eigenen Lehrlinge und Lehrtöchter nach der Lehrabschlussprüfung weiter beschäftigen zu können, und seine Branchenverbände werden der beruflichen Ausbildung mehr Beachtung schenken.

Diese Analysen von Schweri, Mühlemann et al. (2003) führen zu politisch äusserst wichtigen **Feststellungen**:

- Die Strategien der Lehrlingsausbildung, die sich letztlich in den Kosten-Nutzen-Strukturen der Ausbildung ausdrücken, sind von Betrieb zu Betrieb je nach dessen Merkmalen und Rahmenbedingungen verschieden und haben einen unmittelbaren Einfluss auf die Zahl der Lehrstellen, welche die Betriebe anbieten. Jeder Betrieb wählt aufgrund seiner Nutzenabwägung die für ihn günstigste Strategie.
- Für die Entwicklung des Lehrstellenangebotes sind beide Strategien bedeutsam: Die produktionsorientierte Strategie ist nötig, damit eine grosse Zahl von Schulabgängerinnen und Schulabgängern überhaupt eine Lehrstelle findet. Allerdings garantiert heute – im Gegensatz zu früher – ein Lehrabschluss nicht mehr automatisch eine spätere Arbeitsstelle im erlernten Beruf, weil heute Lernschwache von den Betrieben häufig nicht mehr eingestellt werden, sodass sich

das Problem der beruflichen Eingliederung von Jugendlichen mit Lernschwächen über Massnahmen im Berufsbildungssystem allein nicht mehr lösen lässt. Ebenso wichtig ist aber die investitionsorientierte Strategie, die vor allem in anforderungsreichen Berufen und in spezialisierten Unternehmen angewandt wird. Sie trägt wesentlich dazu bei, dass die Berufslehre für gute Schülerinnen und Schüler weiterhin eine Alternative zur gymnasialen Bildung bleibt.
- Daher kann die staatliche Berufsbildungspolitik nicht die eine oder andere Strategie vorziehen, also beispielsweise nur Betriebe und Berufe subventionieren, welche investitionsorientiert ausbilden. Dass ein solches selektives Vorgehen zu schwierigen politischen Entscheidungen zwingt, die schwer durchzusetzen sind, versteht sich von selbst.

1.2.2.2.4 Die Ausbildungsbereitschaft der ausländischen Unternehmen

Leider zeigen ausländische Unternehmen und ausländische Führungskräfte immer häufiger wenig Verständnis für schweizerische Eigenarten. Geser (1999) bestätigt dies mit einem Vergleich der Lehrlingszahlen von schweizerischen und ausländischen Unternehmen (siehe Tabelle 1.5).

In der neueren Untersuchung von Mühlemann, Schweri und Wolter (2004) werden diese Werte durch eine feinere Analyse etwas relativiert. Der geringe Anteil von Lehrlingen und Lehrtöchtern bei ausländischen Unternehmen betrifft vor allem Betriebe mit weniger als 50 Mitarbeitenden. Auffallend ist dabei, dass die Nettokosten pro Lehrtochter oder Lehrling bei diesen Betrieben höher sind als bei inländischen Betrieben, was den Anreiz, Lehrtöchter oder Lehrlinge einzustellen, reduziert. Dies ist auf die spezifischen Tätigkeitsgebiete dieser Betriebe zurückzuführen, die mit inländischen Klein- und Mittelunternehmen nicht zu vergleichen sind. Allerdings bleibt auch bei grösseren ausländischen Unternehmen die Ausbildungsintensität (Anzahl der Lehrverträge pro Mitarbeitende) etwas geringer, wobei diese Unternehmen häufig mehr in die Lehrlingsausbildung investieren.

Tabelle 1.5
Prozentualer Anteil der Lehrtöchter und Lehrlinge an der Gesamtbelegschaft von Betrieben nach Nationalität und Firmengrösse

Eigentümer	Firmengrösse		
	bis 30 Mitarbeitende	31–200 Mitarbeitende	über 200 Mitarbeitende
Schweizerische Unternehmen	8	5,3	4,1
Ausländische Tochtergesellschaft	0,9	2,4	3,7
Quelle: Geser (1999), S. 6			

Bei genauerer Betrachtung dieser Daten nach Branchen fällt auf, dass in ausländischen Unternehmen, die im Banken-, Versicherungs- und Grosshandelsgeschäft tätig sind, kaum mehr Lehrlinge und Lehrtöchter eingestellt werden. Davon betroffen ist besonders die kaufmännische Lehre. Nur bei persönlichen Dienstleistungen im Detailhandel und im Gastgewerbe werden etwas mehr Lehrstellen geschaffen, aber deutlich weniger als in schweizerischen Betrieben der gleichen Branchen. Einzig im Bereich der Informatik setzen ausländische Unternehmen mehr Lehrtöchter und Lehrlinge ein als schweizerische Betriebe. Diese Tatsachen sind auch in Deutschland zu beobachten.

1.2.2.2.5 Auszubildendenanteil in Unternehmen mit wachsenden, stagnierenden und sinkenden Umsätzen

In Tabelle 1.6 wird zusammengefasst, welche Auswirkungen eine Veränderung des Firmenumsatzes bei verschiedenen Unternehmensgrössen in den Wirtschaftssektoren auf den prozentualen Anteil der Lehrtöchter und Lehrlinge an der Gesamtbelegschaft hat.

Tabelle 1.6

Prozentualer Anteil der Lehrtöchter und Lehrlinge an der Gesamtbelegschaft von Betrieben nach Firmengrösse, Wirtschaftssektor und Entwicklung des Umsatzes

Veränderung des Umsatzes der Unternehmen (1995–1997)	Firmengrösse					
	bis 30 Mitarbeitende		31–200 Mitarbeitende		über 200 Mitarbeitende	
	Industrie	Dienst-leistungen	Industrie	Dienst-leistungen	Industrie	Dienst-leistungen
Wachsender Umsatz	3,9	6,9	3,6	4,4	3,8	2,5
Gleichgebliebener Umsatz	6,2	10,3	4,3	6,5	3,5	3,4
Gesunkener Umsatz	5,7	8,3	3,0	6,4	3,3	4,4

Quelle: Geser (1999), S. 37

Diese Daten zeigen einen disproportional hohen Anteil von Lehrlingen und Lehrtöchtern in Klein- und Mittelbetrieben, die aufgrund ihrer stagnierenden Umsätze zu den wenig zukunftsträchtigen Unternehmen gehören. Insbesondere betroffen sind das Baugewerbe, der Detailhandel und das Gastgewerbe, die häufig eine produktionsorientierte Strategie verfolgen. Hier ergibt sich das Problem, dass Lehrlinge und Lehrtöchter ausgebildet werden, denen ein abnehmendes Arbeitsstellen-Angebot zur Verfügung steht, sodass sie sich kurze Zeit nach der Lehrabschlussprüfung umschulen müssen. Dies zwingt einmal mehr zu einer Flexibilisierung des dualen Systems.

1.2.2.2.6 Die zyklischen Schwankungen des Lehrstellenangebots

Immer wieder wird die Frage diskutiert, ob das Lehrstellenangebot zyklischen Schwankungen unterworfen ist, also in einer wirtschaftlichen Aufschwungphase mehr und im Abschwung weniger Lehrstellen angeboten werden. Eine ältere Untersuchung, die aber noch Gültigkeit haben dürfte (Dubs 1976), zeigte einen nur mässigen Zusammenhang zwischen der konjunkturellen Lage und der Zahl aller abgeschlossenen Lehrverträge. Für die Beurteilung der Lehrstellenentwicklung und zur Entwicklung von Massnahmen zur Beeinflussung des Lehrstellenangebotes drängte sich aber eine Differenzierung auf, die zu fünf Gruppen von idealtypischen Angebotssituationen führte (siehe Tabelle 1.7).

Tabelle 1.7

Idealtypische Berufsgruppen bei der Entwicklung von Lehrverträgen

Gruppe 1:	Langfristig sinkendes, aber in rezessiven Zeiten steigendes Angebot an Lehrstellen. Bei dieser Gruppe sind Jugendliche gezwungen, eine verfügbare Lehrstelle zu wählen, weil im Wunschberuf nicht genügend Lehrstellen verfügbar sind.
Gruppe 2:	Durchgehend steigendes Angebot an Lehrstellen. Bei dieser Gruppe handelt es sich um Berufe in Wachstumsbereichen der Wirtschaft.
Gruppe 3:	Steigendes Angebot an Lehrstellen bis sich rezessive Tendenzen bemerkbar machen, dann sinkendes Angebot. Bei dieser Gruppe scheint die Entwicklung der Wirtschaftslage unmittelbaren Einfluss zu haben.
Gruppe 4:	Das Lehrstellenangebot stagniert oder ist durchgehend sinkend. Bei dieser Gruppe ist ein Strukturwandel im Gange.
Gruppe 5:	Angebotsentwicklungen, die nicht interpretierbar sind.

Im Zusammenhang mit staatlichen Massnahmen zur Förderung von Lehrstellen (Lehrstellenbeschlüsse, Arbeiten von Task Forces) ist diese Gliederung bedeutsam, weil sie auch die Grenzen staatlicher Massnahmen aufzeigt. Gesellschaftspolitisch kritisch ist die erste Gruppe, weil hier aus Gründen der Lehrstellen-Angebotslage Ausbildungsplätze gewählt werden, die nicht den Neigungen und Wünschen der Lernenden entsprechen. Sind diese Berufe zu eng definiert, so haben die Lernenden unter veränderten konjunkturellen Bedingungen Schwierigkeiten, sich beruflich neu zu orientieren. Deshalb ist bei der Konzeption der beruflichen Bildung darauf zu achten, dass breitere Berufsfelder definiert werden (z. B. Nahrungsmittelberufe mit Spezialisierungsmöglichkeiten zusammengeführt werden). Kritisch ist auch die Gruppe 3, weil das prozyklische Verhalten des Angebotes an Lehrstellen vor allem in der Berufsanfangsphase zu mit Jugendarbeitslosigkeit verbundenen Überschusssituationen oder zu Nachwuchsengpässen führt. Eine staatliche Steuerung ist hier kaum machbar. Problematisch wird die Gruppe 4, welche Berufe in einer Branche mit einem raschen Strukturwandel betrifft. Viele dieser Berufe haben für junge Leute eine hohe Anziehungskraft, verlieren aber rasch an Bedeutung. Ein typisches Beispiel dafür sind Informatikberufe, bei denen es infolge der Spezialisierung zudem immer schwieriger wird, Lehrberufe auszugestalten.

Eine neue Analyse von Utinger (2003) bestätigt auch für die gegenwärtige Wirtschaftslage den geringen Einfluss der konjunkturellen Situation auf das Lehrstellenangebot. Er verglich die Veränderung der Gesamtbeschäftigung mit der Veränderung der Anzahl von Lehrstellen in den Jahren 1985–2001. Interessant an dieser Studie sind die grossen Differenzen zwischen den einzelnen Kantonen (z. B. weist der Kanton Zug für diese Periode eine Beschäftigungszunahme von 41,7 % und eine Abnahme der Lehrlinge und Lehrtöchter um 14 % aus). In grösseren Kantonen ist keine generelle Tendenz feststellbar, sondern es bestehen grosse Branchen- und Berufsunterschiede, die allesamt nicht auf einen unmittelbaren konjunkturellen Zusammenhang von Beschäftigung und Lehrstellen hinweisen.

Zusammenfassend ist damit zu rechnen, dass das Ungleichgewicht zwischen dem Lehrstellenangebot und der Lehrstellennachfrage zu einem dauerhaften Problem des schweizerischen Berufsbildungssystems wird. Deshalb ist zu prüfen, ob mit einer flexibleren Systemgestaltung (siehe Abschnitt 3.2.2 im Kapitel 3) und/oder mit staatlichen Steuerungsmassnahmen (siehe Abschnitt 2.3 im Kapitel 2) korrigierend eingewirkt werden kann.

1.2.2.2.7 Eine umfassendere Betrachtung

Inzwischen führten Mühlemann, Schweri & Wolter (2004) sowie Wolter, Mühlemann & Schweri (2003) die Erklärungen auf die Frage, warum Betriebe keine Lehrlinge und Lehrtöchter ausbilden, in differenzierterer Weise weiter als Geser (1999), indem sie in ihren Untersuchungen die Kosten- und Nutzenproblematik der Lehrlingsausbildung genauer betrachteten.

Zunächst stellten sie die zehn wichtigsten Gründe zusammen, weshalb Betriebe keine Lehrtöchter und Lehrlinge ausbilden. Tabelle 1.8 gibt die Daten wieder.

Dann untersuchten sie die durchschnittlichen Kosten und den Nutzen eines Lehrverhältnisses bei ausbildenden Betrieben und schätzten diese Grössen für nichtausbildende Betriebe. Abbildung 1.9 zeigt die Werte.

Tabelle 1.8

Zehn wichtigste Gründe, warum keine Lehrlinge ausgebildet werden

Gründe	Anteil an grosser Zustimmung (Antwortkategorien 1 & 2)	Mittelwert (1 = sehr wichtig, 3 = unwichtig)
1. Für die Lehrlingsausbildung fehlt die nötige Zeit	50 %	2,74
2. Betrieb ist zu spezialisiert, kann nicht alle Ausbildungsinhalte vermitteln	43 %	3,03
3. Fachkräftebedarf wird durch Weiterbildung des vorhandenen Personals gedeckt	39 %	3,05
4. Nutzen der eigenen Ausbildung zu gering	29 %	3,38
5. Ausbildung zu komplex bzw. zu viele Vorschriften	26 %	3,48
6. Kosten der Lehrlingsausbildung sind zu hoch	25 %	3,53
7. Lehrlinge und Lehrtöchter sind während der Ausbildung zu wenig im Betrieb	23 %	3,54
8. Keine qualifizierten Lehrstellenbewerbende	26 %	3,59
9. Kein Bedarf an entsprechenden Fachkräften absehbar	21 %	3,71
10. Ausgebildete Lehrlinge und Lehrtöchter verlassen später zu oft den Betrieb	20 %	3,73

Abbildung 1.9

Durchschnittliche Kosten und Nutzen bei ausbildenden Betrieben und geschätzte durchschnittliche Kosten und Nutzen bei nichtausbildenden Betrieben

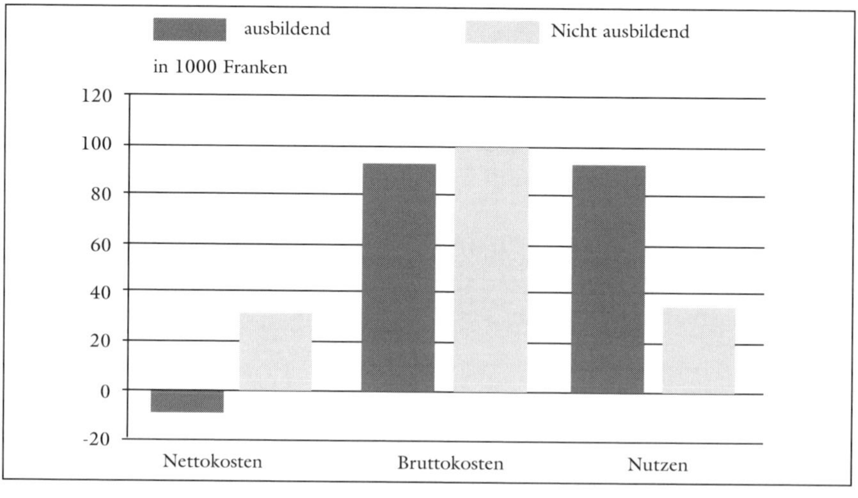

Die detaillierte statistische Auswertung ergibt, dass die geschätzten (potenziellen) Nettokosten einer Lehrlingsausbildung für nichtausbildende Betriebe deutlich (und statistisch signifikant) über den durchschnittlichen Kosten der ausbildenden Betriebe liegen. Interessant ist nun aber, dass sich bei den nichtausbildenden Betrieben nur gerade 2 % der Betriebe finden, die keine Lehrlinge ausbilden, obwohl die geschätzten Nettokosten keinen finanziellen Verlust hätten erwarten lassen. Ein rationales Verhalten seitens der Betriebe in dem Sinne, dass diese auf eine Ausbildung verzichten, obwohl es sich für sie auszahlen würde, lässt sich also praktisch nicht feststellen (2004, 45). Zu betrachten ist aber auch die Nutzenfrage. Erfasst man nur die Begründungen, weshalb keine Lehrlinge und Lehrtöchter ausgebildet werden, so halten sich die Nutzen- und Kostenargumente etwa die Waage, wobei der Zeitmangel am häufigsten angeführt wird. Würden aber Buttokosten und Nutzen quantifiziert, so zeigt sich, dass der Nutzen der Auszubildenden für die Betriebe deutlich wichtiger ist. Dies führt zu einer bedeutenden Neuinterpretation der Frage, warum Betriebe Lehrtöchter und Lehrlinge nicht ausbilden: Sie bilden nicht einfach aus Zeitmangel keine Lehrtöchter und Lehrlinge aus (ausbildende Betriebe haben auch nicht mehr Zeit), sondern weil der zu erwartende Nutzen – gemessen am Zeitaufwand – zu gering ist. Wäre der Nutzen der Lehrlingsausbildung grösser, dann wäre auch die Zeit für die Ausbildung kein Problem (S. 45). Damit entsteht ein ganz neues Problem: Der fehlende Nutzen bei den nichtausbildenden Betrieben spricht dafür, dass diese über zu wenig produktive Einsatzmöglichkeiten (=Arbeit) für potenzielle Lehrlinge und Lehrtöchter vefügen. Diese Tatsachen führen zu folgenden Erkenntnissen, die im Kapitel 3 wieder aufzunehmen sind:

1. Die arbeitsteilige Wirtschaft und die zunehmende Spezialisierung der Betriebe machen es für Betriebe immer schwieriger, volle Berufslehren anzubieten. Deshalb ist die Idee der **Ausbildungsverbünde** voranzutreiben.
2. Zu überdenken ist die **Organisation der Lehre** (Anteil Schule, Gesamtaufbau, Anforderungen an die Betriebe).
3. Ob der **Qualifikationswandel** die Berufslehre in Zukunft abwertet und der Anteil an Absolvierenden von Mittelschulen zu erhöhen ist, bleibt nach wie vor umstritten. Sicher ist, dass sich der Druck verschärfen wird, wenn die Organisation der Lehre nicht angepasst wird.

1.2.3 Das schweizerische Berufsbildungssystem orientiert sich schwerpunktmässig immer noch an gewerblichen und kleinindustriellen Verhältnissen

Dieser Einwand mag eine gewisse Berechtigung haben. Nicht nur Einzelinitiativen von Unternehmen und Wirtschaftsverbänden haben Korrekturen bewirkt, sondern mit der offenen Gestaltung des Bundesgesetzes über die Berufsbildung vom 13. Dezember 2002 (BBG) wurden die Rahmenbedingungen für eine hohe Flexibilität der Ausbildungskonzeptionen geschaffen. Ein grundlegendes Problem bleibt aber bestehen: Die mit den offerierten Lehrbetrieben verbundenen Qualifikationsansprüche differieren zwischen Gross- und Kleinbetrieben immer stärker. So sind beispielsweise die Anforderungen an einen Bäcker/eine Bäckerin oder Metzger in lokalen Bäckereien oder Metzgereien gegenüber denjenigen in industriellen Produktionsbetrieben etwa bei Grossverteilern sehr verschieden. Das Gleiche gilt für den kaufmännischen Beruf. Nicht zuletzt deshalb lassen sich bei grossen Dienstleistungsunternehmen (Banken und Versicherungen) Tendenzen feststellen, die Ausbildung in unternehmenseigenen Ausbildungszentren mit einem schulischen Schwergewicht, das mit Praxisphasen verbunden wird, zu konzentrieren und auf die traditionelle kaufmännische Lehre zu verzichten.

Dieser schwierigen Problematik kann durch unterschiedliche Gestaltungsformen der einzelnen Berufslehren begegnet werden (siehe Abschnitt 3.2.2 im Kapitel 3).

1.2.4 Die wissenschaftliche Kritik am dualen Berufsbildungssystem

Vor allem unter deutschen Bildungswissenschaftern mehren sich die Stimmen, welche das duale Bildungssystem in Frage stellen (siehe beispielsweise Geissler 1992). Angeführt werden viele Gründe: Es orientiere sich an überholten Vorstellungen gewerblich-traditioneller Berufstätigkeiten und bereite nicht genügend auf die Tätigkeit in modernen Industrie- und Dienstleistungsunternehmen vor. Die Ausbildung sei zu eng auf statische Berufsbilder ausgerichtet und bereite nicht mehr genügend auf den Wandel im Berufsleben vor, nachdem bekannt ist, dass immer mehr Beschäftigte im Verlaufe ihrer Lebensarbeitszeit den Beruf ein- bis zweimal wechseln müssen. Das System schaffe auch zu wenig gute Voraussetzungen für den systematischen Aufbau einer dynamischen beruflichen

Weiterbildung, und es mangle ihm an genügend Durchlässigkeit, d. h. die Jugendlichen würden zu früh auf einen Berufsweg gezwungen, den sie kaum mehr verlassen können. Schliesslich wird immer häufiger behauptet, diese Form der Berufsbildung sei zu wenig effektiv, weil oft überholte Strukturen und Zielvorstellungen in Beruf und Betrieb verfestigt würden, in vielen Betrieben die Ausbildung wenig zweckmässig erfolge und die Lernenden immer wieder für untergeordnete Arbeiten missbraucht und damit zu billigen Arbeitskräften degradiert würden.

Allerdings gibt es auch namhafte deutsche Bildungswissenschafter, die den gegenteiligen Standpunkt einnehmen (siehe beispielsweise Lempert 1995). Sie verweisen auf die positiven Veränderungen in der Ausbildungskonzeption (z. B. Reduktion der Anzahl der Lehrberufe, verbesserte Kooperation zwischen Schule und Betrieb), auf Fehlinterpretationen der Statistiken über die Lehrstellenentwicklung (z. B. Angebotsveränderungen infolge des wirtschaftlichen Strukturwandels) und auf die Eignung des dualen Bildungssystems die Jugendlichen in die Gesellschaft und Wirtschaft zu integrieren sowie eine wirksame persönliche Entwicklung der Auszubildenden sicherzustellen. Zudem wirkt das duale System gegen die drohende Segmentation des Arbeitsmarktes, der privaten Lebensverhältnisse und der Gesellschaft insgesamt, weil es eher geeignet ist, allen Bevölkerungsgruppen angemessene Entwicklungsmöglichkeiten im Beruf zu eröffnen.

Leider sind aber die vielen wissenschaftlichen Argumentationen für und gegen das duale Berufsbildungssystem solange nicht beweiskräftig, wie nicht belegt ist, dass alternative Systeme im Vergleich zum dualen System wirksamer sind. Auf diese Kernfrage wird in Abschnitt 2.2 im Kapitel 2 eingegangen.

1.2.5 Kritische Stellungnahmen der OECD als Bedrohung des schweizerischen Berufsbildungssystems?

Die Schweiz erklärte sich 1990/91 erstmals bereit, ihr gesamtes Bildungssystem durch die OECD beurteilen zu lassen (OECD 1991). Bezüglich des dualen Berufsbildungssystems ist dieser Bericht etwas kritisch ausgefallen. Bemängelt wurde die Starrheit des ganzen Systems, das stark auf herkömmliche Vorstellungen der Wirtschaftsverbände ausgerichtet sei, die selbst wenig zu Innovationen in der beruflichen Bildung beitrügen. Kritisiert wurde im Weiteren das ungelöste Spannungsfeld zwischen Generalisierung und Spezialisierung der Grundbildung, indem die Expertinnen und Experten meinten, die Spezialisierung werde zu weit vorangetrieben (zu viele Lehrberufe), wodurch die Lernenden, deren Leistungsstand als sinkend beschrieben wurde, vieles, was sie auf der Sekundarstufe I lernen würden, in keiner Weise mehr vertiefen könnten. Nicht einsichtig für die Expertinnen und Experten war, dass die Jugendlichen am Ende der Sekundarstufe I zwischen einer dualen und vollschulischen Ausbildung wählen können. Schliesslich wurden die zu starke Berufsorientierung und eine gewisse Vernachlässigung der Allgemeinbildung sowie die ungenügende Integration der ausländischen Jugendlichen kritisch beleuchtet.

Obschon es sich um einen älteren Bericht handelt, sollten die angesprochenen kritischen Punkte auch heute beachtet werden, weil sie zum Ausdruck bringen, wie Expertinnen und Experten aus Ländern ohne duales Berufsbildungssystem das schweizerische Konzept sehen. Dass sich die Expertinnen und Experten mit der Beurteilung schwer taten, war nicht nur aus ihrem Kreis zu vernehmen, sondern liess sich auch aus der aufgezeichneten Diskussion unter den beauftragten Experten ableiten (OECD 1990, 154), indem ein Experte Zweifel am System (dessen Fähigkeit, sich auf höhere Ansprüche auszurichten) äusserte und als Folge davon von einem anderen Experten mit Erfahrungen im dualen System belehrt wurde. Dies mag als warnendes Beispiel für das mangelnde Verständnis und die fehlende Akzeptanz für das duale System seitens der europäischen Spezialistinnen und Spezialisten, welche die schweizerische Realität nicht genügend kennen, gelten.

Der nächste Bericht (OECD 1997), der sich mit der Berufsbildung befasst, ist knapper abgefasst. Bemängelt wird die zu starke Ausrichtung der beruflichen Bildung auf die Nachfrage seitens der Wirtschaft sowie die fehlende Abstimmung auf eine lebenslange Weiterbildung. Weitere wesentliche Folgerungen lassen sich jedoch aus diesem Überblick nicht ableiten.

Die Beobachtung der OECD-Berichterstattung über die Berufsbildung ist für die Schweiz bedeutsam, weil sich daraus Trends bezüglich der Denkweise der Expertinnen und Experten ermitteln lassen, die im Zusammenhang mit einer späten internationalen Anerkennung schweizerischer Berufsabschlüsse und -ausweise bedeutsam sein können.

1.2.6 Die berufsbildungspolitischen Zielsetzungen und Zuständigkeiten der Europäischen Union sowie ihre Entscheidungsprozesse als Problem für die schweizerische Berufsbildung?

Vor allem Politikerinnen und Politiker, aber auch junge Berufsleute, befassen sich in der Schweiz vermehrt mit den Fragen, welche Entwicklungslinien der Berufsbildung sich in der Europäischen Union (EU) abzeichnen, welches die Auswirkungen für die Schweiz sind, und wie die schweizerische Berufsbildungspolitik darauf reagieren sollte. Obwohl viele Aspekte der Berufsbildungspolitik der EU immer noch unklar geregelt und einem ständigen Wandel unterworfen sind, sollen im Folgenden einige Grundzüge aufgeführt werden, um zu einer Stellungnahme für die Schweiz zu gelangen.

In seinem Beschluss über «Allgemeine Leitlinien zur Ausarbeitung eines gemeinschaftlichen Tätigkeitsprogrammes auf dem Gebiet der Berufserziehung» vom 26. Juli 1971 (ABl Nr. C vom 12.8.1971, S. 5) hat der Ministerrat als Endziel eines danach ausgerichteten Programmes formuliert, eine «wirklich gemeinsame Politik der Berufsausbildung» solle «im Rahmen einer auf Gemeinschaftsebene immer tatkräftiger gestalteten Beschäftigungspolitik – für die u. a. der Europäische Sozialfonds ein Instrument sei – durchgeführt werden und dabei gleichzeitig den Erfordernissen der allgemeinen Ausbildung und des sozialen Anstiegs der Arbeitnehmenden gerecht werden», sowie «eine schrittweise Annäherung des Ausbildungsniveaus der Gemeinschaft zum Ziel haben».

Diese allgemeine bildungspolitische Zielvorstellung gilt bis auf den heutigen Tag. Es würde hier zu weit führen, die ganze Entwicklung der bildungspolitischen Entscheidungen der EU nachzuzeichnen (vergleiche dazu die Kurzfassung bei Strohmeier 2001). Es sei nur auf wenige für die Schweiz bedeutsame Aspekte hingewiesen:

Die Ziele der Europäischen Union lassen sich nur verwirklichen, wenn allen Bürgerinnen und Bürgern ihrer Mitgliedstaaten einerseits als Arbeitnehmenden die Freizügigkeit gewährt wird, d. h. sie in der Beschäftigung, im Lohn und in den sonstigen Arbeitsbedingungen nicht diskriminiert werden, und sie sich andererseits überall und ohne Einschränkungen niederlassen dürfen (Niederlassungsfreiheit). Diese beiden Freiheiten setzen aber voraus, dass das Ausbildungsniveau aller Berufstätigen (gemäss einer Entscheidung des Europäischen Gerichtshofes zählt auch die akademische Ausbildung zur Berufsausbildung) etwa von gleicher Qualität ist. Andernfalls besteht die Gefahr, dass ein Land die Ausbildungsgänge und Diplome, Befähigungsnachweise und Prüfungszeugnisse eines anderen Landes nicht anerkennt, weil es der Meinung ist, die Ausbildung in diesem Land sei schlechter als im eigenen. In diesem Fall würde das entsprechende Land die Freizügigkeit und die Niederlassungsfreiheit und damit den Zweck der EU vereiteln. Weil aber die berufliche Ausbildung in den EU-Ländern sehr unterschiedlich ist, musste entschieden werden, ob die einzelnen Ausbildungsgänge im gesamten EU-Raum angeglichen werden sollten oder ob eine Harmonisierung der Diplome, Befähigungsnachweise und Prüfungszeugnisse erreicht werden sollte. Mit einer EU-Ratsentscheidung aus dem Jahre 1985 über die «Entsprechungen der beruflichen Befähigungsnachweise zwischen den Mitgliedstaaten der EG» wurde festgelegt, dass statt einer Harmonisierung der Ausbildungsgänge das Europäische Zentrum für die Förderung der Berufsbildung (CEDEFOP) zunächst auf der Ebene Facharbeiter/Fachangestellte Berufe auszuwählen und Grundanforderungen zu definieren hätte, denen in den Mitgliedstaaten anerkannte Diplome, Prüfungszeugnisse und sonstige Befähigungsausweise entsprechen würden. Das wesentliche Element der Entscheidung bestand darin, fünf Ausbildungsstufen zu unterscheiden, denen die Ausbildungsausweise zugeordnet werden können. Diese fünf Stufen sind in Tabelle 1.10 zusammengefasst.

Tabelle 1.10

Fünf Ausbildungsstufen als Grundlage für die Anerkennung von Diplomen, Prüfungszeugnissen und sonstigen Befähigungsausweisen

Stufe 1	Umfasst die durch eine kurze Einführungausbildung Angelernten
Stufe 2	die durch eine länger dauernde Voll- oder Teilzeitausbildung (inklusive Lehre) vollqualifizierten Ausgebildeten
Stufe 3	die mit Abschluss der Sekundärschule oder vergleichbar ausgebildeten TechnikerInnen oder entsprechende Fachkräfte
Stufe 4	die durch eine kurze Ausbildung auf Hochschulebene ausgebildeten höheren TechnikerInnen oder Assistenten/Assisteninnen
Stufe 5	schliesslich die Absolventen und Absolventinnen einer längeren Ausbildung auf Hochschulebene

Quelle:http://www.qca.org.uk

Auf diese Weise wurde versucht, die Vergleichbarkeit von Ausbildungsgängen auf der Basis der Diplome, Prüfungszeugnisse und sonstigen Befähigungsausweise innerhalb der EU sicherzustellen. Rechtsverbindlichkeit für die einzelnen Mitgliedstaaten haben aber diese fünf Stufen nicht.

Ein nächster wichtiger Schritt zur Vereinheitlichung der Anerkennung von Berufsschulabschlüssen und Befähigungsnachweisen war die 1992 erlassene zweite allgemeine Regelung für die Anerkennung der beruflichen Ausbildung (Ratsrichtlinie 92/51/EWG vom 18.6.1992, ABl Nr. L vom 24.7.1992, S. 25ff.). Sie betrifft die unteren und mittleren Berufsebenen aller EU-Bürger/-innen, die Kurzstudiengänge von weniger als 3 Jahren oder eine Sekundarschulbildung vorweisen können. Wesentliche Regelungen dieser Richtlinie betreffen die Anerkennung der Ausweise, Bedingungen für Wanderarbeitende (deren Ausbildung erheblich von der im Aufnahmestaat geforderten Ausbildung abweicht) und Regelungen über die Anerkennung zwischen den Ausbildungsstufen.

Für den Stellenwert des dualen Bildungssystems bedeutsam sind die Mitteilung der Kommission über die «Förderung der Lehrlingsausbildung in Europa» (KOM [97] 300 endg. vom 18.6.1997) sowie die Entschliessung des Rates zur Qualität und Attraktivität der beruflichen Bildung (ABl C 374 vom 30.12.1994, S. 1ff.), mit welcher die Bedeutung der dualen Berufsbildung, die Notwendigkeit einer verstärkten Förderung von Berufsbildungsphasen in anderen Mitgliedstaaten sowie eine Integration dieser Phasen in die nationalen Bildungsangebote betont wird.

Eine Verdeutlichung der wenig bestimmten Rechtslage im Bereich der Berufsbildung brachten der Maastrichter und der Amsterdamer Vertrag. Mit Art. 127 des EG-Vertrages (jetzt Art. 149 konsolidierte Fassung durch den Vertrag von Nizza) wird der Stellenwert der Berufsbildung in einem eigenen Artikel umschrieben. Danach wird die Tätigkeit der EU auf die folgenden Ziele ausgerichtet:

- Erleichterung der Anpassung an den industriellen Wandel durch berufliche Bildung und Umschulung,
- Verbesserung der beruflichen Erstausbildung und Weiterbildung zur Erleichterung der Eingliederung und Weitereingliederung,
- Erleichterung der Aufnahme einer beruflichen Bildung, Förderung der Mobilität der Ausbildenden und der Auszubildenden selbst,
- Förderung der Zusammenarbeit zwischen Unterrichtsanstalten und Unternehmen,
- Ausbau des Informations- und Erfolgsaustausches über Probleme der Berufsbildungssysteme der Mitgliedstaaten.

Als Rechtsinstrumente für die Umsetzung der berufsbildungspolitischen Ziele können gemäss Art. 189 (jetzt 249) des EG-Vertrages (konsolidierte Fassung durch den Vertrag von Nizza) die folgenden Formen gewählt werden:

- die Verordnung mit Allgemeingültigkeit in allen Teilen und in allen Mitgliedstaaten,
- die Richtlinie, die bezogen auf das gesetzte Ziel verbindlich ist, die Wahl der Form und der Mittel aber den Mitgliedländern überlässt,
- die Entscheidung, die in allen Teilen für jene verbindlich ist, welche sie bezeichnet,
- Empfehlungen sowie Stellungnahmen oder Entschliessungen, die nicht verbindlich, vielmehr nur Ausdruck eines gemeinsamen politischen Willens sind.

Im Bildungs- und Ausbildungsbereich werden die Richtlinien und die Entscheidungen am häufigsten angewandt, d. h. also, dass die EU wohl die Ziele für die Ausbildung verbindlich festlegt, während die Form der Ausgestaltung den Mitgliedstaaten überlassen bleibt. Für die Berufsbildung wurde dies im Maastrichter Vertrag weiter verdeutlicht, in dem der ursprünglich wenig bestimmte Artikel 128 des EG-Vertrages in Art. 127 (jetzt Art. 149) klarer gefasst wurde. Dieser besagt ausdrücklich, dass in der EU nur die Ziele, nicht aber die Wege, harmonisiert werden. Die Verwirklichung der Berufsbildungsziele soll also durch Massnahmen erfolgen, die der Rat unter Ausschluss jeglicher Harmonisierung der Rechts- und Verwaltungsvorschriften den Mitgliedstaaten überlässt (Subsidiaritätsprinzip). Theoretisch ist es allerdings möglich, dass die Kommission konkrete Massnahmen ergreifen könnte, wenn es im Interesse einer Stärkung der Europäischen Gemeinschaft liegt.

Daraus ergibt sich für die Schweiz eine ganz wesentliche **Schlussfolgerung**:

1. Sie kann ihr Berufsbildungssystem nach ihren eigenen Vorstellungen gestalten. Vor allem besteht kein Zwang, auf das duale Berufsbildungssystem zu verzichten.
2. Entscheidend ist, dass das System eine vergleichbare Qualität von Lernleistungen erbringt. Denn bei der Anerkennung von Diplomen, Prüfungszeugnissen und sonstigen Befähigungsausweisen ist die vergleichbare Qualität massgeblich.

Kapitel 2:
Die Wirksamkeit des dualen Berufsbildungssystems

2.1 Übersicht und Problemstellung

Immer wieder wird die Frage aufgeworfen, ob das duale Berufsbildungssystem in Zukunft noch wirksam sei. Diese Problematik kann von drei Seiten her angegangen werden:

1. Man kann den **Transitionsprozess** verfolgen, d. h. beobachten, wie sich in einem Land der Übergang von der obligatorischen Schule zur postobligatorischen Ausbildung (von Sekundarstufe I zu Sekundarstufe II = erste Schwelle) sowie von der postobligatorischen Ausbildung ins Erwerbsleben (zweite Schwelle) abspielt. Je weniger Übergangsprobleme bei diesen beiden Schwellen entstehen, desto wirksamer ist ein Bildungssystem.
2. Man kann die verschiedenen **Gestaltungsformen von Bildungssystemen** miteinander vergleichen und deren Auswirkungen im Hinblick auf gewisse Kriterien (z. B. Arbeitsmarktfähigkeit, langfristig günstige Voraussetzungen für flexible Berufseinsätze während der Lebensarbeitszeit, kurzfristige Wirksamkeit der Erfüllung von bestimmten Berufsaufgaben nach Abschluss der Grundausbildung usw.) untersuchen. Je nach Ergebnis lässt sich zwischen wirksameren und weniger wirksamen Gestaltungsformen unterscheiden.
3. Obschon aus ökonomischer Sicht allenfalls weniger wichtig, im Hinblick auf das Wohlbefinden der Menschen aber sehr bedeutsam, kann man die **Ausbildungs- und die Arbeitszufriedenheit** erfassen. Im Zusammenhang mit diesem Gutachten interessiert vor allem die Ausbildungszufriedenheit. Wäre es beispielsweise so, dass Lernende in einem vollschulischen beruflichen oder allgemein bildenden Ausbildungssystem viel zufriedener wären als im dualen System, so drängten sich Massnahmen zur Umgestaltung des Berufsbildungssystems auf, denn mit ihrer dualen Ausbildung Unzufriedene würden ihren Beruf nach der Lehrabschlussprüfung mit aller Wahrscheinlichkeit rasch wechseln, was die Wirksamkeit des dualen Systems vermindern würde.

Diese drei Aspekte der Wirksamkeit des schweizerischen Berufsbildungssystems sollen im Folgenden besprochen werden.

2.2 Der Transitionsprozess von der Sekundarstufe I zur Sekundarstufe II

2.2.1 Grundlagen

Im Rahmen des Bildungsmonitorings der Schweiz bearbeitet das Bundesamt für Statistik zusammen mit drei wissenschaftlichen Institutionen im Projekt TREE (Transitions from Education to Employment) in einer nationalen Längsschnittuntersuchung die Übergänge von der obligatorischen Schulzeit ins Erwachsenenleben. Die ersten Daten erschienen im Jahre 2003 (Bundesamt für Statistik 2003). Obschon es sich erst um Zwischenergebnisse handelt, liegen bereits Daten vor, welche zu wesentlichen Erkenntnissen über die Lage der schweizerischen Berufsbildung führen. Deshalb werden sie im Folgenden knapp zusammengefasst dargestellt.

2.2.2 Ausbildungssituation 1 bzw. 2 Jahre nach Austritt aus der obligatorischen Schule

Hupka (2003) legt die aufgrund einer Stichprobe mittels Befragung erfassten und hochgerechneten Daten der Ausbildungssituation von Schulabgängerinnen und -abgängern des Abgangsjahrganges 1999/2000 ein und zwei Jahre nach dem Schulaustritt vor (siehe Tabelle 2.1).

Für die Beurteilung der Situation in der Berufsbildung sind die folgenden Erkenntnisse bedeutsam:

- Ein Jahr nach Abschluss der obligatorischen Schule finden in der Schweiz über 70 % der Jugendlichen den direkten Einstieg in eine qualifizierende nachobligatorische Ausbildung, nach zwei Jahren sind es nahezu 90 %.

Tabelle 2.1

Ausbildungssituation 1 bzw. 2 Jahre nach Austritt aus der obligatorischen Schule

Ausbildungssituation	1 Jahr nach Schulaustritt (2001)		2 Jahre nach Schulaustritt (2002)	
	Anzahl *	Prozent	Anzahl *	Prozent
Berufsbildung	**38 000**	**46 %**	**53 000**	**64 %**
Tiefes Anforderungsniveau	9 000	11 %	14 000	17 %
Mittleres Anforderungsniveau	9 000	11 %	14 000	17 %
Hohes Anforderungsniveau	15 000	18 %	20 000	24 %
Unbestimmtes Anforderungs-niveau	5 000	6 %	5 000	6 %
Allgemeinbildung	**22 000**	**27 %**	**21 000**	**25 %**
Maturität & Lehrerbildung	19 000	23 %	18 000	21 %
DMS und andere	3 000	4 %	3 000	4 %
Zwischenlösung	**19 000**	**23 %**	**5 000**	**6 %**
10. Schuljahr, Vorlehre Motivationssemester	14 000	17 %	2 000	2 %
Praktika, Au pair, Vorkurse, Sprachaufenthalte	5 000	6 %	3 000	4 %
Nicht in Ausbildung	**4 000**	**4 %**	**5 000**	**5 %**
Anzahl gültige hochgerechnete Fälle	**83 000**	**100 %**	**84 000**	**100 %**

* hochgerechnet auf den (Regel-) Schulabgangsjahrgang 1999/2000

Quelle: Bundesamt für Statistik (2003).

– Die Zahl der Schülerinnen und Schüler, die nach Ende der obligatorischen Schulzeit eine Zwischenlösung wählen (oder wählen müssen), liegt bei 23 % (17 % mit einem 10. Schuljahr, Vorlehre, Motivationssemester; 6 % mit Praktika, Au pair, Vorkursen oder Sprachaufenthalten, wobei für einen Teil dieser Jugendlichen die Zwischenlösung ein Bestandteil ihrer regulären Ausbildung ist, weil sie vor Beginn der Ausbildung ein Praktikum zu absolvieren haben, oder sie ihre Ausbildung erst mit dem 18. Lebensjahr beginnen können). Im zweiten Jahr nach Schulaustritt vermindert sich die Zahl der Jugendlichen mit einer Zwischenlösung auf 6 %, während die Zahl der jungen Leute in der Berufsbildung auf 64 % zunimmt, was darauf hindeutet, dass eine Verlagerung aus der Gruppe der Zwischenlösungen in die Gruppe der Berufsbildung stattfindet. Dies bestätigt auch eine entsprechende Ana-

lyse. Rund zwei Drittel der Jugendlichen (75 %), die sich ein Jahr nach der obligatorischen Schulzeit in einer Zwischenlösung befinden, sind zwei Jahre nach Ende der obligatorischen Schulzeit in einer Berufsbildung.
- Von den Jugendlichen, die im ersten Jahr nach Schulaustritt ausbildungslos waren, ist gut der Hälfte von ihnen (55 %) zwei Jahre nach Ende der Schulzeit der Einstieg in die Berufsausbildung gelungen; weitere 9 % von ihnen befinden sich weiterhin in einer Zwischenlösung; nur wenige wechseln aus der Arbeitslosigkeit in die allgemeine Bildung (3 %), während 34 % in der Arbeitslosigkeit verharren. Das sind von allen erfassten Jugendlichen nur noch knapp 5 % aller Jugendlichen, die innert zwei Jahren nach Austritt aus der obligatorischen Schule keiner nachobligatorischen Ausbildung nachgehen. Diese Zahl ist weit geringer als Statistiken zum Ausdruck bringen, die jeweils eine Momentaufnahme präsentieren. Trotzdem bleibt die Tatsache, dass annähernd ein Viertel der Jugendlichen den Einstieg in eine zertifizierende Ausbildung der Sekundarstufe II über eine Zwischenlösung sucht (oder suchen muss), und knapp 5 % aller Jugendlichen den Einstieg nicht schafften, bedenklich.

Diese generellen Aussagen lassen sich weiter differenzieren, wobei aus der Fülle der Dateninterpretationen von Hupka (2003) für die Berufsbildung die Folgenden von Bedeutung sind:

- Die geschlechtsspezifische Segmentierung der Sekundarstufe II bleibt nach wie vor stark. Die Männer sind zwei Jahre nach Schulaustritt zu drei Vierteln in der Berufsbildung. Bei Frauen ist es lediglich gut die Hälfte.
- Nach Sprachregionen gegliedert, gehen in der deutschsprachigen Schweiz gut zwei Drittel der Jugendlichen einer Berufsbildung nach, während es in der französisch- und italienischsprachigen Schweiz nur für gut die Hälfte der Fall ist.
- Eine wichtige Rolle für den Zugang zur Sekundarstufe II spielt der besuchte Schultyp auf der Sekundarstufe I. Wer ein Progymnasium oder eine Sekundarschule besucht hat, findet viel häufiger den Zugang zu Berufsausbildungen mit einem höheren Anforderungsniveau. Der auf der Sekundarstufe I besuchte Schultyp bestimmt also die nachobligatorische Ausbildungslaufbahn in hohem Ausmass (siehe auch Meyer, Stalder & Matter 2003). Insbesondere für Lernende aus Realschulen und Oberschulen gestaltet sich der Übertritt in eine Berufslehre von höherem Anspruchsniveau zusehend schwieriger.

Bezieht man die Lesekompetenzen (als ein Mass der schulischen Leistungsfähigkeit) mit ein, so zeigt sich, dass Schülerinnen und Schüler im mittleren Bereich dieser Kompetenz relativ willkürlich einem bestimmten Schultyp der Sekundarstufe I zugeteilt werden (ein Befund, der in einer Untersuchung im Kanton Zürich im Wesentlichen bestätigt wurde [Moser & Rhyn 1996]). Dies erklärt den Stigmatisierungseffekt, dem Schülerinnen und Schüler – unabhängig von ihren Kompetenzen – ausgesetzt sind, wenn es um die Zulassungschancen zu einer Berufslehre (und anderen Wegen der nachobligatorischen Berufsbildung) geht.

- Einmal mehr bestätigt die TREE-Studie die Bedeutung der sozialen Herkunft bezüglich der nachobligatorischen Ausbildungsmöglichkeiten.

2.2.3 Die Zwischenlösung

Meyer (2003a) untersuchte das Phänomen der Zwischenlösung genauer. Bildungspolitisch von Interesse ist die Frage, welche Funktion die Zwischenlösung erfüllt. Sie kann als **Kompensationsfunktion** (die Jugendlichen wählen sie, um schulische Defizite zu beheben, damit der Einstieg in eine zertifizierte Ausbildung besser gelingt), als **Orientierungsfunktion** (Zwischenlösung als Orientierungs- und Entscheidungshilfe) oder als **systemische Pufferfunktion** (erzwungene Zwischenlösung, weil keine Ausbildungsplätze zur Verfügung stehen oder Vorbedingungen für den Eintritt in eine Ausbildung [Mindestalter, Praktika] erfüllt sein müssen) dienen.

Wie oben angedeutet gelingt 75 % der Jugendlichen mit Zwischenlösung ein Jahr später der Einstieg in eine zertifizierende Ausbildung der Sekundarstufe II. Gut 27 % steigen in eine Ausbildung mit hohem Anforderungsniveau (grösserer Teil in der Berufsbildung) ein, 48 % in eine mit tiefem bis mittlerem Anspruchsniveau in der Berufsbildung.

Jugendliche mit Zwischenlösungen sind – im Vergleich zu allen Abgängerinnen und Abgängern der obligatorischen Schule – häufiger weiblich, stammen aus eher tieferen sozialen Schichten bzw. Migrantenfamilien, haben auf der Sekundarstufe I nur Grundanforderungen erfüllt und weisen eine geringere PISA-Lesekompetenz auf (die bei TREE als Massstab der schulischen Leistungsfähigkeit mit in die Differenzierung der Ergebnisse einbezogen wird). Besonders bedeutsam ist schliesslich, dass die Leistungsvoraussetzungen (indiziert durch die PISA-Lesekompetenz und indirekt durch den auf der Sekundarstufe I besuchten Schultyp) für den Übertritt in eine Berufsausbildung mit tieferem bis mittlerem Anforderungsniveau keine entscheidende Rolle spielen. Risikofaktoren für eine höhere Wahrscheinlichkeit von Zwischenlösungen sind das Geschlecht, die soziale Herkunft sowie der Urbanisierungsgrad (mit nicht schulischen Zwischenlösungen [vor allem Au pair] sind ländliche Jugendliche stärker vertreten). Deshalb ist die immer wieder gemachte Aussage, Zwischenlösungen wären nötig, um individuelle schulische, sprachliche oder andere Defizite zu beheben, nicht zutreffend. Dies führt zur bildungspolitisch wichtigen Frage, ob es nicht sinnvoller wäre, wenigstens einen Teil der Investitionen für den Ausbau des Zwischenlösungsangebotes (etwa des 10. Schuljahres) in Zukunft in den Ausbau eines angemessen zertifizierten Bildungsangebotes auf der Sekundarstufe II umzuleiten (Meyer 2003a, 109).

2.2.4 Einflüsse des Migrationshintergrundes

Meyer (2003) analysierte die Daten von TREE auch im Hinblick auf die Migrantinnen und Migranten. Unter Bezug auf PISA zeigt er, dass rund jede/jeder dritte Jugendliche in einer Familie lebt, in der mindestens ein Elternteil nicht in der Schweiz geboren ist. Selber sind dagegen nur rund 14 % der Jugendlichen nicht in der Schweiz geboren, etwa ebenso viele sprechen zu Hause nicht die Unterrichtssprache. Wird zusätzlich noch die Verweildauer in der Schweiz berücksichtigt, so ergibt sich, dass lediglich rund 7 % aller Schulabgänger und -abgängerinnen eines Jahres nicht die ganze Schulzeit in der Schweiz absolviert haben. Dabei variiert der Anteil dieser Gruppe je nach Herkunftsland stark (deutlich geringerer Anteil dieser Jugendlichen aus Italien und Spanien, deutlich höher bei den Jugendlichen aus den Balkanländern, der Türkei und aus Portugal). Diese Daten und weitere Analysen zeigen, dass die kulturelle Heterogenität im schweizerischen Bildungssystem in der öffentlichen Diskussion überschätzt wird und nicht generell von den Ausländerinnen und Ausländern gesprochen werden darf. Die Jugendlichen mit einem Migrationshintergrund bilden vielmehr eine «Drittelsgesellschaft», d. h. das erste Drittel stammt aus Mittel- und Nordeuropa (Frankreich, Belgien, Deutschland, Österreich) und weist eine durchschnittliche soziale Stellung auf, die teilweise höher ist als diejenige der Einheimischen; das zweite Drittel besteht aus Nachkommen zweiter und dritter Generation von vornehmlich aus Italien und Spanien Eingewanderten, denen in der Zwischenzeit in der Schweiz ein gewisser sozialer Aufstieg gelungen ist, und das letzte Drittel kommt aus den jüngeren Einwanderungsländern (Balkan, Türkei, Portugal) und weist eine sehr tiefe soziale Stellung auf. Im schweizerischen

Bildungswesen benachteiligt sind die Jugendlichen, die bzw. deren Eltern zum letzten Drittel gehören. Sie besuchen überdurchschnittlich häufig die Real- oder Oberschule, und sie weisen gegenüber den anderen beiden Dritteln sowie den Einheimischen grosse Leistungsdefizite aus. Ihr statistisches Risiko, keinen Platz für eine zertifizierte Ausbildung zu finden, ist fast doppelt so hoch wie bei den Einheimischen, wobei für weibliche Jugendliche und solche mit schlechter Lesekompetenz sowie Real- oder Oberschulbesuch das Risiko noch grösser ist. Unter diesen schlechten Voraussetzungen kämen Jugendliche aus diesem letzten Drittel am ehesten für eine Berufsausbildung von tiefem bis mittlerem Anspruchsniveau in Frage. Hier haben sie aber gegenüber Einheimischen (unter sonst gleichen Bedingungen) entscheidende Nachteile. Deshalb spricht Meyer (2003, 118) von einem paradoxen Befund: Die Zugangshürden für Jugendliche mit Migrationshintergrund sind ausgerechnet bei derjenigen nachobligatorischen Ausbildungsoption am höchsten, die für die Mehrheit von ihnen am ehesten in Frage kommt.

2.2.5 Folgerungen

Aufgrund der Analyse der Wege in die nachobligatorische Ausbildung lassen sich für die **schweizerische Berufsbildungspolitik** folgende **Schlussfolgerungen** ziehen:

1. Positiv zu werten ist, dass zwei Jahre nach Abschluss der obligatorischen Schulzeit nahezu 95 % der Jugendlichen den direkten Einstieg in eine nachobligatorische Ausbildung geschafft haben.
2. Die auf einen bestimmten Zeitpunkt erfasste meistens höhere Zahl von Lehrstellensuchenden wird etwas relativiert, wenn die Entwicklung eines Schulabgänger-Jahrganges über zwei Jahre verfolgt wird: Viele Jugendliche finden im zweiten Jahr dank ihrer Beharrlichkeit eine Lehrstelle (die Zahl der Jugendlichen mit einer Zwischenlösung vermindert sich von 23 % auf 6 %, diejenige der Jugendlichen, die eine Berufslehre aufnehmen, erhöht sich von 46 % auf 64 %). Zu beachten ist allerdings, dass viele dieser Jugendlichen nicht ihren Wunschberuf, sondern einen Lehrberuf zweiter Wahl übernehmen müssen. Dieses Problem lässt sich aber nicht über die Berufsbildungspolitik lösen, sondern ist eine Folge der Struktur der Wirtschaft.

3. Bedenklich ist jedoch die hohe Zahl der Schulabgänger und -abgängerinnen, die am Ende ihrer obligatorischen Schulzeit auf eine Zwischenlösung angewiesen sind. Dieser Sachverhalt ist weder aus der Sicht der Entwicklungschancen der jungen Generation vertretbar noch finanzwirtschaftlich effizient. Deshalb ist später zu klären, ob die systemische Pufferfunktion durch berufsbildungspolitische Massnahmen beseitigt werden kann (siehe Abschnitt 3.2 im Kapitel 3 und Abschnitt 2.3 im Kapitel 2). Deutlich zu betonen ist aber, dass sich dieses Problem nicht allein durch Massnahmen der Berufsbildungspolitik lösen lässt, sondern auch Vorkehrungen auf der Volksschulstufe zu treffen sind (bessere Förderung der schwächeren Schülerinnen und Schüler, was nicht nur eine Frage der organisatorischen Gestaltung der Sekundarstufe I ist, sondern ebenso sehr ein Problem der Unterrichtsführung sowie der Wahrnehmung des Erziehungsauftrages durch die Schule, nachdem Lehrbetriebe schwächere Schülerinnen und Schüler immer weniger übernehmen, weil sie nicht auch noch Erziehungsaufgaben wahrnehmen wollen).
4. Schliesslich lassen die Daten von TREE den Schluss zu, dass das Verhalten vieler Lehrbetriebe gegenüber Migrantinnen und Migranten durch viele Vorurteile negativ geprägt ist, was die Untersuchung von Fibbi, Bülent & Piguet 2003 bestätigt.

   Auch hier ist in erster Linie die obligatorische Schule gefordert, indem die Integration der Migrantinnen und Migranten zielgerichteter und vor allem differenzierter angegangen werden muss.
5. Abgesehen von der hohen Zahl der Schülerinnen und Schüler, welche am Ende ihrer obligatorischen Schulzeit eine Zwischenlösung wählen (müssen) oder die gezwungen sind, eine andere als ihre Wunschberufslehre aufzunehmen (was kein bildungspolitisches, sondern ein Strukturproblem darstellt), lassen sich aus diesen Daten keine Erkenntnisse ableiten, welche gegen die Wirksamkeit des dualen Berufsbildungssystems hinsichtlich der postobligatorischen Ausbildung sprechen. Das stets aufgeworfene Problem des Verhältnisses von Abschlüssen mit gymnasialer Matur und Lehrabschlussprüfung, das auch in der TREE-Studie sichtbar wird, wurde im Abschnitt 1.2.1 des Kapitels 1 abgehandelt.

2.3 Lenkungsmassnahmen des Staates zur Erhaltung oder Erhöhung des Lehrstellenangebotes

2.3.1 Problemstellung

Aufgrund zweier Entwicklungen wird immer wieder gefordert, das Lehrstellenangebot sei durch staatliche Massnahmen zu fördern: einerseits ist es die abnehmende Zahl von Lehrstellen, und andererseits die im vorausgehenden Abschnitt beschriebene Zahl von Abgängerinnen und Abgängern der obligatorischen Schule, die zu Zwischenlösungen gezwungen sind. Diese Frage wurde auch in der Expertenkommission für das neue BBG intensiv und kontrovers diskutiert. Denkbar sind fünf Varianten:

1. ein umfassendes Bonus-Malus-System
2. Steuererleichterungen für ausbildende Betriebe
3. zusätzliches staatliches Angebot von Lehrstellen
4. Schaffung eines Berufsbildungsfonds der Wirtschaftsverbände
5. Subventionen (vornehmlich zur Anschubfinanzierung).

Im Rahmen dieses Gutachtens werden nur allgemeine Überlegungen vorgetragen. Auf datengestützte Berechnungen wird verzichtet, da sie angesichts der differenzierten Lage auf dem Lehrstellenmarkt in einzelnen Berufen und Regionen sowie der Unterschiede in einer statischen und dynamischen Betrachtung der Lehrstellensituation spekulativ bleiben.

2.3.2 Ein umfassendes Bonus-Malus-System

Prinzip: Mit einem Bonus-Malus-System haben nicht ausbildende Betriebe Beiträge zugunsten von Betrieben zu vergüten, die Lehrlinge und Lehrtöchter ausbilden. Dabei sind zwei Ansatzpunkte möglich: Entweder wird ein Bonus oder Malus auf alle Leistungen und Nichtleistungen bezogen: Wer also Lehrlinge ausbildet, bekommt einen Bonus (z. B. in der Form einer direkten Zahlung), wer nicht ausbildet, bezahlt (Aspekt der **Umverteilung**). Oder ein Bonus oder Malus kommt nur dann zur Anwendung, wenn neue Lehrstellen geschaffen oder bisherige Lehrstellen abgebaut werden (Aspekt des **Anreizsystems**). Der Ausgleich (z. B. in der

Form eines Pro-Kopf-Beitrages) wird durch den Staat oder durch die Verbände vorgenommen. Durch die Belohnung, respektive die Bestrafung von Betrieben wird erwartet, dass ein Anreiz entsteht, Lehrstellen zu schaffen oder zumindest nicht abzubauen.

Vorteile:
- Alle Unternehmen werden finanziell in die gesellschaftlich und wirtschaftlich wichtige Aufgabe der Aus- und Weiterbildung eingebunden, die Kosten können ausgeglichener verteilt werden.
- Kein zusätzlicher Aufwand für die öffentliche Hand, wenn die Verbände den Ausgleich vornehmen.
- Unternehmen, welche Lehrstellen abbauen, schaffen sich durch den Abbau zulasten der übrigen Unternehmen kostenmässig einen Wettbewerbsvorteil. Deshalb wirkt dieses System wettbewerbsneutralisierend, wobei eine Differenzierung diese Wettbewerbsneutralisierung verkleinert. Zudem wären die Wirkungen wiederum nur für regional arbeitende Kleinbetriebe wirksam, während sie für international tätige Unternehmen kaum ins Gewicht fielen.

Problem:
- Die Ursachen für die Störung des Verhältnisses von Angebot und Nachfrage auf dem Lehrstellenmarkt sind bezüglich der Branchen, Regionen und Berufsgruppen sehr vielgestaltig und haben neben wirtschaftlichen auch tiefere gesellschafts- und sozialpolitische Gründe (siehe Abschnitt 1.2.2.2 im Kapitel 1). Deshalb ist es unwahrscheinlich, dass mit finanziellen Anreizen und Belastungen langfristig ein umfassendes und nachhaltiges Gleichgewicht hergestellt werden kann. Ob kurzfristig mehr Lehrstellen geschaffen werden, hängt zunächst von der Höhe der Bonus- bzw. Malus-Zahlungen ab: Je höher der Anreiz bzw. die Leistung ist, desto wahrscheinlicher ist es, dass die Unternehmen reagieren.

Konsequenzen: Daraus lässt sich zunächst folgern: Würden die Anreize bzw. Leistungen hoch angesetzt, so wäre kurzfristig – insbesondere seitens der Klein- und Mittelunternehmen – ein etwas grösseres Lehrstellenangebot denkbar. Viele Unternehmen, die sich um eine gute Lehrlingsausbildung bemühen, würden ihre Einstellungspraxis mit grosser Wahrscheinlichkeit kaum verändern. Etwas Wirkung brächte allenfalls ein Bonus-Malus-System, das für jede neu geschaffene und jede abgebaute Lehrstelle angewendet würde. Dieser Betrag müsste allerdings auch wieder hoch sein, um Wirkungen zu erzielen. Zudem löst dies das Umverteilungsproblem der bestehenden Lasten nicht und wäre in einem gewissen Sinne ungerecht.

Insgesamt löst ein umfassendes, staatlich geführtes Bonus-Malus-System die Problematik des Lehrstellenangebotes nicht. Würde es einheitlich ausgestaltet, so trüge es den besonderen Verhältnissen in den einzelnen Branchen und Regionen zu wenig Rechnung. Aber viele Betriebe würden mit zusätzlichen Aufgaben belastet, für die kein Handlungsbedarf bestünde. Deshalb ist eher eine Lösung durch die Berufsverbände oder im Rahmen eines Gesamtarbeitsvertrages sinnvoll. Allerdings blieben auch in diesen Fällen, die oben erwähnten administrativen Probleme bestehen. Diese Lösung gäbe aber den Verbandsverantwortlichen die Möglichkeit, ihre Verbandsmitglieder über ein Bonus-Malus-System für die vom Verband festgelegten Ausbildungsverpflichtungen etwas besser zu motivieren.

2.3.3 Steuererleichterung für ausbildende Betriebe

Prinzip: Diese Lenkungsmassnahme ist eine Form des Bonus-Malus-Systems: Diejenigen Betriebe, die Lehrlinge ausbilden, können für die Ausgaben, die durch die Lehrlingsausbildung entstehen, einen bestimmten steuerlichen Abzug vornehmen (Bonus). Betriebe, die keine Lehrlinge ausbilden, werden allenfalls mit einem fiktiven Betrag belastet (Malus). Die Vorteile sind – abgesehen von den nachstehend aufgeführten – deshalb im Wesentlichen die Gleichen wie beim Bonus-Malus-System unter Abschnitt 2.3.2.

Vorteil:
- Die Variante Steuererleichterungen wäre, abgesehen von der Ermittlung der Ausbildungskosten, in der Durchführung einfach.

Nachteile:
- Die Budgetneutralität für die öffentliche Hand ist nicht gegeben.
- Nicht übersehen werden dürfen mögliche Fehlsteuerungen des Bonus-Malus-Systems:
  - **Mitnahme-Effekt:** Betriebe stellen ohnehin Lehrlinge und Lehrtöchter ein, weil sie sie benötigen (Betriebe mit produktionsorientierter Strategie). Deshalb stellt für sie der Anreiz nur eine Subvention dar; neue Lehrstellen entstehen keine.
  - **Vorrats-Effekt:** Anreize können Betriebe veranlassen, Lehrlinge und Lehrtöchter einzustellen, um subventioniert zu werden, selbst wenn infolge von Strukturveränderungen diese Ausbildungsberufe gar nicht mehr bedeutsam sind. In diesem Fall werden junge Leute ohne künftige Berufschancen auf Vorrat ausgebildet; das Lehrstellenprob-

lem ist zwar gelöst, aber es wird ein künftiges Arbeitslosenproblem geschaffen (das jedoch abgeschwächt würde, wenn das Berufsbildungssystem sehr flexibel ausbildete und rasche Berufswechsel ermöglichte, was allerdings nicht einem effizienten System entspräche).

- **Betreuungsproblem:** Es ist eher fraglich, ob Betriebe, die neue Lehrstellen nur dank des Anreizes schaffen, ihre Lehrlinge und Lehrtöchter auch gut betreuen. Die Wahrscheinlichkeit ist gross, dass vor allem gefährdete Betriebe die Steuerentlastung beanspruchen, sich aber in Ausbildungsfragen minimalistisch verhalten.
- **Struktur-Effekt:** Ein Ungleichgewicht auf dem Lehrstellenmarkt kann durchaus erwünscht sein, weil es dazu beiträgt, strukturelle Ungleichgewichte auf dem Arbeitsmarkt zu bereinigen.
- **Problem des Loskaufs** von Ausbildungsleistungen, indem ein Malus zwar bezahlt wird, nicht aber zur Neuschaffung von Lehrstellen führt.
- Eine Bonus-Malus-Lösung wirft zudem schwierige technische Probleme auf: Wie wird die Höhe des Bonus/Malus festgelegt? Ein zu tiefer Betrag bringt keine Wirkungen, ein zu hoher Betrag kann vor allem Kleinbetriebe stark treffen. Wie werden die Zahlungspflicht und die Betragshöhe differenziert? Eine einheitliche Höhe kommt aus verschiedenen Gründen nicht in Frage, denn es gibt Betriebe, die begründeterweise noch nie Lehrlinge ausgebildet haben. Oder was geschieht mit Betrieben mit unattraktiven Berufen oder in abgelegenen Regionen, die keine Lehrtöchter und Lehrlinge finden? Zudem wird es ziemlich schwierig sein, innerhalb der nichtausbildenden Betriebe die «schwarzen Schafe» von denjenigen Betrieben zu trennen, die tatsächlich wenig bis keine Möglichkeit zur Schaffung eines Lehrstellenangebotes haben. Je gerechter ein Bonus-Malus-System auszugestalten ist, desto differenzierter muss es sein, was den Gestaltungs- und Kontrollaufwand rasch erhöht.
- Würde der Einfachheit halber ein genereller Abzug zugelassen, so entstünden grosse Ungerechtigkeiten, weil sich die Ausbildungskosten von Betrieb zu Betrieb sehr stark unterscheiden (Hennig 1989).
- Die Steuerabzüge wären nicht besonders gross, sodass sich bestenfalls bei Klein- und Mittelbetrieben, nicht aber bei Grossbetrieben positive Auswirkungen ergäben. Vorderhand bauen aber Klein- und Mittelbetriebe eher weniger Lehrstellen ab als Grossunternehmen, sodass die Wirkung der Steuerentlastung nicht besonders gross wäre.
- Steuererleichterungen motivieren Betriebe nur dann, wenn sie in der Gewinnzone sind.

- Die Ermittlung der Kosten für die Ausbildung ist insbesondere in Klein- und Mittelbetrieben schwierig, da sie nicht über separate Abteilungen und spezielles Ausbildungspersonal verfügen. Vor allem der Aufwand eines Lehrmeisters ist schwierig abzugrenzen und zu kontrollieren.

Konsequenz: Aus den Gründen, die oben beim Bonus-Malus-System aufgeführt wurden, hat diese Massnahme bestenfalls kurzfristige, aber keine nachhaltigen Wirkungen auf das Angebot von Lehrstellen, nicht zuletzt deshalb, weil sie die zur Steuerung des Lehrstellenangebotes notwendige Differenzierung nicht berücksichtigen kann.

2.3.4 Zusätzliches staatliches Angebot von Lehrstellen

Diese Massnahme vermag zwar kurzfristig das Angebot an Lehrstellen zu verbessern. Es löst aber die Probleme langfristig nicht, weil die Gefahr besteht, dass Jugendliche ausgebildet werden, welche später keine Stelle finden (so ist es beispielsweise für die Staatsverwaltung problemlos, zusätzliche Stellen für kaufmännische oder Verwaltungslehrlinge und -lehrtöchter zu schaffen; angesichts des durch die Büroautomatisierung bedingten Abbaus von kaufmännischen Stellen wirkt dieser Vorschlag aber nicht nachhaltig).

2.3.5 Lenkungsmassnahmen über einen Berufsbildungsfonds einzelner Wirtschaftsverbände (allenfalls mit Allgemeinverbindlichkeitserklärung in einem Gesamtarbeitsvertrag [GAV])

Prinzip: Einzelne Verbände können auf eigene Initiative einen Berufsbildungsfonds errichten, der für alle Mitglieder nach dem Bonus-Malus-System ausgestaltet wird. Auf diese Weise könnte der schleichenden Entsolidarisierung der Unternehmen eines Verbandes entgegengewirkt und für eine gerechtere Verteilung der Lasten der beruflichen Grundbildung gesorgt werden. Durch die Aufnahme dieser Massnahme in den Gesamtarbeitsvertrag der Branche, der vom Bundesrat allgemeinverbindlich erklärt werden kann, können Unternehmen der Branche, die dem Verband nicht angehören und/oder welche keine Lehrtöchter und Lehrlinge ausbilden, zur Mitwirkung in diesem Bonus-Malus-System gezwungen werden.

Vorteile:

- Diese Variante kann den grossen individuellen Unterschieden in den Branchen durch eine gezielte Ausgestaltung des Bonus-Malus-Systems Rechnung tragen, und sie ermöglicht eine auf die Ausbildungspolitik des Verbandes ausgerichtete Verwendung der Mittel des Berufsbildungsfonds. Solche individuell ausgestaltete Lösungen sind nicht nur bezüglich Lehrstellenmarkt kurzfristig wirksam, sondern sie tragen langfristig zur Stärkung der Nachwuchspolitik des Verbandes bei.
- Mit der Lösung der Allgemeinverbindlichkeitserklärung, die in der Schweiz eine bewährte Tradition hat, sind Zwangslösungen in Verbänden, welche mit vielen Aussenseitern der Branche kämpfen, machbar, ohne dass es zu unwirksamen generalistischen Lösungen kommen muss.

Nachteile:

- Einmal mehr entstehen administrative Aufwände für den Verband und seine Mitglieder. Da jedoch diese Variante die Berufsbildungspolitik eines Verbandes langfristig stärken kann, fällt dieser Nachteil nicht so sehr ins Gewicht.
- Die Festlegung der finanziellen Leistungen dürfte in vielen Fällen zu Auseinandersetzungen führen. Sind sie zu gering, so ist die Massnahme wirkungslos, sind sie zu hoch, können sie unter Umständen (z. B. gegenüber der ausländischen Konkurrenz) zu Wettbewerbsverzerrungen führen.

Die Expertenkommission für das neue BBG und das Parlament haben sich für diese Lösung entschieden (Art. 60 BBG), sodass heute eine angemessen wirksame Steuerungsmöglichkeit gegeben ist.

2.3.6 Subventionen

Sollte sich die Lage verschärfen, so wären als letztes Mittel gezielte Subventionen ins Auge zu fassen, die aber im Einzelfall auf ihre nachhaltige Wirkung hin zu testen wären, wobei die folgenden Kriterien im Vordergrund stehen müssten:

1. Die Subventionierung hat in strikter Übereinstimmung mit der Strukturpolitik stehen: Zu subventionieren sind nur zukunftsträchtige Berufsbereiche, die mit einiger Sicherheit eine genügende Nachfrage nach Stellen erwarten lassen.

2. Es sollen nur Branchen und Unternehmen subventioniert werden, die eine investitionsorientierte Ausbildungsstrategie verfolgen.
3. Die Subventionen sind auf die Ermöglichung eines direkten Überganges von der obligatorischen Schulzeit in eine postobligatorische Ausbildung auszurichten. Zwischenlösungen dürfen nicht subventioniert werden, weil dies zu deren struktureller Verfestigung führen würde.
4. Subventionen sollten als letzte Massnahme für Benachteiligte, die keine Ausbildungsstelle finden, gezielt eingesetzt werden. Angesichts der Merkmale dieser Gruppe sollte die Idee des Berufsattestes mittels einer Subventionierung von aufgeschlossenen Verbänden und Unternehmen rasch geplant werden (siehe auch Abschnitt 3.2.1. im Kapitel 3).
5. Sollte sich das Ungleichgewicht auf dem Lehrstellenmarkt wesentlich verschlechtern, so müsste die Schaffung von neuen Ausbildungsmodellen (Outsourcing der Lehrlingsausbildung [siehe Abbildung 3.2] durch Subventionierung in Form einer Anschubfinanzierung) gefördert werden.

2.4 Die Wirksamkeit des dualen Berufsbildungssystems im Vergleich zu einer vollschulischen Berufsbildung

2.4.1 Übersicht und Problemstellung

Heute lassen sich in den europäischen Ländern aus politischer Sicht vier unterschiedliche Berufsbildungssysteme unterscheiden:

1. Berufsbildung im dualen System (Berufsschule und Betrieb) mit vielen Varianten
2. Berufsbildung in Vollzeitschulen (vollzeitliche Berufsschule)
3. Berufsbildung im Mischsystem (vollzeitliche Berufsschule mit betrieblichen Ausbildungsphasen wie Praktika)
4. Berufsausbildung in Betrieben (ausschliessliche berufliche Bildung in Betrieben).

Entsprechend der Vielfalt der Systeme versteht es sich von selbst, dass sich Behauptungen und Gegenbehauptungen über die Güte dieser Systeme in grosser Zahl gegenüberstehen. Aufgrund der wenigen umfassenden wissenschaftlichen und empirisch gesicherten Studien lässt sich beim heutigen Forschungsstand die generelle Überlegenheit oder Unterlegenheit des einen oder des anderen Systems nicht nachweisen (Schurer 1977; Spirgi 1986; Frick 2000). Aus den Untersuchungen darf geschlossen werden, dass je nach gewähltem Beurteilungskriterium das eine oder andere System wirksamer ist. In Tabelle 2.2 werden diejenigen Erkenntnisse zusammengefasst, die einigermassen gesichert sind.

Eigentlich bestätigen diese Ergebnisse etwas nahezu Selbstverständliches: Wenn sich die Grundausbildung stärker an Nützlichkeitskriterien (nach Abschluss der Berufslehre möglichst gute Erfüllung der Berufsaufgabe ohne weitere Schulungsmassnahmen) orientiert, scheint das duale System überlegen zu sein. Stehen aber Kriterien im Vordergrund, die auf stärker theoretisch orientierte unmittelbar neue Berufsaufgaben ausgerichtet sind, so scheinen vollschulische Systeme Vorteile zu haben. Besonders bedeutsam ist, dass bei den vollschulisch Ausgebildeten das theoretische Interesse und die Bereitschaft zur Weiterbildung tendenziell grösser ist. Welchen Stellenwert man nun den einzelnen Kriterien für einen Systementscheid gibt, ist weitgehend eine normative Frage: Noch immer erwarten viele Unternehmen (vornehmlich Klein- und Mittelbetriebe), dass die Absolventinnen und Absolventen einer Berufslehre unmittelbar produktiv eingesetzt werden können. Deshalb optieren sie für das duale System, obschon ersichtlich sein müsste, dass es in seiner herkömmlichen Form nicht mehr für alle Fälle ganz zukunftsgerecht ist. Umgekehrt sind eher wirtschaftskritische Kreise des Öftern der Meinung, das duale System sei überholt, und es sei nach vollschulischen Modellen zu suchen, wobei in diesem Zusammenhang immer wieder mit Schlagworten wie «Ausnützen von Lehrtöchtern und Lehrlingen», «rücksichtslose Behandlung im Betrieb», «ungenügende Ausbildung im Betrieb» argumentiert wird, die heute im seltenen Ausnahmefall noch zutreffend sein können, dank der Einführungskurse für Lehrmeister, der Aufsicht über die Berufslehre usw. jedoch immer mehr zur Ausnahme werden (siehe Abschnitt 2.4 im Kapitel 2 über die Ausbildungszufriedenheit).

Nun ist aber mit aller Deutlichkeit auf die Vorläufigkeit der Aussagen in Tabelle 2.2 hinzuweisen, weil die wenigen Erkenntnisse aus der Forschung noch verfeinert werden sollten.

Zu beachten sind die folgenden Aspekte:

1. Der Vergleich eines dualen mit einem vollschulischen Berufsbildungssystems wird erst aussagekräftig, wenn das Theorie-Praxis-Verhältnis geklärt ist. Eine vollschulische Ausbildung, die durch auf den Lehrplan abgestimmte Betriebspraktika ergänzt wird, erbringt für die Lehrlinge und Lehrtöchter andere Lernergebnisse als eine ausschliessliche Ausbildung in einer staatlichen Lehrwerkstätte. Aber auch eine flexiblere Gestaltung des dualen Systems (z. B. ein höherer Theorieanteil oder eine flexiblere Verteilung der Ausbildungszeit auf Betrieb und Schule) beeinflusst die Lernergebnisse massgeblich.
2. Wissenschaftlich noch zu wenig bekannt ist über den Zusammenhang von Berufsausbildungssystem und Merkmalen der Lernenden (Leistungsfähigkeit, Lernfähigkeit, Motivation usw.). Ein ernüchterndes Beispiel dafür ist die Untersuchung zum Lernbüro in der kaufmännischen Lehre (Frick 2000), aus welcher sich ergeben hat, dass beispielsweise die schulische Leistungsfähigkeit mehr Einfluss auf den Lernerfolg hatte als der Einbau und die Gestaltung bzw. der Verzicht auf das Lernbüro. Schülerinnen und Schüler der Berufsmittelschule erbrachten bei allen Gestaltungsformen mit und ohne Lernbüro bessere Lernleistungen.
3. Ein weiterer noch nicht untersuchter Aspekt betrifft den schulischen Leistungsstand der Lehranfänger und -anfängerinnen sowie die Berufswahl. Es ist zu vermuten, dass erstens der Stand der Vorbildung einen nicht zu unterschätzenden Einfluss auf die Wirksamkeit unterschiedlicher Formen des Berufsbildungssystems hat. Wahrscheinlich werden

Systeme mit einer starken Praxiskomponente für schulmüde Abgängerinnen und Abgänger der Sekundarstufe I lernwirksamer sein, während bei intellektuell anspruchsvollen Berufen mit wenig sichtbarer Praxis eine vollschulische Einführungsphase bessere Lernerfolge bringen dürfte. Zweitens könnte auch der Berufswahlvorgang Einfluss auf die Wirksamkeit der Systeme haben. Anzunehmen ist, dass die Lernleistungen von Jugendlichen, welche ihren Wunschberuf wählen konnten, weniger vom System abhängig sind als diejenigen von Lernenden, welche infolge der Situation auf dem Lehrstellenmarkt eine Lehrstelle zweiter Wahl übernehmen mussten.

4. Empirisch nicht systematisch erfasst, sind im dualen System die Probleme der Lernortkooperation, d. h. der Abstimmung von schulischer und betrieblicher Ausbildung. Lipsmeier (2000) unterscheidet vier mögliche Formen: a) das **Gleichauf-Curriculum**, bei welchem sich die theoretischen und die praktischen Lerninhalte klar trennen und der Berufsschule bzw. dem Betrieb zuordnen lassen, wobei die theoretische Ausbildung in der Schule und die praktische Ausbildung im Betrieb aufeinander abgestimmt werden; b) das **abgestimmte Curriculum**, bei dem eine kleine, definierbare curriculare Mischzone besteht, die der Schule bzw. dem Betrieb nach Vereinbarung zugeordnet wird, während die grösseren Restmengen dem Betrieb, der Schule und allenfalls überbetrieblichen Ausbildungswerkstätten eindeutig und unter dem Vorrang der Optimierung der Lernprozesse zugeteilt werden können; c) das **Differenz-Curriculum**, bei dem die volle Verantwortung für die Berufsausbildung bei den Betrieben liegt, und das berufsbezogene Rest-Curriculum an die Berufsschule fällt sowie der Schule die Allgemeinbildung übertragen wird; d) das **autonome Curriculum**, bei welchem sich der Betrieb und die Schule verselbstständigen, wobei die Schule sowohl berufsbildende und allgemein bildende Fächer oder Themenbereiche (Lernfelder) anbietet. Heute ist die Berufsbildung meistens im Sinne des Differenz-Curriculums gestaltet, wobei für alle vier Formen viele Argumente und Gegenargumente angeführt werden, die meistens auf praktischen Erfahrungen und Beobachtungen beruhen. Vergleichende Wirksamkeitsuntersuchungen liegen aber keine vor, nicht zuletzt deshalb, weil man sich in den letzten Jahren vor allem mit der Lernortkooperation des Differenz-Curriculums beschäftigt hat, ohne jedoch das Kooperationsproblem endgültig gelöst zu haben. Anzunehmen ist aber, dass die Ausgestaltung der Lernortkooperation einen wesentlichen Einfluss auf die Lernerfolge der Lehrtöchter und Lehrlinge hat (vergleiche auch Euler 1999 sowie Euler 2004).

Tabelle 2.2

Vergleichskriterien für den Erfolg des dualen Systems und der vollschulischen Ausbildung

Kriterium	**duales System**	**vollschulische Ausbildung**
Anspruchsvolle Berufsfunktionen (Ausführung praktischer Tätigkeiten)	anfänglich deutlich besser, aber mit der Zeit angleichend	je weniger gut das Betriebspraktikum ausgestaltet ist, desto mehr Probleme ergeben sich in der Anfangsphase mit den beruflichen Tätigkeiten
Umgang mit schwierigen Arbeitssituationen (fachlich und personell)	anfänglich besser, aber mit der Zeit angleichend	
Probleme mit dem Arbeitstempo und mit beruflichen Belastungen	tendenziell weniger Probleme	
Gewöhnung an das Betriebsklima und Umgang mit Vorgesetzten		tendenziell grössere Anfangsschwierigkeiten
Konsolidierung am Arbeitsplatz nach erfolgtem Lehrabschluss (sich am neuen Arbeitsplatz insgesamt zurechtfinden)	etwa gleich	
Verständnis für die theoretischen Berufsgrundlagen (wobei die fachliche Eignung der Lehrkräfte und Ausbildenden sowie der Gleichlauf von theoretischen und praktischen Ausbildungsinhalten im dualen System und die Gewichtung von Betriebspraktika in der vollschulischen Ausbildung starke Einflussfaktoren sind).		besser
Bereitschaft zur beruflichen Weiterbildung	ambivalentes Verhältnis	tendenziell höhere Bereitschaft
Ergriffene Weiterbildungsmassnahmen sofort nach Lehrabschluss		tendenziell grösser
Beurteilung der zeitlichen Beanspruchung durch Arbeit und Berufsschule	etwa gleich	
Aufnahme anderer Berufstätigkeiten als jener, für welche die Lernenden qualifiziert wurden	tendenziell mehr Schwierigkeiten	
Einstieg in die berufliche Tätigkeit nach Abschluss der Berufslehre (gleicher Beruf)	weniger Probleme	
Zufriedenheit im Beruf nach Abschluss der Grundausbildung	etwa gleich (Die Berufswahl sowie die Arbeitsbedingungen in der praktischen Ausbildung prägen die Zufriedenheit stärker als die Form der beruflichen Ausbildung.)	

2.4.2 Folgerungen

Zunächst gilt es, eine für die Berufsbildungspolitik wesentliche Schlussfolgerung zu ziehen.

Aus wissenschaftlicher Sicht lässt sich nicht nachweisen, dass ein bestimmtes Berufsbildungssystem den anderen gegenüber generell überlegen ist. Je nach den betrachteten Kriterien kann es das eine oder ein anderes sein.

Für die Schweiz politisch bedeutsam sind zwei Aspekte:
1. Die von allen Seiten behauptete generelle Überlegenheit des traditionellen dualen Berufsbildungssystems ist im heutigen wirtschaftsberuflichen Umfeld nicht mehr vorbehaltlos gegeben. Reformen drängen sich auf, ohne das System grundsätzlich in Frage zu stellen.
2. Reformmassnahmen lassen sich wohl aus Analysen der wirtschaftlichen Entwicklungstendenzen, der Veränderung der Arbeitsplätze und der beruflichen Anforderungen ableiten, trotzdem ist zunächst die folgende Frage zu beantworten: Was ist eigentlich mit der Berufsbildung beabsichtigt (schwergewichtig eine normative Frage)?

Hier wird bezüglich der Zielvorstellungen des Berufsbildungssystem die folgende Auffassung vertreten:

1. Das Konzept einer autonomen Bildungspolitik **(social demand approach)** und eine Loslösung von der ökonomischen Verwertbarkeit **(Bedarfsansatz)** wird abgelehnt, weil die Vorstellung, eine Bildung mit Eigenwert erhöhe die Flexibilität und die Mobilität der Arbeitskräfte und wirke sich damit letztlich positiv auf den technischen Fortschritt und das wirtschaftliche Wachstum aus, nicht zutrifft. Lange Zeit nahm man an, das Beschäftigungssystem reagiere elastisch auf Änderungen im Bildungswesen, was zu einer automatischen Stabilisierung des Arbeitsmarktes in Richtung eines Gleichgewichtes zwischen Arbeitskräfteangebot und -nachfrage führen würde. Am Beispiel verdeutlicht, würde dieser Automatismus folgendermassen vor sich gehen: je stärker die Zahl der akademisch Ausgebildeten ansteigt, desto mehr sinken bei freiem Angebot und freier Nachfrage deren Löhne. Umgekehrt steigen die Löhne für nicht akademisch gebildete Berufsleute, da bei ihnen Knapp-

heit herrscht. Deshalb vergrössert sich das Angebot an Arbeitskräften bei Berufsleuten. Dank einer von Verwertbarkeitsüberlegungen losgelösten Grundbildung – so wird argumentiert – erhöht sich insgesamt die Flexibilität des Einsatzes für alle Arbeitenden und Ungleichgewichte auf dem Arbeitsmarkt werden eher wegfallen. Dazu gleichen sich längerfristig auch die Löhne zwischen den verschiedenen Berufsgruppen an.

Diese mechanistische Vorstellung einer Entkoppelung von Bildungs- und Beschäftigungssystem ist aus zwei Gründen falsch: Erstens wird bei diesem Modell die Elastizität des Beschäftigungssystems überschätzt. Je starrer das Lohngefüge in einer Gesellschaft ist, desto weniger kann der Lohn die ihm hier übertragene Funktion übernehmen. Zweitens dürften unter heutigen gesellschaftlichen Bedingungen ausbildungsmässig höher Qualifizierte kaum bereit sein, anspruchslosere Berufstätigkeiten zu übernehmen.

Volkswirtschaftlich wäre deshalb eine völlige Entkoppelung von Bildungs- und Beschäftigungspolitik falsch: Die relativ ausgeglichene Entwicklung der schweizerischen Volkswirtschaft ist neben vielen anderen Faktoren auf gut ausgebildete Fachleute, die sich im beruflichen Alltag mit einer berufsbezogenen Ausbildung bewährt haben, zurückzuführen. Dass das duale Berufsbildungssystem in der Lage ist, diese Berufsvorbereitung auch unter veränderten Verhältnissen sicherzustellen, ergibt sich aus den wenigen empirischen Untersuchungen. Deshalb gibt es aus dieser Sicht keinen zwingenden Grund, sich vom dualen System abzuwenden. Aber der Reformbedarf ist gross.

2. Das duale Berufsbildungssystem ist für die öffentliche Hand billiger als ein vollschulisches, staatliches Berufsbildungssystem. Deshalb kann ein Systemwandel angesichts der Finanzlage des Staatshaushaltes nicht in Betracht gezogen werden.
3. Allerdings zeigen die wenigen empirischen Untersuchungen sowie viele deskriptive Arbeiten deutliche Mängel am traditionellen dualen System auf. Sie – ohne die nachweislichen Vorzüge zu gefährden – zu beseitigen, muss ein vordringliches Ziel sein. Ohne rasche Verbesserungen ist das traditionelle duale System nicht mehr zukunftsfähig. Die Gefahr, dass weite Kreise aus Politik und Wirtschaft in Selbstzufriedenheit das bestehende duale System mit nur unwesentlichen Anpassungen weiterführen wollen, ist gross, was sich immer wieder deutlich zeigt, wenn Reformvorschläge vorgetragen werden. Die entscheidenden Revisionspunkte müssen die folgenden Gesichtspunkte betreffen:
   a) Grundform der Gestaltung der beruflichen Bildung: Wird am **Berufskonzept** festgehalten, d. h. die berufliche Grundausbildung

orientiert sich weiterhin an Berufsfähigkeiten, oder soll zu einer **Vollmodularisierung** übergegangen werden, d. h. es werden viele einzelne, berufsunabhängige, selbstständige Blöcke und Einheiten angeboten, die nach dem Willen des Lehrbetriebes und der Auszubildenden beliebig zusammengesetzt werden können? Wenn am Berufskonzept festgehalten wird, ist zu klären, wie weit die Differenzierung in einzelne Berufe beibehalten werden soll, und ob einzelne Berufe in Berufsfelder zusammengenommen werden sollen. Die Grundform ist zu überprüfen, um die Berufslehre stärker zu generalisieren, damit ein späterer Berufswechsel oder Anpassungen an veränderte Verhältnisse am Arbeitsplatz leichter möglich werden. Entscheidend ist, dass neue Formen der Dualität rascher verwirklicht werden.

b) Aufbau der Ausbildung in den einzelnen Berufen und Berufsfeldern: Die wirtschaftliche Entwicklung sowie die sich rasch ändernden Ansprüche in der Berufswelt erfordern eine **Flexibilisierung** des Aufbaus. Die bisherige starre Gliederung (z. B. 1 – 1 1/2 Tage Berufsschule, 3 1/2 – 4 Tage Betrieb und allenfalls ein Einführungskurs) ist zu flexibilisieren. Einerseits ist das Verhältnis **Zeitanteil Berufsschule/Betrieb** den Bedürfnissen der Berufe anzupassen. Und andererseits muss es möglich sein, **Schulblöcke** während der ganzen Lehrzeit und/oder eine längere vollschulische Einführungsphase einzufügen. Nur mit einem individuellen Aufbau der Berufslehre lassen sich die Schwachpunkte, wie sie in Tabelle 2.2 aufgezeigt werden, überwinden.

c) Die Integration von leistungs- und motivationsschwachen Absolventinnen und Absolventen der Sekundarstufe I: Es ist zu erwarten, dass die Zahl leistungs- und motivationsschwacher Jugendlicher eher zunimmt. Deshalb ist nach Wegen zu suchen, wie sie in das Berufsbildungssystem **integriert** werden können. Diese Problematik ist besonders bedeutsam, weil die Anforderungen in den meisten Berufen fortwährend ansteigen (vergleiche dazu eine ältere, aber sehr sorgfältige Arbeit von Seitz 1988). Daher besteht die Gefahr, dass in Zukunft für schwächere Lernende Zwischenlösungen zur Regel werden oder für sie gar keine Lehrstellen mehr zur Verfügung stehen. Der sich dadurch verschärfenden Jugendarbeitslosigkeit muss durch innovative Lösungen Rechnung getragen werden, was jedoch nur gelingt, wenn die Wirtschaft solche Lösungen akzeptiert.

d) Immer bedeutsamer wird, dass die Unternehmen, die Lehrlinge und Lehrtöchter ausbilden mit **Betreuungs- und Ausbildungsaufgaben** sowie mit **administrativen Arbeiten nicht** zu sehr **belastet** werden.

Andernfalls schaffen sie keine Lehrstellen mehr, selbst wenn sie eine produktionsorientierte Strategie verfolgen.

e) Schliesslich ist zu überlegen, wie die Ausbildungsvorschriften (Bildungsverordnungen) ausgestaltet werden. Zu finden ist ein Mittelweg zwischen eindeutigen Vorgaben und nötiger Flexibilität. Eindeutige Vorgaben sind im Interesse einer genügenden Einheitlichkeit der Ausbildung notwendig. Wenn sie aber zu eng sind (z. B. zu detaillierte, lernzielorientierte Ausbildungspläne), so werden Revisionsvorhaben nahezu verunmöglicht. Angesichts der in den letzten Jahren mühsamen und oft mehrjährigen Reformvorhaben in einzelnen Berufen, ist auch hier nach mehr Flexibilität zu suchen.

Zu prüfen ist deshalb, ob das Bundesgesetz über die Berufsbildung vom 13. Dezember 2002 die Voraussetzungen schafft, um einerseits die erkannten Schwächen des dualen Berufsbildungssystems nachhaltig zu verbessern und andererseits alle Ausbildungsbetriebe und Verbände zu motivieren, Innovationen einzuführen.

2.5 Die Ausbildungszufriedenheit von Lehrlingen und Lehrtöchtern

Um das duale Berufsbildungssystem schlecht bestellt wäre es, wenn die Ausbildungszufriedenheit der Lehrlinge und Lehrtöchter nicht hoch wäre. Auch zu dieser Frage werden in der TREE-Studie Daten vorgelegt (Stalder 2003). Die Ausbildungszufriedenheit wird für die vier Ausbildungssituationen (Berufsbildung, Allgemeinbildung, Zwischenlösung, nicht in Ausbildung; siehe Tabelle 2.1) anhand von fünf Kriterien beurteilt: Pädagogische Kompetenz der Ausbildenden, Vielseitigkeit der Ausbildung, Handlungsspielraum im Unterricht und in der betrieblichen Ausbildung, schulische und betriebliche Belastung sowie soziale Unterstützung in der Ausbildung.

Insgesamt ergeben sich im Vergleich von dualer Berufsbildung, vollzeitlicher Berufsbildung und Allgemeinbildung die folgenden Erkenntnisse:

- Lehrlinge und Lehrtöchter sind insgesamt mit ihrer Ausbildung deutlich zufriedener als Jugendliche in Vollzeitberufsschulen, Mittelschulen oder schulischen Zwischenlösungen.
- Lehrlinge und Lehrtöchter bewerten ihre betriebliche Ausbildung meist positiver als die Ausbildung in der Berufsschule.

Werden die fünf Zufriedenheitsfaktoren im Vergleich Mittelschulen/vollschulische Berufsbildung/duales Berufsbildungssystem betrachtet, so sind die folgenden Aspekte von Bedeutung:

- **Pädagogische Kompetenz:** Die pädagogische Kompetenz der Lehrkräfte wird im Allgemeinen hoch eingeschätzt (duale Berufsausbildung in einer Viererskala 3.01, Vollzeitberufsschulen 2.98, Mittelschulen 2.94, statistisch unbedeutend signifikant).
- **Vielseitigkeit der Ausbildung:** Die Lehrlinge und die Lehrtöchter nehmen ihren Unterricht im Vergleich zu den anderen Ausbildungsgruppen als etwas vielseitiger wahr (duale Berufsausbildung 3.83; Vollzeitberufsschulen 3.75, Mittelschulen 3.79).
- **Handlungsspielraum:** Die Lehrlinge und Lehrtöchter berichten über einen geringeren Handlungsspielraum (2.59) gegenüber 2.91 an Vollzeitschulen und 2.82 an den Mittelschulen. Der geringere Handlungsspielraum an Berufsschulen (Möglichkeit, selbstbestimmt Tätigkeiten zielgerichtet auszuführen) ist einsichtig. Im kurzen und meistens nach

Lektionen gegliederten Unterricht an Berufsschulen ist es kaum möglich, den Lernenden echte Gestaltungsfreiheiten zu geben, was einen anderen Aufbau des Berufsschulunterrichtes dringend nötig macht (siehe Abschnitt 3.2.1 im Kapitel 3).

- **Belastung:** Eher überraschend ist, dass sich Mittelschülerinnen und Mittelschüler stärker belastet fühlen (2.50) als Lehrlinge und Lehrtöchter im dualen Berufsbildungssystem (2.35). Für Vollzeitschulen beträgt der Wert 2.38. Interessant ist, dass höhere Werte in der Lesekompetenz und bessere Zeugnisnoten im letzten Zeugnis vor der Aufnahme der nachobligatorischen Ausbildung generell zu einer geringeren Belastung führen. Bedeutsam ist auch das geringere Belastungsempfinden der dual Ausgebildeten, obwohl sie schulischen und betrieblichen Herausforderungen genügen müssen.
- **Soziale Unterstützung:** Mittelschülerinnen und Mittelschüler fühlen sich zu 80 % durch die Klassenkameradinnen und -kameraden sozial unterstützt (Interesse von Lehrkräften bzw. von Klassenkameraden und -kameradinnen an der Entwicklung der Lernenden), während es bei den Berufsschüler und -schülerinnen nur 66 % sind. 62 % geben aber an, durch den Klassenlehrer oder die Klassenlehrerinnen unterstützt zu sein, was den Berufsschullehrpersonen angesichts der knappen Präsenz in der Schule ein gutes Zeugnis ausstellt.

Ergänzend lassen sich zur Ausbildungssituation der Lehrlinge und Lehrtöchter folgende Feststellungen machen:

- Im Vordergrund des Interesses steht die praktische Ausbildung. Der Berufsschulunterricht wird eher als zu theoretisch empfunden, und bemängelt wird, dass das in der Berufsschule Gelernte im Betrieb zu wenig angewandt und geübt werden kann. Die Lernortskooperation bleibt trotz vielen Postulaten weiterhin ungenügend (Euler 1999, Euler 2004 sowie Abschnitt 2.1 im Kapitel 2).
- Insgesamt bewerten die Lehrlinge und die Lehrtöchter ihre betriebliche Ausbildung positiv (hohe pädagogische Kompetenz der Lehrmeister und -meisterinnen [3.29], gute Unterstützung [3.45], vielseitige Arbeit [3.5], aber weniger Handlungsspielraum [3.18]; die Belastung durch die Arbeit im Lehrbetrieb ist mittel bis gering [2.60]).

Daraus lassen sich die folgenden **Erkenntnisse** gewinnen:

1. Die Ausbildungszufriedenheit der Lehrlinge und Lehrtöchter ist generell gut.
2. Deshalb sind immer wiederkehrende Kriterien der Überforderung und der Ausnützung der Lehrtöchter und der Lehrlinge in keiner Weise gerechtfertigt (wenn es auch im Einzelfall Ausnahmen geben kann).
3. Aber ein Innovationsbedarf besteht von zwei Seiten her: Einerseits ist zu überlegen, was zu tun ist, um die Einschätzung der Ausbildung in der Schule zu verbessern. Und andererseits ist die Frage der Lernortskooperation erneut zu prüfen (siehe Abschnitt 3.2.1 im Kapitel 3).

Kapitel 3: Das Bundesgesetz über die Berufsbildung vom 13. Dezember 2002

3.1 Merkmale des Gesetzes

Das BBG wurde in seinen Grundzügen in den Jahren 1998/99 durch eine Expertenkommission entworfen, die sich aus Vertreterinnen und Vertretern der Wissenschaft, der Bundes- und Kantonsverwaltungen, der Arbeitgeber- und Arbeitnehmerorganisationen sowie der landwirtschaftlichen, sozialen und Gesundheitsberufe zusammensetzte. Ihr Auftrag war sehr offen formuliert und beinhaltete nur die folgenden – zum Teil – rechtlich zwingenden Auflagen:

- Aufgrund der nachgeführten Bundesverfassung vom 18. April 1999 hat der Bund im Rahmen seiner Kompetenzen sämtliche Berufsbildungen zu ordnen (gewerblich-industrielle Berufe, Dienstleistungsberufe sowie die Berufe in der Landwirtschaft, im Gesundheits- und Sozialwesen).
- Die schweizerische Berufsbildung ist eine Verbundaufgabe von Bund, Kantonen und Organisationen der Arbeitswelt (Sozialpartner, Berufsverbände, öffentliche und private Anbietende von Lehrstellen und anderen Bildungsangeboten).
- Die bundesstaatliche Aufgabe ist subsidiär und auf den strategischen Bereich ausgerichtet. Die Kantone sind in erster Linie für die Umsetzung vor Ort verantwortlich und sind an der Weiterentwicklung und an der Steuerung der Berufsbildung beteiligt. Die Anbietenden von Lehr- und Bildungsplätzen sind für die Inhalte der Bildung und eine abnehmergerechte Qualifizierung der Lernenden zuständig.
- Die Beteiligung der Betriebe und ihrer Organisationen beruht auf dem Prinzip der Freiwilligkeit. Dieses Prinzip war angesichts verschiedener Ungleichgewichte in der Expertenkommission umstritten, indem die Forderung nach staatlichen Steuerungsmassnahmen im Falle eines ungenügenden Lehrstellenangebots gestellt wurde, was im Sinne eines Kompromisses zur Möglichkeit der Schaffung eines Berufsbildungsfonds führte, der unter gewissen Voraussetzungen durch Verbandsmitglieder einer Branche errichtet und unter bestimmten Bedingungen durch den Bund verbindlich erklärt werden kann ([Art. 60 BBG] siehe dazu auch Abschnitt 2.3 im Kapitel 2).
- Am dualen System wird im Prinzip festgehalten, wobei dessen Flexibilität erhöht und die Durchlässigkeit verbessert werden muss.

In der Expertenkommission umstritten war die Frage, ob das Gesetz als **offenes Gesetz** gestaltet werden soll, d. h. ob für die ganze Ausbildungskonzeption nur eine grobe Rahmenordnung zu schaffen ist, die auf der

Verordnungsebene und in den Bildungsverordnungen zu präzisieren ist, oder ob bestimmte Elemente für die Gestaltung der Ausbildungskonzeption im Gesetz verankert werden müssen. Die Idee eines offenen Gesetzes, welche sich angesichts des raschen Wandels in der Berufsbildung schliesslich durchsetzte und vom Parlament übernommen wurde, stiess anfänglich bei Verbandsvertretern auf Widerspruch. Obschon vor allem die Arbeitgeberorganisationen auf der politischen Ebene immer wieder für einen Abbau von zu engen staatlichen Vorschriften plädierten, befürchteten sie, der Einfluss des Staates (insbesondere des zuständigen Bundesamtes für Berufsbildung und Technologie [BBT]), könnte zu gross werden, wenn er auf dem Verordnungsweg konzeptionelle Regelungen treffen könnte. Die Idee des offenen Gesetzes obsiegte schliesslich, weil einerseits einsichtig wurde, dass zu viele konzeptionelle Vorgaben zur Gestaltung der beruflichen Bildung zu einer starren und damit nicht genügend schnell anpassungsfähigen Gesetzgebung führen würden, und es andererseits durch die Zusammenarbeit in der Berufsbildung mit den Organisationen der Arbeitswelt und dem zuständigen Bundesamt (BBT) kaum zu einer Ausnützung der staatlichen Machtfülle kommen dürfte.

Trotz der vielen Vorteile eines offenen Gesetzes darf jedoch ein wesentlicher Nachteil nicht übersehen werden: Organisationen der Wirtschaft, die wenig innovativ sind oder sich immer noch sehr an der produktiven Ausbildungsstrategie orientieren, werden kaum jene Anpassungen am dualen System vornehmen, die nötig sind, um die Berufsbildung attraktiv zu gestalten.

Deshalb ergibt sich für die Gestaltung eines erneuerten dualen Berufsbildungssystems eine ganz wesentliche **Forderung**: Das zuständige Bundesamt muss dafür sorgen, dass die Organisationen der Wirtschaft bei der Überarbeitung der Bildungsverordnungen die Forderung nach Innovationen in genügender Weise berücksichtigen.

Hier mag für die künftige Entwicklung der Bildungsverordnungen ein zentrales Problem liegen. Es wird sich weisen, ob es gelingt, die bis anhin gelegentlich auch mit Spannungen verbundene Zusammenarbeit zwischen den Organisationen der Arbeitswelt und dem zuständigen Bundesamt so zu gestalten, dass das duale Berufsbildungssystem im Rahmen des offenen Gesetzes wirklich innovativer wird. Zu vermuten ist, dass die Offenheit, auch der Verordnung über die Berufsbildung vom 19. November 2003, mangels Vorgaben von Rahmenbedingungen für die Gestaltung der Bildungsverordnungen vor allem in Zeiten einer schlechten Wirtschaftslage nicht sehr innovationsfördernd wirkt.

3.2 Anforderungen an ein innovatives duales System

3.2.1 Die Berufslehre

Vorweggenommen sei, dass angesichts der komplexen Angebots- und Nachfrageverhältnisse auf dem Lehrstellenmarkt innovative Bildungsverordnungen allein die Lehrstellenproblematik nicht zu lösen vermögen. Angesichts der Schwachstellen der bisherigen Einheitsform sowie der Entwicklungstendenzen bei den beruflichen Ansprüchen wird eine Flexibilisierung zwingend. Andernfalls wird das duale System in verschiedenen Branchen in seinem Bestand zunehmend gefährdet. In der Botschaft zu einem neuen Bundesgesetz über die Berufsbildung vom 6. September 2000 wird auf das Expertenmodell der Expertenkommission verwiesen (Seite 5715), das künftigen Anforderungen zu genügen versucht. Leider wird aber in der Botschaft zu wenig auf die möglichen Neuerungen, wie sie in der Expertenkommission behandelt wurden, verwiesen. Deshalb sei im Folgenden näher auf die Wesensmerkmale des Expertenmodelles, das der immer wieder geforderten Flexibilisierung des dualen Systems Rechnung tragen will, eingegangen (vergleiche dazu auch Dubs 1999).

Es scheint, dass ein duales Berufsbildungssystem, das sich am **Berufskonzept** orientiert, aufgrund erster Beobachtungen in der Praxis leichter umsetzbar ist und eine bessere Grundlage für die spätere Berufstätigkeit bietet, als ein modularisiertes System (siehe unten). Beim Berufskonzept bilden Berufstätigkeiten die Grundlage für die berufliche Grundbildung. Sie sind aber nicht mehr ausschliesslich auf enge Berufe ausgerichtet, sondern gemäss ihren Eigenheiten nach drei Gestaltungsarten konzipiert:

a) Einzelne bisherige Berufe werden zu **Berufsfeldern** zusammengefasst, indem ähnliche Berufe einem gemeinsamen Berufsfeld mit einer einheitlichen Grundbildung und allenfalls einer späteren Spezialisierungsmöglichkeit zugeordnet werden. Das innovativste Beispiel dafür ist die Neuordnung der ASM-Berufslehren (16 bisherige Berufe wurden in 4 Basisberufe zusammengefasst [Automatiker, Elektroniker, Konstrukteure und Polymechaniker]) (ASM [SWISSMEM 1997]). Diese Innovation eignet sich vor allem für Berufe in grösseren Produktionsunternehmen.

b) Anstelle bisheriger Berufe bilden breitere **Tätigkeitsfelder** die Basis für die Systemgestaltung. Dafür eignen sich besonders bisherige engere Berufe in Dienstleistungsunternehmen und im Gesundheitswesen.
c) Daneben werden auch in Zukunft engere **Berufe** bestehen, die für Klein- und Mittelunternehmen weiterhin bedeutsam bleiben. Insbesondere dort, wo die produktionsorientierte Ausbildungsstrategie bedeutsam bleibt, werden bestehende engere Berufe (z. B. Coiffeur) ihre Bedeutung behalten.

Entscheidend wird sein, dass bei der künftigen Überarbeitung von Bildungsverordnungen immer wieder geklärt wird, ob sich nicht Verbesserungen der Ausbildung erreichen lassen, wenn traditionelle Berufe in Berufsfelder oder Tätigkeitsfelder zusammengefasst werden.

Als Alternative zum Berufskonzept wird seit etwa zehn Jahren die **Modularisierung** der Berufsbildung diskutiert. Die Diskussion leidet jedoch unter einer klaren Begriffsbildung. Euler (1999, 92ff.) unterscheidet drei Formen der Modularisierung:

a) Das **Differenzierungskonzept**: Darunter versteht man Module als didaktische Einheiten, d. h. als thematische Blöcke, die den Lernenden in einem Lernbereich eine aggregierte Gesamtkompetenz geben.
b) Das **Erweiterungskonzept**: Es hat eine Supplementierungsfunktion, d. h. bestehende Ausbildungsgänge werden durch thematische Blöcke ergänzt, um – häufig wahlweise – eine Grundbildung zu vertiefen oder zu erweitern.
c) Das **Singularisierungskonzept** (grundsätzliche Modularisierung): Bei dieser Lösung setzt sich ein Ausbildungsgang aus verselbstständigten Lerneinheiten zusammen, die unabhängig voneinander in beliebiger Reihenfolge singulär nachgefragt werden können (variable Folge) und individuell zertifizierbar werden.

Das Singularisierungsprinzip wurde zuerst in Schottland und später in England eingeführt (National Vocational System, NVQ). In diesem System wurden rund 800 berufliche Qualifikationen auf fünf Qualifikationsniveaus mit unterschiedlichen Ansprüchen definiert, die als Module weitgehend frei für den individuellen Aufbau eines Ausbildungsganges gewählt sowie einzeln geprüft und zertifiziert werden können. Dabei werden gewisse Vorgaben für zu absolvierende Richtmodule und die Anzahl von Wahlmodulen vorgegeben. Massgeblich sind die in den einzelnen Modulen erworbenen Kompetenzen, nicht vorgegeben ist aber, wo sie erworben werden müssen (Schulen, Betriebe, Training Agencies) (Kloas 1997).

Bislang liegen noch keine umfassenden Untersuchungen zu diesem modularisierten Ausbildungskonzept vor, sodass noch keine verlässlichen Aussagen über dessen Wirksamkeit gemacht werden können.

In den deutschsprachigen Ländern liegen mehrere, aber programmatische Arbeiten vor (Deissinger 1996; Kloas 1997; Götze, Marty & Zeltner 1998; Pilz 1999), die sich mit den Vorteilen und Nachteilen des Singularisierungskonzeptes beschäftigen.

Als Vorteile des Singularisierungskonzeptes (als echte Alternative zum Berufskonzept) werden angeführt:

1. Das duale System wird flexibilisiert. Wenn sich in einem Beruf oder bei einer Tätigkeit die Qualifikationsanforderungen verändern, muss nicht der ganze Ausbildungsgang (oder die Bildungsverordnung) überarbeitet werden, sondern es genügt, wenn einzelne Module angepasst, neue hinzugefügt und überholte abgeschafft werden. Dadurch erübrigen sich lange und häufig mühsame Lehrplanreformen oder Anpassungen von Ausbildungsverordnungen. Verzichtet man ganz auf das Berufskonzept, so erübrigen sich auch die mühsamen Diskussionen über die Definition von Berufs- und Tätigkeitsfeldern oder Berufsbildern.
2. Die Berufsbildung wird marktorientierter, wovon eine Steigerung der Wirksamkeit erwartet wird, weil den Bedürfnissen der Unternehmen und der Auszubildenden besser Rechnung getragen werden kann.
3. Module können an die Lernvoraussetzungen der Teilnehmenden angepasst werden, indem sie auf verschiedene Niveaus ausgerichtet werden. Dadurch erhalten alle Lernenden die ihnen angemessene Bildung und Benachteiligte können besser gefördert werden.
4. Werden die einzelnen Module auf vielseitig verwertbare Kompetenzen ausgerichtet, so kommt es zu einer Entspezialisierung der Berufsbildung, was die Mobilität der jungen Leute erhöht.
5. Die Unternehmen können mit den Auszubildenden individuelle Ausbildungspläne entwerfen und verwirklichen, wodurch den Bedürfnissen der Unternehmen und der Lernenden besser Rechnung getragen werden kann.
6. Die Modularisierung erleichtert die Abstimmung von Grund- und Weiterbildung. Insbesondere die weitgehend künstliche Trennung von Grund- und Weiterbildung wird überwunden, indem beispielsweise fehlende Module aus der Grundbildung in der Weiterbildung leicht nachgeholt oder in der Grundbildung Module belegt werden können, die später für eine Weiterbildung vorausgesetzt werden.

7. Module ermöglichen eine risikolose Erprobung von neuen Qualifikationen. Da nicht mit Sicherheit voraussagbar ist, wie sich Tätigkeiten und Berufe entwickeln, trägt das Berufskonzept bei Anpassungen mehr Risiken, weil sich allenfalls der ganze Ausbildungsgang als nicht ganz optimal erweisen könnte. Bei Modulen haben konzeptionelle Fehlentscheide geringere Auswirkungen und können rascher verbessert werden.
8. Mit dem Singularisierungskonzept können Ausbildung und Laufbahnplanung systematischer aufeinander abgestimmt werden.
9. Module schaffen Synergiewirkungen, indem einzelne Module vielfältig für ganz verschiedene Lernbedürfnisse anwendbar sind.
10. Dadurch kann ein Spareffekt entstehen, weil die einzelnen Module unterschiedlich einsetzbar sind.

Diese Vorteile wirken überzeugend. Deshalb dürfen die **Nachteile** nicht unbeachtet bleiben.

1. Die Lerntheorie verweist immer nachhaltiger auf die Bedeutung des Vorwissens und guter kognitiver Strukturen (Lernsequenzen, die mit einer genügenden Systematik aufgebaut sind). Das Singularisierungskonzept führt jedoch in vielen Fällen zu einem zufälligen Aufbau der Strukturen, was den Lernerfolg immer dann wesentlich behindert, wenn für ein Modul das Vorwissen fehlt und gute kognitive Strukturen noch nicht aufgebaut sind. Die grosse Problematik liegt also im Aufbau und in der Zusammensetzung der Module. Sobald für die Überwindung dieses Nachteils zu viele Vorgaben über eine strukturell notwendige Aneinanderreihung von Modulen gemacht werden, verliert das Singularisierungskonzept seine Wesensart.
2. Die Vorstellung, dass mit Modulen, die grundlegende Kompetenzen vermitteln, eine grössere Flexibilität der Ausbildung und bessere Übertragungsmöglichkeiten auf neue Tätigkeiten (Transfer) geschaffen würden, greift das alte Problem der Entspezialisierung der beruflichen Bildung erneut auf. Es ist aber zu bezweifeln, ob diese Entspezialisierung und Loslösung von umfassenden Berufs- und Tätigkeitsfeldern sowie Berufen zukunftsträchtig ist, denn je komplexer die Berufsansprüche werden, desto notwendiger ist auch ein genügender Berufsbezug. Andernfalls würde die berufliche Handlungsfähigkeit bis zu einem gewissen Grad verloren gehen und die Betriebe müssten nach Abschluss der Lehre die eigentliche Berufseinführung übernehmen. Ob dies – vor allem aus der Sicht der Klein- und Mittelbetriebe – das duale System stärkt, ist zu bezweifeln.

3. Das Singularisierungskonzept führt zu einer erneuten additiven Ausbildung, indem grosse Lerngebiete in Module aufgeteilt werden, die oft unabhängig voneinander sind. Statt grössere Zusammenhänge sichtbar zu machen, wird eine Fülle von Teilkompetenzen vermittelt, die zu einer Verzettelung führen und nicht richtig zur immer wieder geforderten Ganzheit und Vernetzung beitragen. Dadurch wird die Stärkung der beruflichen Handlungsfähigkeit beeinträchtigt, was sich noch verstärkt, wenn den Betrieben und den Lernenden zu viele Wahlmöglichkeiten gegeben werden.
4. Mit diesem Konzept wird eine Tendenz zu Kurzausbildungen entstehen, die stark auf die unmittelbare Nützlichkeit ausgerichtet ist. Dadurch entsteht die Gefahr einer generellen Niveausenkung der beruflichen Ausbildung, was längerfristig die berufliche Mobilität beschränken kann.
5. Das Singularisierungskonzept führt zu laufend anders zusammengesetzten Lerngruppen. Klassenverbände, welche vor allem für jüngere Auszubildende als Bezugsgruppe für die soziale Entwicklung bedeutsam sind, verschwinden weitgehend. Dadurch können Lernende «heimatlos» werden, was sich vor allem für schwächere Lernende und solche aus unteren sozialen Schichten negativ auswirkt.
6. Die Gestaltung und Abstimmung der Module ist didaktisch anspruchsvoll, weil immer wieder Sequenzierungsprobleme entstehen. Versucht man diese durch die Vorgabe von Abläufen der Module zu überwinden, so wird das modulare System hinfällig.
7. Die Planung und Organisation der Grundbildung, ausschliesslich mit Modulen, wird anspruchsvoller und mit grosser Wahrscheinlichkeit kostspieliger, weil die Wahlmöglichkeiten höhere Verwaltungsumtriebe bringen.
8. Eine berufliche Grundbildung nach dem Singularisierungskonzept führt zu einem uneinheitlichen Ausbildungsstand am Ende der beruflichen Grundausbildung. Dadurch wird es für die Unternehmen nicht nur schwieriger, die jungen Leute mit einer gewissen Zielsicherheit in berufliche Erstpositionen einzusetzen (die Personalauswahl wird schwieriger), sondern es gehen auch die klaren Voraussetzungen für verbandliche Lohn- und Arbeitsverhandlungen (Gesamtarbeitsverträge) verloren, was sich besonders in der Schweiz auf die Arbeitgeber-/Arbeitnehmerbeziehungen negativ auswirken könnte.

Diese Nachteile sind so gewichtig, dass in der beruflichen Grundbildung auf das Singularisierungskonzept verzichtet werden sollte. Wie Abbildung 3.1 zeigt, kann es aber in Kombinationen durchaus verwendet werden.

1. Auf der **Grundlehrzeit** baut eine **Aufbaulehrzeit** von einem Jahr auf, die schwergewichtig modular (nach dem Singularisierungskonzept) organisiert wird. In diesem Aufbaujahr wählen die Auszubildenden, welche keine Berufsmittelschule (BMS) besuchen, zusammen mit ihrem Lehrbetrieb in freier Wahl eine in der jeweiligen Bildungsverordnung festzulegende Zahl von Blöcken aus, in welchen die Kompetenzen vertieft, spezialisiert oder verbreitert werden. Diese Blöcke können von Schulen, Betrieben, Lehrvertriebsverbünden, Verbänden und privaten Bildungsanbietern veranstaltet werden. Die Absolvierenden der Berufsmittelschule belegen anstelle dieser Blöcke jenen Unterricht.
2. Die Flexibilisierung des dualen Berufsbildungssystems kann durch eine individuell auf die einzelnen Berufs- und Tätigkeitsfelder sowie Berufe ausgerichtete **zeitliche Gliederung der schulischen und betrieblichen Anteile** der Lehrzeit vergrössert werden. Auf die bisherige starre Gliederung (z. B. 1 – 1 1/2 Tage Schule und 3 1/2 – 4 Tage Betrieb pro Woche und allenfalls Einführungskurs) ist zu verzichten. Ebenso ist auf die Vorschrift, dass der Pflichtunterricht in der Schule während der ganzen Lehrzeit mit einer wöchentlich gleich bleibenden Lektionenzahl zu erfolgen hat, zu verzichten. Da die theoretischen Ansprüche in vielen Berufs- und Tätigkeitsfeldern sowie Berufen steigen, in immer mehr Betrieben die Auszubildenden am Anfang der Lehrzeit nicht sinnvoll eingesetzt werden können und unterrichtsmethodische Neuerungen (z. B. Gruppenunterricht, selbstgesteuertes Lernen) längere Schulblöcke erfordern, muss die Gestaltung der Zeitverteilung von Schule und Betrieb auf die Notwendigkeiten und Bedürfnisse der Berufs- und Tätigkeitsfelder sowie der Berufe ausgerichtet werden. Deshalb müssen viele Gestaltungsformen möglich sein, wie beispielsweise

   - wie bisher: 1 – 1 1/2 Tage Schule, 3 1/2 – 4 Tage Betrieb, allenfalls mit einem einführenden vollschulischen Block von kürzerer Dauer,

   oder

   - einführender vollschulischer Block von einer längeren Dauer bis zu einem Jahr, anschliessend 1 – 1 1/2 Tage Schule und 3 1/2 – 4 Tage Arbeit im Betrieb, allenfalls ergänzt mit einzelnen Blöcken in der Schule, im Betrieb, in Lehrbetriebsverbünden oder in Verbandsschulungszentren,

   oder

   - 1 – 1 1/2 Tage Schule, 3 1/2 – 4 Tage Arbeit im Betrieb sowie eine bestimmte Anzahl von Blöcken in der Schule, im Betrieb, in Lehrbetriebsverbünden oder in Verbandsschulungszentren. Sie werden über die gesamte Grundlehrzeit verteilt

usw.

3. Für die **leistungsschwächeren Lernenden** sieht Art. 17 Abs. 2 BBG die berufspraktische Bildung vor. Bei der Offenheit des Gesetzes besteht die Gefahr, dass die berufspraktische Bildung zu einer Fortführung der Anlehre führt, welche sich nicht bewährt hat (Steiner 1980). Deshalb sollten bei der Verwirklichung der berufspraktischen Bildung die Vorstellungen der Expertenkommission im Sinne einer echten Innovation umgesetzt werden:
   - Schwächere Lernende wählen eine praktische, intellektuell weniger anspruchsvolle Tätigkeit in einem Betrieb aus (z. B. Reinigungsarbeiter).
   - Vor allem zu Beginn der Ausbildungszeit werden sie schwergewichtig im Betrieb eingesetzt, damit sich die Schulmüdigkeit nicht auf die berufspraktische Bildung überträgt.
   - In der Schule wird auf eine systematische und umfassende Bildung (vor allem Allgemeinbildung) verzichtet, dafür werden Förderprogramme in Lernbereichen angeboten, in denen die Lernenden schwach sind (z. B. Unterrichtssprache, rechnerische Grundkenntnisse). Diese Bildung darf den Fehler der herkömmlichen Anlehre, in welcher im Wesentlichen die gleichen Lerninhalte auf einem deutlich tieferen Niveau angeboten werden, nicht wiederholen.
   - Ein Umstieg in eine Berufsbildung ist bei genügenden Lernerfolgen unter Anrechnung der bisherigen Leistungen möglich (Durchlässigkeit).
   - Diesen Lernenden sind besondere Hilfestellungen (Beratung, Betreuung) zur Verfügung zu stellen.

   Mit diesem individualisierenden Angebot sollen Lernschwächere und Benachteiligte geordnete Beschäftigungsmöglichkeiten mit einem staatlichen Abschluss (Attest) erhalten.
4. Das **Prüfungsverfahren** soll so gestaltet werden, dass mit Teilprüfungen, Endsemesterprüfungen und Schlussprüfungen, die Prüfungen verteilt werden und damit die Voraussetzungen für ein Creditsystem in der Berufsbildung geschaffen sind.

In den jeweiligen Bildungsverordnungen werden jeweils die Formen und die Abfolge der **Leistungsnachweise (Prüfungen)** konkret festgelegt. Im Expertenmodell (Abbildung 3.1) ist folgende Ideallösung vorgesehen:

- In der Grundlehrzeit werden Credits vorgesehen, die für definierte Teilleistungen zu erwerben sind und in die Gesamtbewertung für die Lehrabschlussprüfung einbezogen werden.
- Am Ende der Grundlehrzeit findet eine schulische Lehrabschlussprüfung (berufs- und allgemein bildend) statt, deren Ergebnis ebenfalls Teil der gesamten Lehrabschlussprüfung ist.
- Wird in der Bildungsordnung eine Lernvereinbarung vorgesehen (vom Lehrbetrieb oder von der Schule betreute Projektarbeit des Lehrlings oder der Lehrtochter über eine berufliche Thematik des Lehrbetriebes), so geht auch deren Ergebnis in die Lehrabschlussprüfung ein.
- Auch die Blöcke der Aufbaulehrzeit werden mit Credits verbunden, die ebenfalls in die Gesamtbewertung eingehen.
- Am Ende der Aufbaulehrzeit findet eine berufliche Abschlussprüfung statt, die eine interdisziplinäre Arbeit beinhaltet, die berufs- oder tätigkeitsbezogen ist und einzeln oder in Gruppen durchgeführt wird.
- Alle Prüfungselemente zusammen ergeben die Gesamtnote für die Lehrabschlussprüfung bzw. für den Fähigkeitsausweis.

Das offene BBG sowie die BBV sind so abgefasst, dass dieses flexible Expertenmodell aus juristischer Sicht verwirklicht werden kann. Dies gilt auch für andere Modelle, wie sie für die kaufmännische Grundbildung und die Modelllehre Informatik (siehe Botschaft zum BBG vom 6. September 2000, BBI 2000, S. 5715–5717) bereits umgesetzt sind.

Abbildung 3.1

Expertenmodell der beruflichen Grundbildung

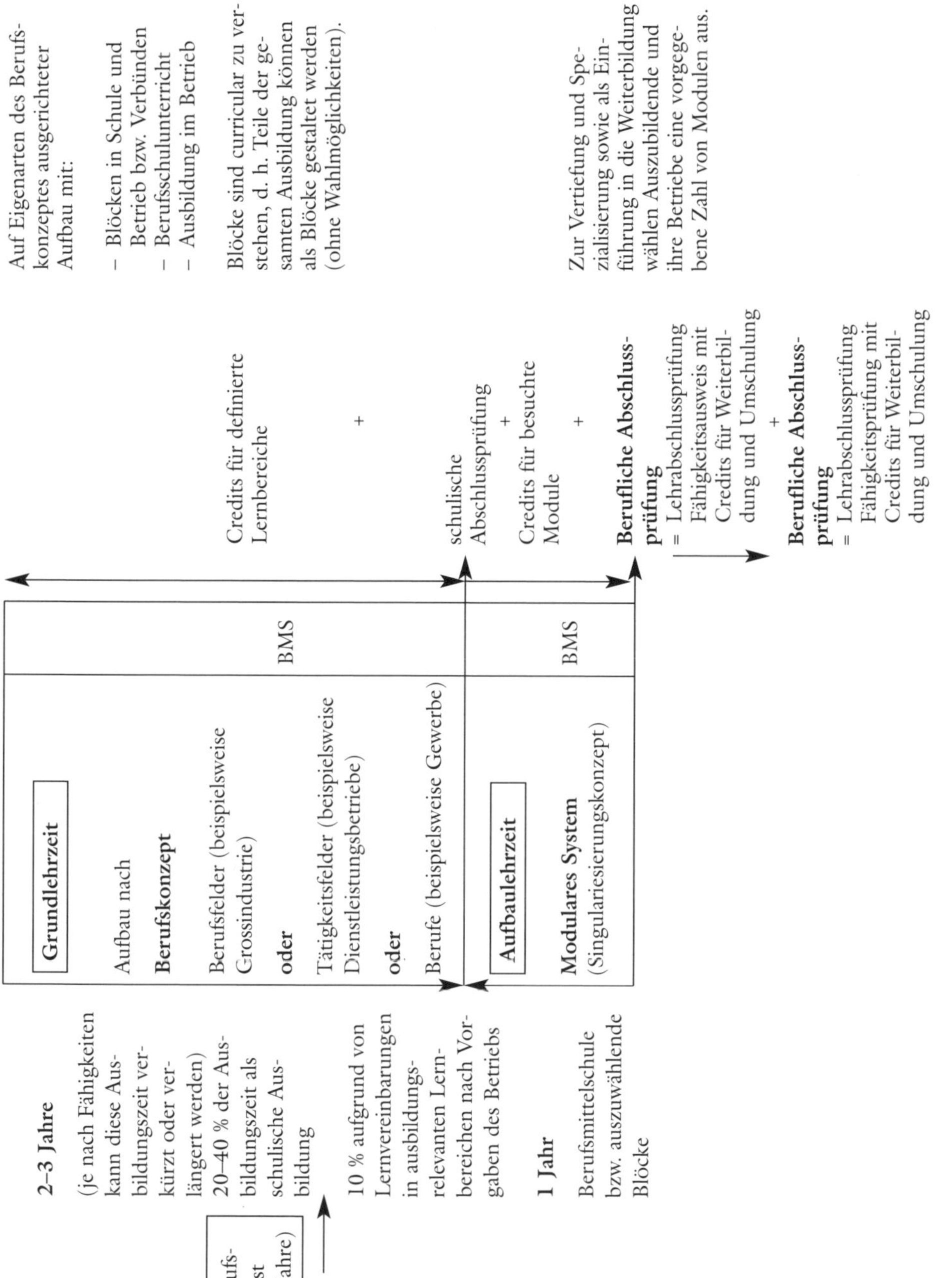

Hier ergibt sich allerdings ein Problem. Weil auch die BBV offen gestaltet ist, muss das BBT in einer Rahmenordnung einige verbindliche Vorgaben über den Aufbau dieser Grundbildung und vor allem der Prüfungen entwickeln. Andernfalls könnte die erwünschte Flexibilität zu derart vielen Modellen führen, dass die Übersichtlichkeit verloren ginge und vor allem das Prinzip von etwa gleichen Anforderungen an die Prüfungen unterwandert werden könnte. Eine zu grosse Vielgestaltigkeit würde die früher angesprochene Vergleichbarkeit von Lehrabschlüssen in der ganzen Schweiz und allfällige Voraussetzungen für die Anerkennung schweizerischer Lehrabschlüsse im Ausland bedrohen.

Dieses Expertenmodell führt vom **dualen zu einem trialen Berufsbildungssystem** (Ausbildung in der Berufsschule, im Betrieb oder in Lehrbetriebsverbünden sowie in vielgestaltigen Blöcken). Rechtfertigen lässt sich dieses Expertenmodell mit folgenden **Vorteilen**:

Erstens wird die Starrheit des herkömmlichen dualen Systems überwunden. Die berufliche Grundbildung kann in den einzelnen Bereichen für die Unternehmen und bei stark zunehmenden unterschiedlichen Entwicklungen in den einzelnen beruflichen Tätigkeiten individualisiert und bedürfnisgerechter ausgerichtet werden. Dadurch sollte die Berufslehre vor allem für die einzelnen Unternehmen und ihre Verbände wieder interessanter werden.

Zweitens lässt sich das geringere Interesse der dual Ausgebildeten für die theoretische Bildung in Blöcken leichter überwinden, denn es ist sowohl motivational als auch didaktisch einfacher, theoretischen Unterricht in Blöcken zu erteilen. Der in Einzelstunden aufgegliederte Unterricht bietet dazu weniger Möglichkeiten. Auch lassen sich neue Unterrichtsformen wie Projektarbeit, Gruppenunterricht usw. in Blöcken leichter verwirklichen.

Drittens lässt sich mit einem modularen Ansatz in der Aufbaustufe das bei dual Ausgebildeten geringere Interesse an Weiterbildung positiv beeinflussen. Wahrscheinlich beruht dieser Sachverhalt auf einer Schwellenangst vor weiterer Ausbildung infolge schlechter Schulerfahrung und der Unfähigkeit, die eigene Weiterbildung zu planen. Bei dieser Lösung eines modularen Aufbaujahres müssen Betriebe und Auszubildende das Aufbaujahr planen, sodass die Lernenden eine erste Anleitung für die Vorbereitung der Weiterbildung erhalten und erste Erfahrungen mit einem stärker selbstentwickelten Aufbau ihrer Ausbildung machen. Dadurch würden die Lehrlinge und Lehrtöchter auch mehr Handlungsspielraum erhalten, der in der TREE-Untersuchung als zu gering beurteilt worden ist (Stalder 2003).

Viertens findet mit der Öffnung des Modulangebotes für die Aufbaustufe (Schule, Betriebe, Verbünde, Verbände, Private) ein gewisser Wettbewerb Eingang in die Berufsbildung, wovon Qualitätsverbesserungen zu erwarten sind.

Fünftens lässt sich der Unterricht an der Berufsmittelschule intensivieren. Wenn die Berufsmittelschüler in der Aufbaustufe anstelle der Module ihren allgemein bildenden Unterricht besuchen, erhöht sich ihre Betriebsabwesenheit gegenüber den anderen Lehrlingen und Lehrtöchtern nicht. Diese Verstärkung des Unterrichtes an der Berufsmittelschule kommt nicht nur den Wünschen der Fachhochschulen entgegen, sondern trägt auch einer Kritik aus EU-Kreisen Rechnung, die bei Anerkennungsverfahren von schweizerischen Fachhochschulabschlüssen (HWV- und HTL-Abschlüssen) einen ungenügenden Unterbau glaubten feststellen zu müssen (siehe Abschnitt 4.5 im Kapitel 5).

Sechstens wird mit dem Prüfungskonzept die von der Wissenschaft geforderte Vielgestaltigkeit der Prüfungen sowie die Idee der ausbildungsbegleitenden Prüfungen verwirklicht. Dadurch sollen einerseits das regelmässige Lernen gefördert und andererseits der Druck, bedingt durch eine einzige abschliessende Prüfung, genommen werden.

Selbstverständlich führt dieses Expertenmodell auch zu **Problemen**:

Erstens verlangt seine Umsetzung mehr organisatorische Arbeiten als das bisherige duale System.

Zweitens darf das Modell nicht so ausgestaltet werden, dass die Arbeit im Betrieb zu stark abgebaut wird. Andernfalls werden viele Unternehmen, vor allem diejenigen, die eine produktionsorientierte Lehrlingsausbildungsstrategie verfolgen, weniger Lehrtöchter und Lehrlinge einstellen. Allerdings sind die Vertreter dieses Verhaltens darauf aufmerksam zu machen, dass sich angesichts der steigenden Ansprüche in der Arbeitswelt eine Verstärkung der theoretischen, schulischen Ausbildung aufdrängen wird. Andernfalls wird die Wirksamkeit eines dualen oder trialen Berufsbildungssystems rasch abnehmen.

Drittens muss noch viel Aufklärungsarbeit erfolgen, um solche Neuerungen umzusetzen. Dies zeigte sich bereits in der Expertenkommission, in der entschieden wurde, keine Rahmenbedingungen für ein flexibles triales Berufsbildungssystem in das BBG aufzunehmen, um es nicht mit einem Referendum zu gefährden. Dies macht deutlich, wie schwierig es ist, im Bildungsbereich Innovationen durchzusetzen.

3.2.2 Lehrbetriebsverbünde

Art. 16 Abs. 2 BBG sieht vor, dass die berufliche Grundbildung auch in Lehrbetriebsverbünden (sowie in Lehrwerkstätten, in Handelsmittelschulen oder in anderen zu diesen Zwecken anerkannten Institutionen für die Bildung in beruflicher Praxis) stattfinden kann. Eine Neuerung stellen die Lehrbetriebsverbünde dar, welche ursprünglich für spezialisierte Betriebe, die infolge ihrer Spezialisierung keine umfassenden Berufslehren mehr anbieten konnten, vorgesehen waren. Angesichts der Probleme mit dem Lehrstellenangebot, aber auch hinsichtlich der Unmöglichkeit, in allen Betrieben und in den Schulen eine auf die modernsten Investitionen ausgerichtete, praxisorientierte berufliche Bildung anzubieten, sollte die Idee des Lehrbetriebsverbundes im Sinne einer Flexibilisierung des trialen Systems in differenzierter Weise ausgebaut werden. Dazu sind folgende Möglichkeiten denkbar:

1. Ein besonders geeignetes Unternehmen bietet innerhalb der Grundbildung Blöcke zu einem speziellen Lerngebiet für Auszubildende aus Betrieben an, die nicht über die notwendigen betrieblichen oder technischen Voraussetzungen verfügen. Bei diesem Modell bleiben die Auszubildenden in ihrem Lehrbetrieb, werden aber für eine solche Spezialausbildung in Blöcken kurzzeitig regional, branchenmässig oder innerhalb eines Verbandes zusammengefasst.
2. Mehrere Unternehmen, die stark spezialisiert sind, schliessen sich zu einem Verbund zusammen, in welchem Lehrlinge und Lehrtöchter ihre Grundausbildung in einem Rotationssystem in den verschiedenen Verbundbetrieben absolvieren, um insgesamt eine umfassende Grundbildung zu erhalten.
3. Mehrere Unternehmen schliessen sich zu einem Ausbildungsverbund zusammen und lagern die ganze Lehrlingsausbildung für die Anfangszeit oder für die ganze Lehrzeit aus. Zu diesem Zweck führen sie (meistens in der Rechtsform eines Vereins [Art. 60 ff. ZGB]) ein externes Ausbildungszentrum (autonomer Ausbildungsverbund), womit ein neuer Lehrort (neben Betrieb oder Lehrwerkstätte) entsteht. Pionierarbeit dazu leistete die ABB mit ihren Lernzentren ABB (jetzt Lernzentren LfW). Heute bestehen weitere solche Zentren: aprentas (Novartis, Syngenta, Ciba SC), Ausbildungszentrum Winterthur azw (ehemals Sulzer), Beruf Zug (ehemals Siemens) oder Siemens Schweiz AG. Solche externen Ausbildungszentren haben finanzielle Autonomie, und sie streben im Idealfall eine Kostendeckung durch die produktiven Leistungen der Auszubildenden für die Mitgliedunternehmen des Ver-

bundes oder für Dritte an. Zu erwarten ist, dass diese externen Ausbildungszentren neben der Grundausbildung für Lehrlinge und Lehrtöchter weitere Aufgaben übernehmen wie Personalrekrutierung, Weiterbildung von Mitarbeitenden der Verbundunternehmen sowie Beratungsaufgaben in der betrieblichen Ausbildung. Schweri, Mühlemann et al. (2003) haben diese Ausbildungsverbünde genauer untersucht und fanden folgende Sachverhalte:

- Die Nettokosten sind in einem Ausbildungszentrum üblicherweise höher als bei der traditionellen Lehre, wobei es aber auch Beispiele gibt, die eine kostendeckende Ausbildung ausweisen.
- Der Leistungsgrad (produktive Leistungen) liegt im Ausbildungszentrum höher als in der traditionellen Lehre. Ein Unterschied zeigt sich schon in den ersten zwei Jahren. Er vergrössert sich aber bei den untersuchten Berufen im dritten und vierten Lehrjahr, in welchem die Lernenden stärker für anspruchsvolle Tätigkeiten eingesetzt werden.
- Die Berufsmaturandenquote ist höher.
- Ein Jahr nach Abschluss der Lehre ist der Anteil der Ausgebildeten, die, dort wo sie den ersten Teil der Lehre im Ausbildungszentrum und den zweiten Teil im Lehrbetrieb verbracht haben, im Lehrbetrieb verbleiben, signifikant höher als bei der traditionellen Lehre.

Selbstverständlich dürfen diese empirischen Erkenntnisse nur als erste Trendaussagen und nicht etwa als Belege gegen die traditionelle Lehre gewertet werden. Die Daten stammen aus grossen Unternehmen der Chemie- und der Maschinenindustrie, bei denen ein Outsourcing ohne grosse Probleme möglich ist und sinnvolle produktive Leistungen erbracht werden können. Deshalb wird diese innovative Lösung nicht auf alle Branchen, Betriebe und Berufe übertragbar sein. Geeignet sein wird sie vor allem für Unternehmen, die im eigenen Interesse an der Sicherung eines qualifizierten Berufsnachwuchses eine investitionsorientierte Ausbildungsstrategie verfolgen.

Nach übereinstimmender Meinung ist aber zu erwarten, dass sich externe Ausbildungszentren als echte Alternative zu der traditionellen Lehre anbieten (Wettstein 2001; Schweri, Mühlemann et al. 2003), weil sie noch weitere Vorteile aufweisen: Wahrscheinlich lässt sich in anspruchsvollen Berufen die Theorie in Zentren wirksamer vermitteln (Professionalität der Ausbildenden); bei konjunkturellen Schwankungen kann das Ausbildungszentrum für das Lehrstellenangebot ausgleichend wirken, wobei allerdings die Gefahr besteht, dass dieses dann die Beschäftigungs- und finanziellen Risiken trägt; wenn die Zentren die Auswahl der Auszubildenden übernehmen, und weil sie viele organisatorische Aufgaben erledigen und die höheren Kosten vor allem am Anfang der Lehre tragen, werden die Unternehmen entlastet; Unternehmen, welche in finanziellen Engpässen stecken und solche, die infolge der zeitlichen Belastung keine Lernenden mehr einstellen, könnten die Lehrlingsausbildung fortführen.

3.2.3 Die Berufsschulen als regionale Kompetenzzentren in Bildungsnetzwerken

In der Bundesrepublik Deutschland wird seit einiger Zeit über die Umgestaltung der Berufsschulen zu regionalen Kompetenzzentren debattiert (Bader 2001). Die Bund-Länder-Kommission für Bildungsplanung und Forschungsförderung (BLK) definiert diese Kompetenzzentren wie folgt: Sie «dienen der beruflichen Aus-, Fort- und Weiterbildung in einzelnen Branchen oder Berufsfeldern bzw. für Innungen oder Betriebe in den jeweiligen Regionen und leisten insoweit einen Beitrag zur Sicherung eines ausreichenden Qualifikationsangebotes sowie zum Innovationstransfer. Diese Funktion kann – in Abstimmung mit den regionalen Akteuren – auch von beruflichen Schulen wahrgenommen werden» (BLK, 16).

Anlass zu dieser Entwicklung gaben die folgenden Aspekte (Jeschke 2002): Erstens wird im Zuge der Globalisierung die Region als Wirtschaftsraum bedeutsamer, sodass künftig stärker regions- und bedarfsorientiert ausgebildet werden muss. Deshalb soll mit einer regionalisierten, nachfrageorientierten Berufsausbildung sichergestellt werden, dass nicht an den regionalen Bedürfnissen und Möglichkeiten vorbei ausgebildet wird. Dies führt allerdings zu einer Abkehr der bislang stärker zentralistischen Führung der Berufsbildung. Zweitens sollen mit den Kompetenzzentren die Grundbildung und die Weiterbildung besser verzahnt werden. Drittens möchte man mit dieser Idee den aufkommenden Lehrstellenmangel bekämpfen, indem an Berufsschulen auch Lehrwerkstätten (im herkömmlichen Sinn oder als kostendeckende Produktionsbetriebe) geführt werden. In Zukunft möglich ist aber auch, dass diese Kompetenzzentren angesichts der demographischen Entwicklung geeignet sind, beim aufkommenden Mangel an Facharbeitskräften mit einem regional guten Ausbildungsprogramm einen Beitrag zur Erhöhung des Angebotes an Facharbeitskräften zu leisten. Mit anderen Worten erwarten die Befürworter von diesem Konzept langfristig eine ausgeglichenere Situation auf dem Lehrstellen- und Arbeitsmarkt.

Ergänzend zu den Kompetenzzentren werden Berufsbildungsnetzwerke vorgeschlagen, indem sich Schulen, private Ausbildungsanbieter und Unternehmen verbinden, um Ausbildungs- und Transferangaben einer Region gemeinsam zu erledigen. Etwas utopisch wird dann davon gesprochen, dass die vernetzten Teilnehmer zu einer Kompetenzbündelung beitragen und eine Region zu einer «lernenden Region» werden könnte (Wilbers 2002). Vorderhand ist noch offen, ob sich dieses Konzept verwirklichen lässt. Erste Versuche sind im Freistaat Sachsen im Gange, was leicht erklärbar ist, denn die Lehrstellen- und Arbeitsplatzsituation ist in den neuen Bundesländern immer noch nicht zufriedenstellend. Ob sich dieses Modell generalisieren lässt und zu einer flexibleren Form der Berufsbildung mit direkten Auswirkungen auf die regionale Arbeitsmarkt- und Wirtschaftsentwicklung führt, ist noch umstritten. Lehrerverbände und Gewerkschaften unterstützen die Initiativen eher, während die Arbeitgeberverbände gewisse Vorbehalte anbringen (Jeschke 2002).

Hier wird die Auffassung vertreten, dass dieser Ansatz aus folgenden Gründen nicht auf die Schweiz übertragen werden sollte:

- Die Lehrstellen- und Arbeitsmarktsituation ist in der Schweiz grundsätzlich anders als in Deutschland (vor allem in den neuen Bundesländern).
- Diese Idee der Kompetenzzentren und Netzwerke wird gegenwärtig in der Schweiz mit guten Anfangserfolgen an den Fachhochschulen umgesetzt. Deshalb sollten prioritär diese Bemühungen einem guten Ende zugeführt werden, zumal die Beanspruchung der Wirtschaft und der Unternehmen nicht zu gross werden sollte.
- Die schweizerische Lösung mit Ausbildungsverbünden stellt einen echten Innovationsschritt dar, der Erfolg versprechend ist und nicht mit weiteren Aktivitäten verwässert werden sollte.
- Zu überlegen wäre höchstens, ob in Landesgegenden mit wenig Lehrstellen und Praktikumsstellen für gymnasiale Maturanden und Maturandinnen, die in die Fachhochschule übertreten wollen, mit zu Kompetenzzentren erweiterten Berufsschulen das Angebot an Ausbildungsplätzen, die in der Wirtschaft fehlen, erweitert werden könnte, wobei diesen Schulen dann über angemessene Spezialisierungen zugleich die Aufgabe der Wirtschaftsförderung zukommen könnte.

  Auf diese Weise liesse sich beispielsweise im Kanton Tessin der Mangel an Praktikumsplätzen für Gymnasiastinnen und Gymnasiasten vor dem Eintritt in die Fachhochschule beheben.

3.2.4 Die künftige Entwicklung des trialen Berufsbildungssystems

Abbildung 3.2 zeigt ein Modell für eine mögliche künftige Entwicklung des trialen Berufsbildungssystems.

Tabelle 3.2

Mögliche künftige Entwicklung des trialen Berufsbildungssystem

Periodische Auslagerung von Teilen der betrieblichen Lehrorte an einen anderen Lehrort (Schule, Verbund, Verbandsausbildungszentren, private Ausbildungsanbieter)		Ständige Auslagerung grosser Teile oder der ganzen betrieblichen Ausbildung an ein externes Ausbildungszentrum (autonomer Ausbildungsverbund)	
= traditionelles triales System		= Outsourcing der Lehrlingsausbildung	
Anzahl der Module	**Inhalt der Module**	**Zeitliche Varianten**	**Inhaltliche Varianten**
Je nach Bedürfnissen der einzelnen Berufs- und Tätigkeitsfelder sowie Berufe (einige bis mehrere während der Grund- und der Aufbaulehrzeit)	1) Nur berufsbildende Lehrbereiche 2) Interdisziplinäre Lehrbereiche	1) Erstes Lehrjahr 2) Erstes und zweites Lehrjahr 3) Ganze Lehrzeit	1) Nur berufliche Bildung (Berufsschule wird weiterhin besucht)

Diese Darstellung zeigt, dass ein triales Berufsbildungssystem sehr unterschiedlich ausgestaltet werden kann. Die linke Seite von Abbildung 3.2 gibt das Expertenmodell wieder, während die rechte Seite mögliche Formen des Outsourcings der Lehrlingsausbildung in externe Ausbildungszentren (autonome Ausbildungsverbünde) darstellt. Die Varianten sind durch die zeitliche Dauer und den inhaltlichen Umfang charakterisiert.

Eine minimale Lösung wäre ein Outsourcing der beruflichen Bildung während der ersten Jahre. Anschliessend würden die Auszubildenden in ihren Lehrbetrieb zurückkehren. Während der ganzen Lehrzeit würden sie aber den allgemein- und den berufsbildenden Schulunterricht besuchen. Eine mittlere Lösung könnte eine zweijährige fachberufliche Ausbildung im Zentrum mit anschliessender ein- bis zweijähriger Ausbildung im Betrieb sowie dem Besuch der Berufsschule im beruflichen und allgemein bildenden Unterricht über die gesamte Lehrzeit sein. Eine extreme Lösung wäre ein Outsourcing der gesamten beruflichen Bildung und Allgemeinbildung in ein externes Ausbildungszentrum, welches dann zu einer Berufsfachschule würde. Diese Lösung wird vor allem von Bankkreisen immer wieder gefordert, von den Berufsschulen jedoch verständlicherweise heftig bekämpft. Ob sie zweckmässig wäre, ist kritisch zu hinterfragen. Sie würde zweifellos zu einer Verschulung der beruflichen Bildung führen, vor allem wenn die berufliche Ausbildung ausschliesslich in ein Lernbüro verlegt würde. Ausserdem bestünde die Gefahr, dass diese Zentren elitären Charakter erhalten könnten, wenn sie von finanzstarken Betrieben errichtet würden, sodass es unterschiedliche Typen von Berufsausbildungen im gleichen Tätigkeitsfeld gäbe, was vor allem für Betriebe, die keinem Verbund angehören würden, negative Auswirkungen hätte, da sich diese wahrscheinlich häufig mit Auszubildenden zweiter Wahl begnügen müssten.

Entscheidend für die Wirksamkeit der Berufsbildung – und dies dürfte sich aus den Ausführungen des zweiten Kapitels ergeben – ist die Erfahrung mit der Berufswirklichkeit. Deshalb muss auch in externen Ausbildungszentren die praktische Arbeit und Erfahrung mit der Berufswirklichkeit unabdingbar sein. Daher dürfen sich externe Ausbildungszentren nicht zu staatlichen und überbetrieblichen Lernwerkstätten entwickeln, weil sie dann den Bezug zur Berufswirklichkeit häufig nur ungenügend herstellen können. Dies lässt sich teilweise in Deutschland beobachten, wo allein schon die Investitionen in die staatlichen Lehrwerkstätten nicht mehr ausreichend sind, um eine moderne Berufsausbildung zu garantieren. Wenn schon an Lehrwerkstätten festgehalten wird, so müssen sie auf eine wirtschaftliche Produktionsorientierung ausgerichtet werden, was mit autonomen Ausbildungsverbünden problemloser zu verwirklichen ist.

3.3 Die Berufsmaturität

Nachdem die Berufsmittelschule und die Berufsmaturität anfänglich umstritten waren (vergleiche dazu Hässler 1977), werden sie heute nicht mehr generell in Frage gestellt. Trotzdem werden wiederholt die gleichen Fragen aufgeworfen:

Vor allem die Fachhochschulen beklagen sich immer wieder über das Ungenügen der Berufsmaturanden und -maturandinnen im sprachlichen und mathematischen Bereich. Diese Klagen sollten aus zwei Gründen nicht überbewertet werden. Einerseits ist es üblich geworden, dass jede höhere Schulstufe feststellt, dass die Lernenden auf der unteren Schulstufe nicht genügend vorbereitet wurden. Hier spielt zweifellos ein «Verklärungseffekt» mit, weil jüngere Lernende in vielen Bereichen dem von der älteren Generation Erlernten nicht mehr die gleiche Beachtung schenken, ohne dass aber die ältere Generation erkennt, was die Jungen besser können. Andererseits müsste eigentlich die weiterführende Schule die Lernenden auf dem Stand, den sie mitbringen, abholen und ihre Lehrpläne und den Unterricht darauf aufbauen.

Sachlich wichtiger ist jedoch die Frage, ob auch wirklich diejenigen Lehrlinge und Lehrtöchter in die Berufsmittelschule aufgenommen werden, die lernleistungsfähiger sind als die Lernenden ohne Berufsmittelschulbesuch. Leider ist diese Frage empirisch nicht vollständig geklärt. Metzger (2001) unternahm den Versuch, einen Lernstrategienvergleich zwischen Lernenden aus Gymnasien, Berufsmaturitätsschulen und Berufsschulen vorzunehmen, nachdem feststand, dass sich aus dem Umgang mit Lernstrategien erste Schlussfolgerungen bezüglich der Lernfähigkeit ziehen lassen. Die Berufsmaturandinnen und -maturanden sind zu Beginn und am Ende der Lehrzeit nur in drei von acht Bereichen (Umgang mit Angst, Prüfungsstrategien und Wesentliches erkennen) besser als die Auszubildenden ohne Berufsmaturität. Bezüglich Motivationsstrategien waren sie nur zu Beginn, nicht aber am Ende der Lehrzeit, besser. Interessant ist jedoch, dass die Berufsmaturanden und -maturandinnen den Lernenden aus Gymnasien in einzelnen Strategien überlegen, in anderen unterlegen sind. Daraus lassen sich aber keine zwingenden Schlussfolgerungen ziehen. Metzger merkt jedoch an, dass der Förderung von Lernstrategien im Unterricht mehr Beachtung zu schenken sei (was wahrscheinlich für alle Schulen gilt). Infolge verlässlicher Daten werden in Abschnitt 4.4.5 im Kapitel 4 an einem Beispiel die Zulassungsvoraussetzungen an schweizerische und deutsche Fachhochschulen untersucht, weil immer wieder behauptet wird, die Berufsmaturität entspreche infolge der geringen Unterrichtsanteile qualitativ nicht internationalen Ansprüchen.

Ein weiteres Problem der Berufsmaturität betrifft die Zulassung zu einem Universitätsstudium. Mit der Verordnung des Bundesrates/Reglement der EDK über die Anerkennung von Berufsmaturitätsausweisen für die Zulassung zu den universitären Hochschulen vom 19. Dezember 2003/4. März 2004 werden die Inhaberinnen und Inhaber von Berufsmaturitätsausweisen nach bestandener Ergänzungsprüfung in den Fächern erste und zweite Landessprache oder Englisch, Naturwissenschaften sowie Geistes- und Sozialwissenschaften zu einem Studium an den Universitäten zugelassen. Es wird sich noch weisen müssen, ob diese Prüfung (Passerelle von der Berufsmaturität zu den universitären Hochschulen) so verwirklicht wird, dass sie dem Prinzip der schweizerischen Bildungspolitik «Gleichwertigkeit aber Andersartigkeit» von gymnasialer Matura und Berufsmaturität gerecht wird. Nach den Vorstellungen der Arbeitsgruppe Dubs (siehe Berichte vom 31. August 2001 und vom 6. Dezember 2002) sollte angesichts der Forderung nach Gleichwertigkeit keine Differenzprüfung (geprüft wird, was bei der Berufsmaturität im Vergleich zur gymnasialen Matura fehlt), sondern eine Ergänzungsprüfung (die an der Berufsschule vermittelten Inhalte werden vertieft geprüft) eingeführt werden. Leider wurde diese Forderung im politischen Prozess so stark abgeschwächt, dass ersthafte Bedenken bezüglich deren künftiger Verwirklichung gerechtfertigt sind.

Diese Passerellenlösung garantiert die Durchlässigkeit innerhalb der schweizerischen Berufsmittelschulen und universitären Hochschulen. Offen ist indessen, ob diese Lösung auch eine internationale Anerkennung erfährt. Ein europäischer Versuch, mit der Berufsmaturität den allgemeinen Hochschulzugang zu ermöglichen, wurde im EU-Programm Leonardo da Vinci mit dem EURO-BAC unternommen, an dem sich zehn Länder beteiligten. Eine schweizerische Initiativgruppe war ebenfalls dabei (Wettstein 2002). In allen Ländern mit Ausnahme von Österreich ist dieses Projekt ins Stocken geraten. Aufgrund der Befragungen im Zusammenhang mit der «Passerellenlösung» zeichnete sich ab, dass die schweizerischen Universitäten sich ausdrücklich gegen das EURO-BAC wenden, weil auch berufsbildende Lernbereiche geprüft werden. Dies ist bislang an Universitäten unerwünscht. Es ist aber zu erwarten, dass schweizerische Berufsmaturandinnen und -maturanden an europäischen Universitäten zugelassen werden, wenn sie auch in der Schweiz ein Universitätsstudium aufnehmen können. Es sieht so aus, dass österreichische Universitäten Schweizerinnen und Schweizer mit Berufsmatura «sur dossier» zum Studium zulassen werden, was den Beginn einer Öffnung darstellen könnte.

3.4 Höhere Berufsbildung: Eidgenössische Berufsprüfungen und Eidgenössische Höhere Fachprüfungen sowie Höhere Fachschulen

Richtigerweise wurden die bewährten Institutionen der höheren Fachprüfungen in das neue BBG übernommen. Diesen Einrichtungen, die weitgehend von den Organisationen der Arbeitswelt getragen werden, hat die Schweiz den hohen Stand des mittleren Kaders und der Leitung kleiner Betriebe zu verdanken.

Allerdings stellen sich damit zwei Probleme. Erstens ist die Anerkennung solcher Abschlüsse in der EU nicht geregelt. Zweitens fordern Organisationen die Anerkennung der Abschlüsse von Höheren Fachprüfungen und Höheren Fachschulen als Fachhochschulabschlüsse. Diese Forderungen dürften aber bildungspolitisch aus mehreren Gründen nicht unterstützt werden.

Erstens haben die Fachhochschulen durch die angewandte Forschung einen erweiterten Leistungsauftrag. Höhere Fachprüfungen und Höhere Fachschulen sollten sich aber auf die Lehre (praxisorientierte Ausbildung für höhere berufliche Positionen) konzentrieren und diesen wichtigen Auftrag nicht durch Forschung, die oft zur Pseudoforschung wird, verwässern. Dies hätte einen Profilverlust von zwei typisch schweizerischen und volkswirtschaftlich wichtigen Ausbildungswegen zur Folge.

Zweitens sollten entsprechend volkswirtschaftlichen Bedürfnissen nicht zwei Ausbildungen, die verschiedene Profile haben, miteinander vermischt werden.

Drittens müssen Weiterbildungsmöglichkeiten, welche berufsbegleitend gestaltet sind, angesichts der Nachfrage nach einer solchen Ausbildung beibehalten werden, nicht zuletzt, weil bei den Fachhochschulen – fälschlicherweise – berufsbegleitende Studiengänge an Bedeutung verlieren.

Im Zusammenhang mit diesen Institutionen ist nochmals auf die Problematik des Anteils gymnasialer Maturandinnen und Maturanden zurückzukommen (siehe Abschnitt 1.2.1). Dank der Einrichtungen der höheren Berufsbildung sind in der Schweiz sehr viele Kaderstellen mit Absolvierenden dieser Bildungswege besetzt, die nicht nur über eine höhere berufsbildende Ausbildung, sondern auch über gute berufsbezogene Fähigkeiten verfügen, die Absolvierenden von akademischen Studiengängen oftmals fehlen. Weil in der schweizerischen Wirtschaft die KMU-Struktur auch in Zukunft bedeutsam bleiben wird, werden die Absolvierenden der höheren Berufsbildung als kompetente Führungskräfte weiterhin eine grosse Rolle spielen. Mehrere sich daraus ergebende Vorteile dürfen nicht übersehen werden: Erstens bietet dieses System bewährten Berufsleuten berufliche Aufstiegsmöglichkeiten. Zweitens leisten solche Führungskräfte längerfristig oft mehr als Akademikerinnen und Akademiker, die sich an solchen Stellen häufig unterfordert fühlen, deshalb oft unzufrieden werden und ihre Stelle häufiger wechseln. Und drittens sind diese Ausbildungswege nicht nur wirksam, sondern auch billiger als vollzeitliche Ausbildungen. Schliesslich darf die Breitenwirkung dieser Ausbildung nicht übersehen werden. Viele Fachleute aus der Berufspraxis unterrichten in diesen Institutionen nebenamtlich und tragen damit nicht nur zur Verknüpfung von Praxis und Theorie bei, sondern sie sind gezwungen, sich im Interesse eines guten Unterrichts ständig selbst weiterzubilden.

Neuerdings bestehen auch Forderungen nach einer umfassenden Anerkennung von Abschlüssen von Höheren Fachschulen beim Übertritt an die Fachhochschule (z. B. werden an einer dreijährigen Fachhochschule die beiden Jahre einer Höheren Fachschule voll angerechnet). Diese Lösung ist aus Gründen der internationalen Anerkennung der Fachhochschulstudiengänge grundsätzlich abzulehnen. Nachdem immer wieder behauptet wird, der Unterbau der Fachhochschule mit der Berufsmaturität sei nicht genügend, darf diese Anerkennungsproblematik nicht noch mit einem weiteren kritischen Punkt verschärft werden.

3.5 Folgerungen

Im Kapitel 2 wurden Schwachstellen des dualen Berufsbildungssystems dargestellt. Das Kapitel 1 verwies auf kritische Probleme der Angebots- und Nachfragesituation auf dem Lehrstellenmarkt. Die entscheidende Frage lautet nun, ob das neue BBG die Voraussetzungen für die Überwindung der Problem- und Schwachstellen schafft. Die Frage kann im Prinzip bejaht werden. Dank dem offenen Gesetz ist es möglich, die Bildungsverordnungen an die Bedürfnisse der Organisationen der Wirtschaft, der Lernenden und der Betriebe anzupassen. Im Kapitel 3 wurde gezeigt, dass innovative Modelle vor allem aufgrund der Arbeit am Expertenmodell theoretisch entworfen wurden. Für die künftige Entwicklung des trialen Berufsbildungssystems wird es nun aber entscheidend sein, ob und wie schnell die Organisationen der Wirtschaft in gezielter Weise und ohne alles revolutionieren zu wollen, Neuerungen einführen.

Dazu drängen sich die folgenden **Forderungen** auf:

1. Das Bundesamt für Berufsbildung und Technologie (BBT) muss die **Innovatorrolle** übernehmen, d. h. es muss untersuchen, in welchen bisherigen Berufen angesichts der technologischen, der wirtschaftsstrukturellen und der arbeitsplatzbezogenen Veränderungen sowie andersartiger gesellschaftlicher Ansprüche ein Innovationsbedarf besteht. Wenn das BBT in dieser Hinsicht keine **Führungsrolle** für die Innovation übernimmt – oder von Bewahrern daran gehindert wird, kann der zwingend notwendige Erneuerungsschub zu einem wirksamen trialen Berufsbildungssystem nicht folgen. Dass angesichts der strukturellen und der wirtschaftlichen Herausforderungen, welche die Lehrbetriebe gegenwärtig zu bewältigen haben, der aufbauenden Zusammenarbeit zwischen den Organisationen der Arbeitswelt und dem BBT alle Aufmerksamkeit geschenkt wird, ist zwingend. Zu idealistische Modelle in Bildungsverordnungen haben keine Chancen.
2. Angesichts der vielen Gestaltungsmöglichkeiten aufgrund des offenen Gesetzes sollte das BBT rasch einige wenige **Rahmenbedingungen** festlegen, damit einerseits die Organisationen der Wirtschaft angeregt werden, das Bestehende zu überdenken und andererseits eine minimale Einheitlichkeit aller Bildungsverordnungen bestehen

bleibt. Besonders dringend ist dies für das **Prüfungssystem**, das angesichts seiner Bedeutung für klare Leistungsanforderungen und die Qualität des trialen Systems sowie für allfällige Fragen der internationalen Anerkennung eigentlich in der BBV besser hätte geregelt werden müssen.

3. Schliesslich sollte bei der Innovation eine Prioritätenliste erstellt werden. Angesichts der vielen Probleme mit lernschwachen ausländischen Jugendlichen ist dieser Problemkreis in erster Linie zu bearbeiten. Vor allem ist das Berufsattest (BBG Art. 37 und Art. 18 BBG) konzeptionell zu entwickeln, damit es nicht als Fortführung der beruflichen Anlehre, die sich in vielen Bereichen nicht bewährt hat (Steiner 1980), verstanden wird. In zweiter Linie ist zu überlegen, in welchen Bereichen und Regionen Ausbildungsverbünde gebildet werden können.

Nun genügt die Feststellung, dass das BBG beste Voraussetzungen für eine wirksame Fortführung des schweizerischen Berufsbildungswesens hat, allein noch nicht, sondern es drängt sich ein Qualitätsvergleich des schweizerischen Berufsbildungssystems mit demjenigen anderer Länder auf, wobei insbesondere die Frage der Arbeitsmarktfähigkeit der trial Ausgebildeten bedeutsam ist.

Kapitel 4:
Die Wirkungen der beruflichen Grundbildung: Arbeitsmarktfähigkeit und Ausbildungsniveau in der Schweiz im Vergleich mit dem Ausland

4.1 Überblick

Aufgrund Art. 3, 25 Abs. 2 und Art. 17 Abs. 4 BBG sowie Art. 2 Abs. 2 der Verordnung über die Berufsmaturität lassen sich die grundlegenden Ziele der beruflichen Grundbildung gemäss Abbildung 4.1 zusammenfassen.

Abbildung 4.1
Grundlegende Ziele der beruflichen Grundbildung

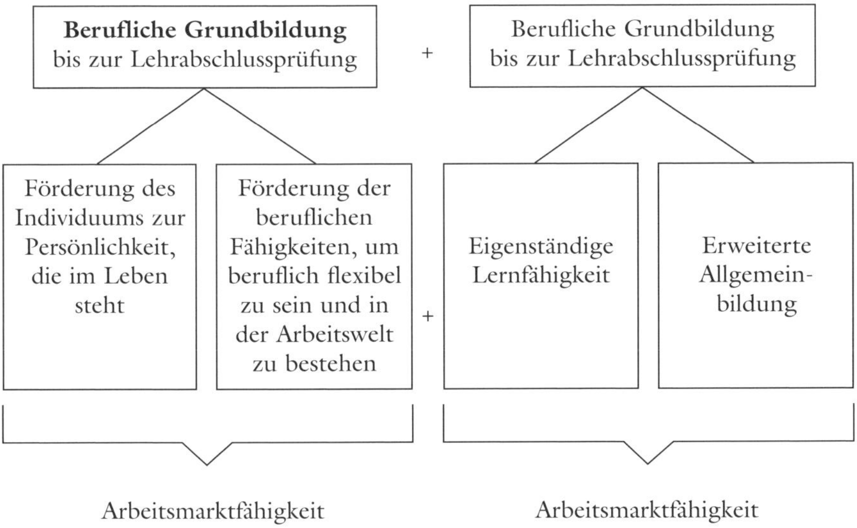

Die gesetzliche Grundlegung macht deutlich, dass der beruflichen Grundbildung nach Auffassung des Gesetzgebers nicht nur die Rolle einer rein verwertungsorientierten Qualifizierung zukommt, sondern sie im Sinne einer umfassenderen Bildung auch der Persönlichkeitsförderung dienen soll. Für die Berufschancen der jungen Generation entscheidend ist, ob sie am Ende ihrer Lehrzeit bei dieser Zielsetzung über eine genügende Arbeitsmarktfähigkeit verfügt, das heisst, ohne Probleme eine Arbeitsstelle findet. Mit der Förderung der eigenständigen Lernfähigkeit sowie der erweiterten Allgemeinbildung an der Berufsmittelschule soll die Studierfähigkeit geschaffen werden, das heisst, die Lernenden sollen die Voraussetzungen für die erfolgreiche Aufnahme eines Fachhochschulstudiums erfüllen. Diese Gliederung mag auf den ersten Blick als selbstverständlich erscheinen. Sie beinhaltet aber mehrere Fragen, die seit Jahrzehnten immer wieder diskutiert werden und nicht selten bildungspolitisch umstritten sind:

- Welche Bedeutung kommt der Allgemeinbildung in der beruflichen Grundbildung zu, und ist sie für die Persönlichkeitsbildung zwingend?
- Wie ist das Verhältnis zwischen Allgemeinbildung und Berufsbildung auszugestalten?
- Unter welchen Voraussetzungen wird eine hohe Arbeitsmarktfähigkeit erreicht?
- Genügt das Konzept der Berufsmittelschule, um eine genügende Studierfähigkeit für ein Studium an der Fachhochschule zu schaffen?

4.2 Das Problem der Allgemeinbildung in der beruflichen Grundbildung

Der Dualismus Allgemeinbildung – Berufsbildung, der seit rund zweihundert Jahren vornehmlich in den deutschsprachigen Ländern diskutiert wird, geht auf den Neuhumanismus zurück (vergleiche dazu ausführlich Abraham 1966), der aufgrund von Beobachtungen der Schulrealität zu jener Zeit zum Schluss kam, dass die damals rein utilitaristische und zweckgebundene Berufsausbildung in den Industrieschulen und in den Betrieben keine persönlichkeitsfördernde Wirkung habe. Man glaubte, Persönlichkeiten könnten sich unter dem Druck der täglichen wirtschaftlichen Leistungsforderungen nicht entwickeln. Deshalb brauche der Mensch einen freien Raum, in welchem er sich ohne Druck des Berufslebens mit dem Guten, Wahren und Schönen auseinandersetzen könne, um ganzheitlich zu reifen. Insbesondere in der Zeit zwischen dem ersten und dem zweiten Weltkrieg versuchten namhafte Wirtschaftspädagogen und Kulturphilosophen (Kerschensteiner, Spranger, Litt, Dörschel) nachzuweisen, dass sich auch wirtschaftliche und berufsbildende Lerninhalte zur Bildung der Persönlichkeit vorzüglich eignen, sofern das Lernen in diesen Bereichen nicht nur auf eine eindimensionale berufliche Brauchbarkeit ausgerichtet ist, sondern aus ganzheitlicher Sicht unterrichtet wird. Das heisst, neben der Förderung der beruflichen Leistungsfähigkeit werden die Bereitschaft, den Wandel zu verstehen, um darauf überlegt und flexibel zu reagieren, die Stärkung der Motivation und Willenskräfte, das eigene Tun kritisch zu reflektieren und das Bemühen, sich charakterlich weiterzuentwickeln, in die Lernprozesse einbezogen. Durchgesetzt haben sich diese Vorstellungen aber nur sehr beschränkt, und die Dualität blieb weiterhin bestehen, wobei im Verlaufe der Jahre immer wieder definiert und erklärt wurde, mit welchen Schulfächern sich diese eben erwähnten Ziele besser erreichen lassen als mit berufsbildenden Lernbereichen. Auf der anderen Seite finden sich aber auch immer mehr Personen und unter diesen vor allem Wirtschaftsvertreter, welche behaupten, diese persönlichkeitsfördernden Ziele liessen sich nicht zuletzt wegen des mangelnden Interesses für allgemein bildende Fächer bei den Lehrlingen und Lehrtöchtern nicht erreichen, sodass man darauf verzichten könne. Ihrer Meinung nach würden die berufsbildenden Lerngebiete genügen, um die Ziele der Persönlichkeitsbildung zu erreichen, sofern diese gut angeleitet und bearbeitet würden.

Hier wird die Auffassung vertreten, dass die Persönlichkeit mittels aller Lerngebiete gestärkt werden kann, sofern zweckmässige didaktische und methodische Ansätze für das Lehren und Lernen gewählt werden. Deshalb lässt sich die Streitfrage der Dualität aus dieser Sicht nicht lösen. Entscheidend ist vielmehr die Forderung nach einer ganzheitlichen Bildung und nach lebenslangem Lernen. Würde die berufliche Grundbildung ausschliesslich auf die Förderung beruflicher Fähigkeiten und Fertigkeiten beschränkt, würde die Eindimensionalität des Denkens und Handelns der Auszubildenden verstärkt. Angesichts der vielen gesellschaftlichen, sozialen, kulturellen, politischen und wirtschaftlichen Probleme in unserer Zeit bedürfen alle Menschen einer inhaltlich breit angelegten Grundbildung, um einerseits für die Beschäftigung mit vielen Problemen motiviert zu sein, und um andererseits Probleme in ihrer Vielgestaltigkeit zu erkennen und zu verstehen, sowie diese aus vernetzter Sicht Lösungen zuführen zu können. Oder allgemeiner ausgedrückt: Wer nicht über ein breites Wissen und Können verfügt, ist weder für die Auseinandersetzung mit den schwierigen Fragestellungen unserer Zeit motiviert, noch kann er oder sie darüber reflektieren. Auch fehlen ihm bzw. ihr die Voraussetzungen für das lebenslange Lernen, denn lebenslang Lernen können nur Menschen, die über ein breites Wissen und Können verfügen. Deshalb bedarf es in der beruflichen Grundbildung sowohl der berufsbezogenen als auch einer von Berufsfertigkeiten und -fähigkeiten losgelösten Allgemeinbildung (siehe ausführlich Dubs 2001).

Einen interessanten Ansatz bezüglich der Ziele der Allgemeinbildung legt Kell (1985) vor. Er schlägt die folgenden Varianten zur Strukturierung der Allgemeinbildung an beruflichen Schulen vor:

1. Die **Nachholfunktion**: Weil viele Jugendliche aus der Sekundarstufe I unterschiedliche Defizite in der dort vermittelten Allgemeinbildung (von Mängeln bei den Kulturtechniken bis hin zu Schwächen im vernetzten Denken und der Reflexion) ausweisen, sollen die allgemein bildenden Fächer an der Berufsschule so ausgestaltet werden, dass sie geeignet sind, bestehende Lücken zu schliessen. Hinter dieser Zielvorstellung steht der Gedanke der Chancengleichheit, d. h. die Allgemeinbildung soll für lernschwächere Schülerinnen und Schüler bessere Chancen für das lebenslange Lernen schaffen.
2. Die **Berechtigungsfunktion**: Die Allgemeinbildung wird so konzipiert, dass sie den Einstieg in weiterführende Schulen erleichtert oder gar ermöglicht. Es geht also um eine Differenzbereinigung, indem solche Lerngebiete in den allgemein bildenden Unterricht aufgenommen werden, welche für die weiterführende Schule bedeutsam sind. In die-

sem Fall stehen die Mobilität und die Durchlässigkeit im Schulsystem im Vordergrund.

3. Die **Ergänzungsfunktion**: Hier geht es um die Ergänzung der berufsbezogenen Bildung, die drei unterschiedlichen Zielen dienen kann:
   3.1. **Verstärkerfunktion**: Das berufsqualifizierende Lernen wird in einzelnen berufsbildenden Lernbereichen mit allgemein bildenden Gesichtspunkten verstärkt, um das ganzheitliche Lernen zu fördern.
   3.2. **Kompensationsfunktion**: Je stärker infolge der veränderten Ansprüche in der beruflichen Welt der Druck auf die Lernenden steigt, desto wichtiger wird ein Angebot an allgemein bildenden Lerninhalten, welche Zeit für Musse und Reflexion geben.
   3.3. **Ersatzfunktion**: Je stärker infolge der höheren Ansprüche im Beruf das berufliche Lernen spezialisiert wird, desto wichtiger wird es, am Ganzheitlichen orientierte Bildungsinhalte allgemein bildender Art in der beruflichen Grundbildung anzubieten.

Die Kontroversen um den Stellenwert der Allgemeinbildung in der beruflichen Grundbildung liessen sich entschärfen, wenn man sich bei der Ausgestaltung der Bildungsverordnungen stärker mit diesen unterschiedlichen Zielvorstellungen auseinandersetzen würde. Aufgrund der einleitenden Überlegungen in diesem Abschnitt, muss sie in der Berufslehre auf die Ersatzfunktion ausgerichtet werden, d. h. es muss ein allgemein bildendes Angebot ausgestaltet werden, welches geeignet ist, die berufsbildenden Lerninhalte so zu ergänzen, dass die Lehrtöchter und Lehrlinge fähig werden, berufliche Lerninhalte nicht nur aus der Sicht von berufsbezogenen Fertigkeiten und Fähigkeiten zu erfassen, sondern sie aus ganzheitlicher Sicht zu sehen und darüber hinaus Motivationen und Wissensbereiche zu gewinnen, die sie zur Reflexion über und zur Bewältigung von konkreten Lebenssituationen befähigen. Beim Berufsattest ist hingegen die Nachholfunktion bedeutsam. Je mehr schwächere Lernende diese Form der Berufsbildung wählen oder wählen müssen, desto bedeutsamer wird es, ihnen nicht eine verkürzte Kopie der Allgemeinbildung der Berufslehre zu vermitteln, sondern ihnen beim Schliessen von Bildungslücken Hilfestellungen zu bieten, damit sie gemäss Art. 10 Abs. 2 BBV überhaupt noch eine Chance haben in eine Berufslehre zu wechseln. Es sollte also nicht der Fehler der Anlehre aus dem alten Berufsbildungsgesetz wiederholt werden, bei der die Allgemeinbildung keine klare und vor allem keine eigene Zielsetzung hatte. Allerdings ist vor Illusionen zu warnen, denn die erfolgreiche Umsetzung der Nachholfunktion stösst bald einmal an Grenzen, weil Lerndefizite mit zunehmendem Schulalter immer weniger korrigiert werden können. Ihre Ursachen liegen neben solchen, bedingt durch die familiäre Situation und soziale Herkunft, meistens in einer schlechten Leistungsmotivation, die bereits in der Vorschulzeit und in den ersten Schuljahren aufgebaut worden ist, sowie in vielen Wissens- und Könnenslücken, die mit zunehmender Schuldauer infolge der Vernetzung des Wissens immer schwieriger zu schliessen sind. Deshalb muss dem Problem unterschiedlicher Entwicklungschancen in der beruflichen Grundbildung in erster Linie durch Verbesserungen im Volksschulunterricht begegnet werden. Ausgleichsversuche im Alter der Berufslehre bringen nicht mehr die Wirkung, die allgemein erwartet wird.

Bei der Berufsmittelschule steht die Berechtigungsfunktion im Vordergrund. Die Aufgabe der Allgemeinbildung ist es, die Studierfähigkeit zu entwickeln und eine erweiterte Allgemeinbildung zu vermitteln, welche die Berufsmaturandinnen und Berufsmaturanden befähigt, die anspruchsvolle fachorientierte Ausbildung an der Fachhochschule immer wieder in den grösseren Zusammenhang gesellschaftlicher, sozialer, kultureller, politischer und wirtschaftlicher Fragestellungen zu bringen. Deshalb hat sie auch eine Ersatzfunktion.

Es würde den Rahmen dieser Studie sprengen, wollte man auf Einzelheiten der Konzeption einer Allgemeinbildung in der beruflichen Grundbildung eingehen. Zwei für die Zukunft bedeutsame Aspekte seien aber angesprochen. Zunächst ist zu klären, ob der allgemein bildende Unterricht nach Fächern gegliedert werden soll (wie im Lehrplan für industriell-gewerbliche Berufsschulen aus dem Jahr 1970, in welchem die Fächer Muttersprache, Wirtschaftskunde, Rechtskunde und Geschäftskunde angeboten wurden), oder ob ein integrierter Unterricht in einem einzigen Fach mit einer thematischen Gliederung (Lernfelder) vorgesehen werden soll (wie im gegenwärtig gültigen Rahmenlehrplan für den allgemein bildenden Unterricht [ABU-RLP] an gewerblich-industriellen Berufsschulen, der auf das Schuljahr 1996/97 in Kraft gesetzt wurde). Welche Form wirksamer ist, bleibt bis heute umstritten (vergleiche dazu die wissenschaftlichen Diskussionen über die Lernfelder in der Bundesrepublik Deutschland [insbesondere Lipsmeier & Pätzold 2000]). Ob sich der ABU-RLP bewähren wird, muss sich noch weisen. Eine erste Evaluation (Dubs, Prandini, Zwyssig, Käppeli 1997 und 1998), in welcher die Schullehrpläne, wie sie aufgrund des Rahmenlehrplanes des Bundes an den einzelnen Schulen entwickelt und auf ihre Qualität hin beurteilt worden sind, erbrachte eine breite Streuung von sehr guten bis zu wenig überzeugenden Schullehrplänen. Leider konnte nicht untersucht werden, wie wirksam sie sind. Es scheint sich aber immer deutlicher abzuzeichnen, dass sich eine über die ganze Lehrzeit durchgängige Integration der einzelnen Fächer in thematischer Form nicht eignet, weil keine genügenden Wissensstrukturen aufgebaut werden, die für das weitere Lernen zwingend vorausgesetzt werden müssen. Offensichtlich sind fachspezifische Wissensstrukturen, die als Grundlegung systematisch erarbeitet werden, eine wesentliche Voraussetzung für vertiefende und integrierte Lernprozesse (vergleiche dazu insbesondere Weinert [2001]). Deshalb ist es sinnvoller, den Unterricht anfänglich fächerorientiert auszubauen und die Fächerintegration erst vorzunehmen, wenn ein genügendes disziplinenorientiertes Fachwissen und fachbereichsbezogenes Können gegeben ist. Diese Frage sollte bei der im Januar 2004 in Gang gesetzten erneuten Überarbeitung der Lehrpläne für die Allgemeinbildung an gewerblich-industriellen Berufsschulen nochmals sorgfältig geprüft werden.

Ein weiteres Problem betrifft den Kompetenzbegriff. In vielen berufsbildenden Lehrplänen glauben deren Verfasser mit der Ausrichtung des Lernens auf Fach-, Methoden-, Sozial- und Ichkompetenzen liesse sich die Qualität des Unterrichtes verbessern (vergleiche zu den Sozialkompetenzen die grundlegende Arbeit von Euler & Reemtsma-Theiss 1999). Bei vielen der untersuchten ABU-Schullehrplänen führte diese Gliederung zu einer weiteren Atomisierung und nicht selten zu einer Beliebigkeit der Lerninhalte, indem als wichtig erachtete Sozialkompetenzen in abstrakter Form und ohne Bezug zu irgend welchen fachlichen Inhalten zu Bestandteilen des Lehrplans wurden. Diese Aufgliederung in vier Kompetenzgruppen ist fragwürdig. Wenn Lehrpläne – richtigerweise – auf Kompetenzen ausgerichtet werden, so ist von einem umfassenden Kompetenzbegriff auszugehen, der an anspruchsvollen Lernsituationen in Verbindung mit fachlichen Inhalten, Motivations- und Willensaspekten zum Tragen kommt (Weinert 2001). Diese Frage wird bedeutsam, wenn in neuen Bildungsverordnungen auf Lernziele verzichtet und an ihrer Stelle Bildungsstandards in der Form von Kompetenzen, die am Ende der Lernprozesse nachzuweisen sind, aufgenommen werden. Vor allem darf dieser Paradigmawechsel nicht vorschnell vorgenommen werden, da noch viele unterrichtspraktische Fragen zu wenig geklärt sind (Dubs 2004c).

Zusammenfassend ist Folgendes festzuhalten:

Obschon viele Lehrtöchter und Lehrlinge an allgemein bildenden Lerninhalten mehrheitlich weniger interessiert sind als an berufsbildenden Lerngegenständen und auch viele Betriebe die Allgemeinbildung als nicht sonderlich wichtig erachten, muss sie ein fester Bestandteil der beruflichen Bildung bleiben. Sie soll gegen die berufliche und ökonomische Eindimensionalität des Menschen wirken, indem sie Motivationen und Voraussetzungen für ein ganzheitliches Denken und eine umfassendere Reflexion des Geschehens in Gesellschaft, Kultur, Politik und Wirtschaft schafft.

Bei der Ausgestaltung der allgemein bildenden Lehrpläne müssen aber die unterschiedlichen Ziele der einzelnen beruflichen Grundbildungen betrachtet werden. Vor allem beim Berufsattest ist künftig der Nachholfunktion besondere Beachtung zu schenken, weil die Zahl der schwächeren Lernenden in den nächsten Jahren stärker steigen wird. Zu beachten ist weiter, dass allgemein bildende Lerninhalte nicht beliebig ausgewählt, sondern systematische Wissensstrukturen aufgebaut werden, die letztlich Voraussetzungen für selbstständiges und lebenslanges Lernen sind. Deshalb ist von einer ausschliesslich thematischen Gestaltung der Lehrpläne in einem einzigen Fach Allgemeinbildung zu warnen. Auch ist einer ganzheitlichen Definition des Kompetenzbegriffes alle Aufmerksamkeit zu schenken.

Nicht generell beantwortet werden kann die Frage nach dem Verhältnis von Lektionen in Allgemeinbildung und berufsbildenden Bereichen. Antworten lassen sich erst geben, wenn die Gestaltungsform der Lehrpläne (z. B. Anzahl der Blöcke oder schulisches Einführungsjahr) und der Lernbedarf für den berufsbildenden Bereich festgelegt sind.

Angesichts der geringen Anerkennung der Allgemeinbildung durch die Betriebe und der Motivationsprobleme vieler Lernender ist der Entscheid des BBT, einen für alle Berufslehren einheitlichen schweizerischen Lehrplan für die Allgemeinbildung einzuführen, sehr zu unterstützen.

4.3 Arbeitsmarktfähigkeit von Lehrlingen und Lehrtöchtern

Die Arbeitsmarktfähigkeit von Lehrlingen und Lehrtöchtern ist gut, wenn die Übergangsrisiken aus der Berufslehre in den Beruf gering sind oder anders ausgedrückt, wenn die Auszubildenden beim Einstieg in den Beruf am Arbeitsplatz unmittelbar eingesetzt werden können und die Jugendarbeitslosigkeit gering ist.

Die Arbeitsmarktfähigkeit der Lehrlinge und Lehrtöchter, die im trialen Berufsbildungssystem ausgebildet werden, wird immer wieder mit der geringen Jugendarbeitslosigkeit zu belegen versucht. Tabelle 4.2 scheint tatsächlich zu bestätigen, dass sie in Ländern mit dualen und trialen Berufsbildungssystemen niedriger ist als in Staaten mit einer schwergewichtig vollschulischen Berufsausbildung.

Tabelle 4.2

Jugendarbeitslosigkeit 15–24-Jährige (in % aller Erwerbstätigen)

Land	2002
Bundesrepublik Deutschland	1,1 %
Österreich	0,8 %
Schweiz	1,5 %
Belgien	2,6 %
Frankreich	1,8 %

Anmerkung: Die Zahl der Schweiz ist in dieser Statistik höher, weil Zwischenlösungen mitgezählt sind (siehe Abschnitt 2.2.3 im Kapitel 2).

Quelle: International Labor Office. Yearbook of Labor Statistics (2003)

Allerdings taugt der Vergleich der Jugendarbeitslosigkeit zwischen verschiedenen Ländern nicht als alleiniges Gütekriterium für ein Berufsbildungssystem, weil bei solchen Vergleichen insbesondere die allgemeine Arbeitsmarktlage (vor allem im Kontext mit der Erwachsenenarbeitslosigkeit) und die spezifische Struktur der Arbeitsmärkte (Schichtung der Berufe nach Qualifizierungsanforderungen, Differenzierung der Arbeitsplätze nach dem Grad der Spezialisierung, Lohnniveau und Lohnstruktur,

Frauenerwerbsquote, Kündigungsschutzbestimmungen, demographische Einflussfaktoren auf den Beschäftigungsstand, durchschnittliches Zugangsalter auf dem Arbeitsmarkt) berücksichtigt werden müssen (vergleiche Topel & Ward 1992; Büchtemann, Schupp & Soloff 1993; Schneider & Pilz 2001). Trotz diesen Einschränkungen scheint das duale oder triale Berufsbildungssystem positive Auswirkungen auf die Arbeitsmarktfähigkeit zu haben, weil die Sucharbeitslosigkeit relativ gering und die Mobilität der Ausgebildeten hoch ist. Diese beiden Vorteile sind aller Wahrscheinlichkeit nach auf die weitgehend standardisierten Berufslehren sowie auf die den Ansprüchen vieler Betriebe genügende und doch für den Betriebs- oder Berufswechsel ausreichend flexible berufliche Grundbildung im dualen oder trialen System zurückzuführen (vergleiche dazu ausführlicher Descy & Tessaring 2002 sowie Blossfeld 1991).

Zu genaueren Aussagen über die Arbeitsmarktfähigkeit gelangt man, wenn man die Wesensmerkmale eines Berufsbildungssystems (z. B. Ausmass der Spezialisierung versus stärkere Generalisierung der berufsbezogenen Ausbildungsbetriebe) mit der Strukturierung der Berufe in einer Volkswirtschaft (z. B. viele spezialisierte Berufe versus eher generalistisch orientierte Berufe) vergleicht (vergleiche ausführlich Müller & Shavit 1998). Offensichtlich ist es so, dass ein Berufsbildungssystem mit einer stärkeren Berufsspezialisierung in Volkswirtschaften mit einer ausgeprägteren Strukturierung der Berufe (stärker spezialisierte Berufe) zu weniger Übergangsproblemen von der Berufslehre zur ersten Arbeitsstelle führt. Dies lässt sich auch mit einfacheren ökonomischen Modellen des Einstellungsverhaltens von Arbeitgebenden nachweisen (Rosen 1972). Da eine stärkere Spezialisierung der Ausbildung, die unmittelbar auf eine enge Berufstätigkeit vorbereitet, den Betrieben geringere Einführungs- und Umschulungskosten verursacht, sind diese geneigt, in erster Linie Leute mit einer entsprechenden beruflichen Grundbildung einzusetzen. Zu beachten sind aber auch die individuellen Karriereverläufe: mit zunehmenden Arbeitserfahrungen verlieren die berufliche Grundbildung und die erreichten Abschlüsse an Bedeutung, sodass die Arbeitserfahrung selbst zu einem bedeutenden Faktor der Nachfrage nach Arbeitskräften wird (Becker 1998).

Leider lassen sich solche Zusammenhänge in der Schweiz noch nicht abschliessend analysieren, da nicht genügend Zahlenmaterial verfügbar ist. Gangl (2003) konnte aber diese Tendenzen in einer Untersuchung von zwölf europäischen Ländern (die Schweiz ist nicht dabei) nachweisen. Im Einzelnen kam er zu folgenden Schlüssen:

- Seine Daten der zwölf untersuchten Länder bestätigen, dass institutionelle (Berufsbildungssystem) und strukturelle (berufsspezifische) Kontextbedingungen tatsächlich über den Arbeitsmarktwert von Bildungsabschlüssen bestimmen.
- Für die zwölf untersuchten Länder zeigt sich, dass eine berufliche Spezialisierung und insbesondere eine duale oder triale Berufsbildung die Übergangsprobleme beim Einstieg in die Berufstätigkeit gegenüber vergleichbar anspruchsvolleren Ausbildungen und insbesondere der vollschulischen Berufsausbildung reduzieren.
- Allerdings wirken die Vorteile der beruflichen Spezialisierung im dualen oder trialen System nur auf kurze Sicht, d. h. sie kommen in den ersten Berufsjahren zum Tragen und nivellieren sich im Verlaufe der beruflichen Karriere immer stärker.
- Die Daten zeigen aber auch, dass stärker allgemein bildende Ausbildungsgänge mittel- und längerfristig zu tendenziell vorteilhafteren Arbeitsmarktpositionen führen (vergleiche Kopri & Mertens 2002), wobei allerdings weitere Untersuchungen zeigen müssten, ob diese Feststellung absolute Gültigkeit hat, oder ob sie aufgrund der strukturellen Kontextbedingungen sowie der unterschiedlichen Leistungsfähigkeit der Auszubildenden weiter zu differenzieren wäre.
- Im Weiteren scheint das duale oder triale Berufsbildungssystem vor allem für Jugendliche aus mittleren und unteren Bildungsschichten nicht nur ein Auffangnetz (safety net), sondern auch ein sicherer Weg (safely road) (Shavit & Müller 2000) zur beruflichen Eingliederung zu sein, wobei allerdings das Problem der mangelnden beruflichen Mobilität infolge der frühen Spezialisierung nicht übersehen werden darf.
- Dazu ist jedoch festzuhalten, dass die Mobilität durch eine angemessene Verbreiterung der Spezialisierung (z. B. Modularisierung nach dem Ergänzungskonzept, Erweiterung der Allgemeinbildung) im dualen oder trialen System erhöht werden kann.

Zusammenfassend lassen sich folgende allgemeine Feststellungen machen:

1. Generell kann festgehalten werden, dass das duale oder triale Berufsbildungssystem die Arbeitsmarktfähigkeit der Absolventinnen und Absolventen einer Berufslehre gegenwärtig sicherstellt.

2. Zu beachten ist jedoch der Zusammenhang zwischen der Strukturierung der Berufe und der Spezialisierung der beruflichen Grund-

bildung. Je mehr Unternehmen die produktionsorientierte Ausbildungsstrategie verfolgen, desto stärker muss die Spezialisierung der Ausbildung beibehalten werden, damit die Arbeitsmarktfähigkeit sichergestellt bleibt. Weil die grosse Zahl von Lernenden ihre Lehre in Klein- und Mittelbetrieben absolvieren, die sich in den herkömmlichen Wirtschaftszweigen immer noch mit stärker spezialisierten Berufstätigkeiten charakterisieren lassen, ergeben sich in näherer bis mittlerer Zukunft kaum schwerwiegende Probleme mit der Arbeitsmarktfähigkeit. Dies könnte sich aber rasch ändern, wenn der Bedarf an spezialisierten Arbeitsplätzen infolge des technischen Wandels und der Strukturveränderungen auch bei traditionellen Klein- und Mittelunternehmen unvermittelt und stark zurückginge. Dann verlöre das duale oder triale Berufsbildungssystem viel von seinem heutigen Stellenwert. Diese Entwicklung ist jedoch kurzfristig eher nicht zu erwarten.

3. Zu beachten ist im Weiteren ein gesellschaftspolitisches und sozialpolitisches Problem. Wahrscheinlich werden im Verlaufe der Zeit angesichts des technologischen Wandels spezialisierte Berufe zunehmend anspruchslosere Tätigkeiten beinhalten, die jedoch volkswirtschaftlich weiterhin bedeutsam bleiben. Dadurch wird sich die Schere zwischen weniger anspruchsvollen traditionellen Berufen und zeitgemässen Berufs- und Tätigkeitsfeldern öffnen, was Rückwirkungen auf die Lohnhöhe haben wird. Deshalb wird vor allem von sozialpolitisch Engagierten die Frage aufgeworfen, ob nicht gerade aus sozialen Erwägungen die enge Verknüpfung zwischen spezialisierten Berufen und dualem oder trialem Berufsbildungssystem durchbrochen und im Interesse eines Ausgleiches der Berufschancen für alle zu einer vollschulischen Berufsausbildung mit wenig Spezialisierung übergegangen werden sollte, wobei zugleich bessere Voraussetzungen für die Bewältigung des Strukturwandels sowie für das lebenslange Lernen geschaffen würden (vergleiche dazu auch die unbestimmte Anspielung in diese Richtung bei Gangl 2003, 86). Hier liegt das **eigentliche Dilemma des dualen Berufsbildungssystems**.

4. Mit radikalen Lösungen lässt sich dieses Dilemma nicht lösen.
   a) Angenommen man entscheidet sich für eine breite, vollschulische Berufsbildung, dann würden sich für lernleistungsstarke Auszubildende zweifellos noch mehr Chancen für die berufliche Mobi-

lität und die Entwicklung der Berufskarriere eröffnen. Was geschähe aber mit den lernschwachen, unmotivierten Lernenden. Ihre Berufschancen würden wesentlich geschmälert und viele von ihnen wären beruflich und gesellschaftlich nicht mehr integriert. Die Vorstellung, man könnte sie im vollschulischen System mit Förder- und Stützkursen stärken, hat sich schon lange als Illusion erwiesen, weil grundlegende Lerndefizite und persönlichkeitsbedingte Motivationsschwächen mit zunehmendem Schulalter nicht mehr ohne weiteres behoben werden können.

Zudem müsste man endlich den Mut haben zuzugeben, dass in einer Volkswirtschaft im Interesse ihrer Funktionstüchtigkeit immer ein Bedarf an Tätigkeiten in anspruchsloseren Berufen bestehen wird. Deshalb darf ein Bildungssystem nicht nur auf den beruflichen und sozialen Aufstieg ausgerichtet sein, sondern es hat jenen, denen allein schon von der Motivation und der Leistungsfähigkeit her die realen Möglichkeiten zum Aufstieg fehlen, eine ihnen angepasste beste Ausbildung zu geben, damit sie sich im Rahmen ihrer Möglichkeiten bei ihrer Tätigkeit entfalten können. Dass dabei organisatorisch alles sicherzustellen ist, und die Durchlässigkeit im günstigen Einzelfall gegeben sein sollte, versteht sich von selbst (und ist in Art. 10 BBV für die zweijährige Lehre mit dem Berufsattest gewährleistet). Dass diese Auffassung zugleich eine sozial verträgliche Lohnpolitik erfordert, sei erwähnt, kann aber hier nicht vertieft werden.

b) Angenommen, man beliesse das duale System in seiner heutigen Form, so ist aufgrund aller Untersuchungen die Arbeitsmarktfähigkeit der Lehrlinge und Lehrtöchter gegenwärtig besser gewährleistet als in vollschulischen Systemen. Die Frage ist aber, wie lange diese Sicherheit bestehen bleibt. Mit grosser Wahrscheinlichkeit ist damit zu rechnen, dass sich eine zu grosse Spezialisierung der Ausbildung in vielen Bereichen mittelfristig negativ auswirken und die Arbeitsmarktfähigkeit in zunehmend mehr Berufen (aber bei weitem nicht in allen) reduzieren wird.

5. Angesichts dieses Dilemmas des dualen Berufsbildungssystems wird bei der Erarbeitung von Bildungsverordnungen immer nach einem **Kompromiss** zu suchen sein, bei welchem aufgrund der Entwicklungstendenzen die folgenden Kriterien zu beachten sind:

a) Die künftige Bedeutung eines Berufes: Je wahrscheinlicher es ist, dass ein Beruf noch längerfristig besteht, desto eher kann die

Bildungsverordnung auf diesen Beruf ausgerichtet werden. Andernfalls ist eine Neuordnung aufgrund eines Berufs- oder Tätigkeitsfeldes ins Auge zu fassen.

b) Die Spezialisierung und Generalisierung: Je wahrscheinlicher es ist, dass der Beruf nicht von einem Strukturwandel betroffen ist, desto eher kann die Spezialisierung der beruflichen Grundbildung beibehalten werden und umgekehrt.

c) Das Angebot an Lehrstellen: Je stärker die Lehrstellen von Betrieben angeboten werden, die eine produktionsorientierte Ausbildungsstrategie verfolgen, desto eher muss ein grösseres Ausmass an Spezialisierung vorgesehen werden. Andernfalls stellen Unternehmen keine Lehrlinge und Lehrtöchter mehr ein.

d) Die berufliche Mobilität: Selbst bei einer weitergehenden Spezialisierung ist eine genügende Breite einschliesslich einer genügenden Allgemeinbildung vor allem des schulischen Teils der beruflichen Ausbildung zu sichern, damit eine minimale berufliche Mobilität sichergestellt ist.

6. Das im Kapitel 3 dargestellte Expertenmodell schafft die Voraussetzungen für die Gestaltungsmöglichkeiten einer Berufslehre, die diesen Anforderungen zu einem Kompromiss im Dilemma der dualen Berufsbildung Rechnung trägt, indem für jeden Beruf sowie jedes Berufs- und Tätigkeitsfeld eine individuelle Lösung ermöglicht wird, wie die folgenden Hinweise zeigen:
   - Drängt sich die Ausbildung zu einer Spezialisierung auf, so können im trialen System in den Blöcken Generalisierungen vorgesehen werden, sodass auf diese Weise die Mobilität trotz spezialisierter Grundbildung besser vorbereitet wird.
   - Die Aufbaulehrzeit ermöglicht Generalisierungen, selbst wenn die Grundlehrzeit stark spezialisiert wird.
   - Eine vollschulische Anfangsphase wird eher generalistisch ausgerichtet, während der betriebliche Teil der beruflichen Berufsbildung sehr spezialisiert sein kann, ohne dass die Mobilität vernachlässigt wird usw.

7. Insgesamt ergibt sich aus diesen Erkenntnissen, dass ein am Berufskonzept orientiertes, triales Berufsbildungssystem, dessen Ausbildungsverordnungen individuell und flexibel auf die Gegebenheiten in einem Beruf, Berufs- oder Tätigkeitsfeld ausgerichtet sind, auch in Zukunft die Arbeitsmarktfähigkeit der Lernenden garantiert und

gesamtwirtschaftlich gesehen wirksamer ist als eine vollschulische Ausbildung.

Ebenso sicher ist aber, dass das bestehende schweizerische duale System, das in weiten Teilen noch zu wenig flexibilisiert worden ist, den künftigen volkswirtschaftlichen Anforderungen nicht mehr gerecht wird. Das zuständige Bundesamt und die Organisationen der Arbeitswelt müssen die entsprechenden Reformen der Bildungsverordnungen zügig in Angriff nehmen.

4.4 Die schweizerische berufliche Grundbildung im internationalen Vergleich

4.4.1 Der Vergleich verschiedenartiger beruflicher Ausbildungen

Der Versuch, die verschieden gearteten (beruflichen) Bildungssysteme miteinander zu vergleichen, hat eine lange wissenschaftliche Tradition. Ein bekannter Ansatz dafür ist die Festlegung von Bildungsindikatoren, die aufgrund geeichter Verfahren erhoben und anschliessend verglichen werden können. Das wohl bekannteste Beispiel dieser Art ist die Zusammenstellung der OECD «Bildung auf einen Blick», welche eine Vielzahl von Indikatoren für verschiedene Länder sammelt, aufbereitet und publiziert (Westholm 1994). Bei der überwiegenden Zahl der Untersuchungen zu den Indikatoren steht der Vergleich einzelner ausgewählter Aspekte in verschiedenen nationalen Bildungssystemen im Vordergrund. Durch den Vergleich soll ermöglicht werden, dass bei weniger gut abgeschnittenen Teilen des Bildungssystems Verbesserungen vorgenommen werden können.

Inhaltlich sind mit Indikatoren vor allem Erkenntnisse zur Qualität und zur Wirksamkeit eines Bildungssystems zu gewinnen. So hat beispielsweise Lipsmeier (2001) einen Katalog von insgesamt 20 Kriterien für die Effizienzmessungen von Berufsbildungssystemen entworfen. Aber selbst dieser spezifische Katalog eignet sich für konkrete Erkenntnisse über die Wirkung des dualen Berufsbildungssystems nicht, weil er zu wenig differenzierte Aussagen zur Qualität der einzelnen Merkmale eines Systems macht. Zwar gibt es zu internationalen Vergleichen sehr viel theoretische Literatur, welche vor allem aufzeigt, was zu tun wäre, um Berufsbildungssysteme vergleichbar zu machen (siehe beispielsweise Borch, Diettrich et al. 2003). Von praktischer Bedeutung wären aber empirische Untersuchungen zur Vergleichbarkeit im Zusammenhang mit der Anerkennung von Qualifikationen auf der Ebene der Berufsbildung im Hinblick auf Credit-Punkt-Systeme. Vorderhand muss dieser Versuch aber als gescheitert betrachtet werden (Borch, Diettrich et al. 2003, 7), weil die Berufsbildungssysteme zu verschieden sind (insbesondere unterschiedliche Zielvorstellungen und verschiedenartige Ansprüche der interessierten Kreise). Deshalb werden im Folgenden zwei pragmatische Versuche eines Qualitätsversuches vorgelegt.

4.4.2 Das UEAPME-Projekt «Qualität der Ausbildung in der EU»

Im Jahre 1998 wurden in Graz von der European Association of Craft, Small and Medium-sized Enterprises (UEAPME) mit Unterstützung der Europäischen Kommission 11 Kriterien zur Qualität der beruflichen Ausbildung in Europa verabschiedet. Ihr Ziel war es, eine Übersicht über die Berufsbildungssysteme der EU-Mitgliedländer zu schaffen, um neben der Gewinnung von Transparenz auch deutlich zu machen, wo und in welche Richtung das System sich verändert. Damit sollten nicht nur Verbesserungen für die Vergleichbarkeit der Systeme herbeigeführt werden, sondern auch Qualitätsvergleiche möglich werden (Linderholm & Parker 2000). Vorgegangen wurde folgendermassen: Zuerst haben Expertinnen und Experten aus allen EU-Ländern die Kriterien für den Qualitätsvergleich entwickelt (siehe Tabelle 4.3).

Dann erhoben sie mittels Befragungen bei allen an der Berufsbildung interessierten Kreisen in jedem Land die Fakten zu den Kriterien, nahmen die Beurteilung vor und gaben den Ländern Gelegenheit zu einer Stellungnahme, um im Schlussbericht die Abschlussdaten vorzulegen. Wie nicht anders zu erwarten, war das Expertenurteil nicht immer übereinstimmend. Für die Schweiz als Nicht-EU-Mitglied liegen natürlich keine Daten vor. Deshalb wird in Tabelle 4.4 versucht, die einzelnen Kriterien zu beurteilen, um wenigstens annäherungsweise zu einigen Aussagen über die Qualität des schweizerischen Systems im europäischen Vergleich zu gelangen.

Tabelle 4.3

Die Kriterien der UEAPME zur Beurteilung der Qualität der Berufsbildungssysteme

Kriterium 1	Ausbildung an zwei Lernorten: Betrieb und Schule. Wesentlich für die Lehrlingsausbildung – im Unterschied zur alternierenden Ausbildung – ist, dass die Ausbildung überwiegend im Betrieb stattfindet, ergänzt durch den notwendigen theoretischen Unterricht.
Kriterium 2	Der Lehrvertrag bildet die Rechtsgrundlage für das Ausbildungsverhältnis und regelt die sozialen und arbeitsrechtlichen Bedingungen.
Kriterium 3	Festgesetzte überbetriebliche, national anerkannte inhaltliche Standards für Praxis und Theorie, die jeweils auf-

Tabelle 4.3 (Fortsetzung)

Die Kriterien der UEAPME zur Beurteilung der Qualität der Berufsbildungssysteme

	einander abgestimmt sind; Ausarbeitung der Standards unter Beteiligung der Sozialpartner und der betroffenen öffentlichen und privaten Organisationen.
Kriterium 4	Orientierung und Anpassung der Ausbildungsinhalte und -methoden am technologischen und wirtschaftlichen Fortschritt.
Kriterium 5	Ein wesentlicher Teil der Organisation der Ausbildung sowie der Beratung für ausbildende Betriebe und der Ausbildung von Ausbildenden (z. B. Meister) wird von den Kammern, den Branchenverbänden oder anderen zuständigen Stellen übernommen.
Kriterium 6	Überwachung des betrieblichen Teils der Ausbildung (und der Standards) durch Kammern oder andere zuständige Stellen/Überwachung des schulischen Teils der Ausbildung durch Behörden.
Kriterium 7	Beteiligung der ausbildenden Unternehmen an der Finanzierung des betrieblichen Teils der Ausbildung, Finanzierung des schulischen Teils der Ausbildung durch die öffentliche Hand.
Kriterium 8	Die Ausbildung wird von qualifiziertem Personal übernommen: in den Betrieben von qualifizierten Ausbildenden (z. B. Meister/Meisterin), die den nationalen Bedingungen entsprechen (Qualifizierung, Erfahrung, Ehrbarkeit usw.) und für den theoretischen Teil von Lehrpersonal, das nach staatlich anerkannten Kriterien ausgewählt wurde.
Kriterium 9	Abnahme der Prüfungen am Ende der Ausbildung unter Beteiligung von Sachverständigen der Wirtschaft (Kammern, berufsständische Organisationen usw.).
Kriterium 10	Existenz einer Bandbreite von Ausbildungsberufen für Lernschwächere bis hin zu Hochbegabten. Das Unternehmen ist selbst für die Einstellung neuer Lehrlinge verantwortlich.
Kriterium 11	Einbindung der Lehrlingsausbildung in die nationalen Bildungssysteme. Einbindung der Lehrlingsausbildung in einen Ausbildungsweg, der den Zugang zu Fort- und Weiterbildung (z. B. Meisterausbildung) und zu einer Hochschul-/Universitätsausbildung eröffnet.

Tabelle 4.4

Beurteilung des schweizerischen Berufsbildungssystems anhand der Kriterien der UEAPME (vergleiche Tabelle 4.3)

Kriterium	Beurteilung für die Schweiz (IST)	Mögliche Entwicklungstendenzen gemäss BBG (SOLL)
1	Die Lernortskooperation in der Schweiz ist Grundlage des Systems. Trotz vielen Bemühungen ist die Abstimmung Berufsschule/Betrieb wenig systematisch geordnet (vergleiche Dubs 2004a).	In den Bildungsverordnungen muss die Lernortskooperation besser verankert werden. Erste Schritte sind vollzogen (z. B. Neuordnung der kaufmännischen Berufe).
2	Klar geregelt.	Klar geregelt (Art. 14 und 18 BBG sowie Art. 8 BBV).
3	In Ausbildungsreglementen (altes BBG Art. 12) geregelt. Sozialpartnerschaftliche Zusammenarbeit wird umgesetzt. Abstimmung über Lernziele.	In den Bildungsverordnungen (Art. 19 BBG) geregelt. Zusammenarbeit mit den Organisationen der Arbeitswelt umgesetzt (Art. 1 BBG). Es wird zu prüfen sein, ob die Abstimmung mit Bildungsstandards verbessert werden kann.
4	Es fanden laufend Anpassungen statt.	Die offene Fassung des BBG und der BBV erleichtern die Anpassungen aus juristischer Sicht.
5	Die Mitwirkung der Organitionen der Arbeit ist gut ausgebaut. Die Ausbildung der Lehrlinge ist gesetzlich vorgeschrieben (Art. 45 BBG).	Hier sind keine grundlegenden Veränderungen zu erwarten.
6	Die Aufsicht über die Berufsbildung erfolgt durch die Kantone und ist überall organisiert (Art. 24 BBG).	Zwar besteht eine gesetzliche Vorschrift über die Durchführung eines Qualitätsmanagements (Art. 8 BBG). Es ist aber dringend notwendig, dass das BBT Rahmenrichtlinien für das Qualitätsmanagement erlässt.

Tabelle 4.4 (Fortsetzung)

Beurteilung des schweizerischen Berufsbildungssystems anhand der Kriterien der UEAPME (vergleiche Tabelle 4.3)

Kriterium	Beurteilung für die Schweiz (IST)	Mögliche Entwicklungstendenzen gemäss BBG (SOLL)
7	Die Finanzierung der Schulen ist geregelt (Art. 53 ff. BBG und 60 ff. BBV), und die Lehrbetriebe kommen für die Ausbildungskosten auf.	Das BBG sieht einen Berufsbildungsfonds vor (Art. 60 BBG). Es wird sich weisen müssen, ob sich diese Lösung bewährt, oder ob weitere Massnahmen nötig sind (siehe Abschnitt 2.3 im Kapitel 2).
8	Diese Bedingungen sind erfüllt (Art. 45 ff. BBG).	Es ist zu überdenken, ob und allenfalls wie die Berufsschullehrerbildung im Rahmen der schweizerischen Lehrerbildungsreform zu ordnen ist.
9	Das Prüfungswesen ist im Prinzip geregelt (Art. 37 ff. BBG).	Es ist aber nötig, die Prüfungssysteme zu modernisieren (sowohl vom Aufbau und den Inhalten als auch vom Ablauf her).
10	Früher mit der Anlehre und heute mit der zweijährigen Lehre mit dem Berufsattest ist dieses Kriterium erfüllt (Art. 17 und 37 BBG).	Es ist jedoch nach wirksamen Ausbildungsmodellen zu suchen, und die Wirtschaft ist davon zu überzeugen, dass diese Ausbildung gesellschaftspolitisch sehr bedeutsam ist.
11	Die Durchlässigkeit wird systematisch herbeigeführt (z. B. vom Berufsattest in die Berufsschule; die Passerellenlösung mit der Berufsmaturität zur Universität).	Es ist aber vor Illusionen zu warnen. Bedingt durch Grenzen der Motivation sowie einer schlechten Lernvergangenheit werden keine grossen Erfolge mit der Durchlässigkeit ausgewiesen werden können.

Dieser qualitative Vergleich des schweizerischen trialen Berufsbildungssystems anhand der UEAPME-Kriterien fällt für die Schweiz sehr vorteilhaft aus, sodass alle Ängste, das schweizerische System entspreche nicht den europäischen Vorstellungen, sicher aus formaler Sicht unbegründet sind. Interessanter aber wären Aussagen über die qualitative Wirksamkeit der Berufslehre. Weil dazu keine Daten zur Verfügung stehen, wird im Folgenden am Beispiel eines modernen Berufes (Polymechaniker in der

Schweiz sowie Industrie- und Werkzeugmechaniker in Deutschland) versucht, eine solche Wirksamkeit in ihren Elementen zu skizzieren.

4.4.3 Vergleich des schweizerischen Polymechanikers mit dem deutschen Industrie- und Werkzeugmechaniker (Grundbildung)

Mittels einer Curriculumanalyse soll der Frage nachgegangen werden, wie die berufliche Erstausbildung im dualen System der Schweiz derzeit zu bewerten ist. Dazu sind vorab die Bewertungsmassstäbe festzulegen, nach denen eine berufliche Erstausbildung im dualen System als gut oder weniger gut zu beurteilen ist. Ausgangspunkt für alle Überlegungen stellen die Ansprüche der verschiedenen involvierten Betroffenengruppen in der beruflichen Bildung dar.

Aus den Ansprüchen der Betroffenengruppen lassen sich einzelne Kriterien für die Curriculumanalyse ableiten, die in Tabelle 4.5 dargestellt sind, wobei der Zusammenhang zwischen den theoretischen Ansprüchen der verschiedenen Gruppen und den konkreten Kriterien offensichtlich wird. Einschränkend muss allerdings hinzugefügt werden, dass sich im Kontext einer Curriculumanalyse aus den Ansprüchen der involvierten Gruppen sinnvoll nur solche Kriterien ableiten lassen, die nachfolgend auch in Bezug auf die Ordnungsmittel (Reglemente, Lehrpläne usw.) aussagekräftig zum Einsatz gebracht werden können. Anders ausgedrückt: Es können nur solche Aspekte gemessen werden, die auch in den Curricula existent sind. Ausserdem können Kriterien nur dann zum Einsatz kommen, wenn diese entsprechend durch Indikatoren operationalisiert und damit zur Anwendung gebracht werden. Letztlich muss auch die Anzahl der Kriterien begrenzt sein, um die Vielzahl der Analyseergebnisse kontrollieren und einer stringenten Bewertung zuführen zu können.

Tabelle 4.5

Kriterienraster der Curriculumanalyse

Kriterium	**Operationalisierung**
1 Aktualität	• Alter der Ordnungsmittel • Mechanismen für rasche oder permanente Anpassung
2 Umfang der Ausbildung	Länge der Ausbildung

Tabelle 4.5 (Fortsetzung)

Kriterienraster der Curriculumanalyse

3 Inhalte	• Detaillierungsgrad der beschriebenen Inhalte vor dem Hintergrund einer standardisiert hohen Qualität • Breite der vermittelten Qualifikationen (Berufskonzept) • Stringenz und Verbindung der Inhalte (Sequenzierung und Schneidung) • Internationalisierung der Inhalte (z. B. Rolle der Fremdsprache)
4 Lernziele	• Detaillierungsgrad der beschriebenen Lernziele vor dem Hintergrund einer standardisiert hohen Qualität • Verknüpfung der Lernziele mit den Lerninhalten • Stringenter Aufbau • Anspruchsniveau (Taxonomie) • Bestand und Durchgängigkeit einer Konzeption (z. B. Ganzheitlichkeit von Handlungen)
5 Schlüsselqualifikationen	• Stellenwert (quantitativ und qualitativ) • Einbindung in stringentes Konzept
6 Methoden	• Existenz von Hinweisen, Hilfen, Empfehlungen für Lehrkräfte
7 Zugänglichkeit für Ausbildende und Lehrpersonen	• Übersichtlichkeit • Verständlichkeit • Existenz von Beschreibungen oder Beispielen
8 (Leistungs-) Differenzierung	• Existenz verschiedener Niveaustufen • Möglichkeit der Lehrzeitverkürzung/-verlängerung
9 Individualisierung und Flexibilisierung	• Existenz von Wahlbereichen • Existenz von Zusatzqualifikationen
10 Anbindung der Weiterbildung	• Existenz von klar geregelten Schnittstellen zur Weiterbildung
11 Vorbereitung auf höhere Bildung	• Möglichkeit des Erwerbs von Berechtigungen (z. B. Maturität) • Elemente zur Vorbereitung auf die Fachhochschule (u. a. Anteil allgemein bildender Inhalte)
12 Rolle der Lernorte	• Hinweise auf Zusammenarbeit von Schule und Betrieb • Anteil/Gewichtung des Einflusses auf die Abschlussprüfung • Anteil/Gewichtung im Zertifikat

Exemplarisch soll nun ein in Deutschland und in der Schweiz relativ identisch ausgestalteter Ausbildungsberuf ausgewählt werden, der in beiden Ländern eine grosse Bedeutung hinsichtlich der Anzahl der Auszubildenden besitzt, für den eine entsprechende Bedeutung für die Zukunft voraussehbar ist und der durch eine nicht zu starke Spezifität des Berufsbildes so ausgelegt ist, dass eine Übertragbarkeit der Ergebnisse der Analyse auf andere Ausbildungsberufe möglich erscheint. Der schweizerische Ausbildungsberuf Polymechaniker entspricht in Deutschland am ehesten den beiden Ausbildungsberufen Werkzeugmechaniker-Fachrichtung Stanz- und Umformtechnik sowie Industriemechaniker-Fachrichtung Maschinen- und Systemtechnik.

1. Aktualität

Das Reglement mit dem Lehrplan für den beruflichen Unterricht und der zugehörige Modell-Lehrgang für den schweizerischen Beruf Polymechaniker stammen aus dem Jahr 1997. Die deutschen Verordnungen für den Werkzeugmechaniker und den Industriemechaniker mit den zugehörigen Rahmenlehrplänen für den Berufsschulunterricht traten 1987 in Kraft, wobei die Verordnungen allerdings 1996 und 2003 marginal geändert wurden. Damit weisen die Ordnungsgrundlagen in beiden Ländern ein unterschiedliches Alter auf. Insbesondere die deutschen Rahmenlehrpläne aus dem Jahre 1987 sind zehn Jahre älter als der Lehrplan für den beruflichen Unterricht des Polymechanikers. Da allerdings z. B. auch bereits in den älteren deutschen Lehrplänen der Einsatz moderner Maschinentechnik wie CAD/CNC-Systemen (vgl. Lehrpläne für Industriemechaniker, S. 36; Werkzeugmechaniker, S. 32) thematisiert werden, kann nicht grundsätzlich von veralteten deutschen Ausbildungsordnungen im Gegensatz zu den schweizerischen gesprochen werden. Allerdings ergibt sich derzeit allein aus dem Tatbestand, dass die schweizerischen Curricula weitaus jüngeren Datums sind die Tendenz, dass neuere Entwicklungen der Branche eher Eingang gefunden haben. So haben in der schweizerischen Ausgestaltung der Berufslehre neuere Arbeitsbereiche wie die Robotik detailliert Eingang gefunden. Ausserdem stehen im Gegensatz zu den deutschen Ordnungsgrundlagen das Qualitätsmanagement sowie die Geschäftsprozesse im Sinne der Kunden-Lieferanten-Beziehungen besonders im Ausbildungsfokus.

Hier sei allerdings darauf hingewiesen, dass sich die beiden deutschen Lehrberufe derzeit zur Modernisierung im Neuordnungsverfahren befinden und demnächst curricular vollständig revidiert erscheinen, was insbesondere die Auflösung der Fächerstruktur zugunsten der Einführung von an Arbeitsprozessen orientierten Lernfeldern betrifft. Mit dem Lernfeldkonzept, welches die Inhalte nur sehr abstrakt beschreibt, soll unter anderem eine rasche und permanente Anpassung des Lernstoffs an die sich ergebenden technisch-organisatorischen Neuerungen gewährleistet werden.

2. Umfang der Ausbildung

Die schweizerische Lehre als Polymechaniker hat einen zeitlichen Umfang von vier Jahren, hingegen dauert die regelmässige Ausbildungszeit zum Werkzeug- und gleichfalls zum Industriemechaniker in Deutschland nur dreieinhalb Jahre. Inwieweit die schweizerische Ausbildung durch die um ein halbes Jahr längere Ausbildung umfangreicher ausgestaltet ist, kann nicht ausschliesslich über den Unterschied der Ausbildungslänge bestimmt werden, sondern muss den Grad der Stoffkomprimierung berücksichtigen (siehe zur inhaltlichen Analyse den nächsten Abschnitt). Anhaltspunkte für die Stoffkomprimierung im eher theoretischen Bereich bietet in Ansätzen die Anzahl der für den Berufsschulunterricht vorgesehenen Schulstunden/Lektionen. In der Schweiz sind dies verbindlich 1800 auf Niveau G und 2160 auf Niveau E (zu den Niveaustufen vergleiche den folgenden Abschnitt 8). In Deutschland sind hingegen 1020 Unterrichtsstunden als Zeitrichtwert vorgegeben. Allerdings beinhalten die deutschen Zeitrichtwerte des Rahmenlehrplans nur die berufsfachlichen Inhalte, welche durch die Richtlinien der einzelnen Bundesländer hinsichtlich des Unterrichts in allgemein bildenden Fächern (in der Regel Deutsch, Fremdsprache, Politik, Sport, Religion) ergänzt werden, während die Lektionentafel in der Schweiz auch direkt den allgemein bildenden Bereich, technisches Englisch und das Fach Sport einbezieht. Werden diese Unterrichtsstunden abgerechnet, so ergibt sich für den Polymechaniker inklusive des 120 Lektionen umfassenden offenen Bereichs für das Niveau G eine Summe von 1080 Lektionen und für das Niveau E 1320 Lektionen berufsfachlichen Unterrichts. Damit ist eine signifikant höhere Lektionenzahl nur bei der Ausbildung auf Niveau E festzustellen.

Abschliessend ergibt sich, dass eine um ein halbes Jahr längere und damit um fast 15 % zeitlich ausgedehnte Ausbildung in der Schweiz eher dazu führen kann, mehr oder aber vertiefenden Lehrstoff zu vermitteln, bzw. lernschwächeren Jugendlichen mehr Zeit zum Erwerb der verlangten Fähigkeiten und Kenntnisse sowie den lernstärkeren Lehrlingen mehr Zeit zur Professionalisierung und zur Gewinnung von Routine im Arbeitsprozess zu geben (siehe auch Punkt 8 des Vergleichs zu den Niveaustufen). Gleichzeitig hat die Allgemeinbildung durch die zwingenden Vorgaben im schweizerischen BBG als gesamtschweizerisches Ordnungsmittel eine besondere Bedeutung, und weist durch die landeseinheitliche curriculare Verankerung eine Standardisierung auf hohem Niveau aus.

3. Inhalte

Der Detaillierungsgrad der beschriebenen Inhalte vor dem Hintergrund einer standardisiert hohen Qualität kann sowohl in den schweizerischen wie den deutschen Ordnungsmitteln als weitgehend gleich bezeichnet werden. Zwar werden die Lerngebiete für den Berufsschulunterricht in den deutschen Rahmenlehrplänen nochmals konkretisierend durch Lerninhalte beschrieben, was so für die inhaltsbestimmenden schweizerischen Richt- und Leitziele nicht vorzufinden ist (siehe etwa S. 4 und S. 22f. des Reglements). Allerdings wird mittels eines Modell-Lehrplans gleichfalls eine weitergehende Konkretisierung der Inhalte beim Polymechaniker vorgenommen (vergleiche Swissmem 2002, 30–37).

Auch der Modell-Lehrgang (Swissmem 1999) führt die im Reglement genannten Leit- und Richtziele für die Grundausbildung detaillierter aus bzw. definiert diese für die Ergänzungsausbildung erstmalig.

Was die Breite der vermittelten Qualifikationen im Sinne einer umfassenden und tätigkeitsübergreifenden Ausbildung im Kontext des Berufskonzepts betrifft, so kann festgestellt werden, dass sowohl in den beiden untersuchten deutschen Ausbildungsberufen als auch dem schweizerischen, eine entsprechende Breite der zu vermittelnden Inhalte existiert. So wird zum Beispiel in beiden Ländern im ersten Ausbildungsjahr ausdrücklich auf die Vermittlung von Grundlagenwissen hingewiesen, welches sich etwa auf physikalische Grundlagen, Werkstoffkunde, Mess- und Prüfverfahren oder ökologische Aspekte bezieht.

Interessant ist die Tatsache, dass der schweizerische Polymechaniker, wie der Name bereits ausdrückt, einen besonders breiten Zuschnitt hat und auf die verschiedensten Tätigkeiten im Werkzeug-, Apparate- und Maschinenbau, der Instandhaltung sowie der Planung und Überwachung von Produktionsprozessen vorbereitet. Historisch erwächst dieser Sachverhalt aus der Tatsache, dass der Beruf aus der Zusammenfassung mehrerer Einzelberufe entstanden ist. Im Gegensatz dazu ist die Ausbildung in Deutschland etwas stärker spezialisiert, was sich an der Ausdifferenzierung in den korrespondierenden Ausbildungsberufen zeigt und daher im Rahmen der Untersuchung auch den Einbezug von zwei deutschen Berufen notwendig werden liess. So wird nach einer einheitlichen berufsfeldbreiten Grundbildung in den Metallberufen im ersten Lehrjahr im zweiten Jahr die Fachausbildung begonnen (für Werkzeug- und Industriemechaniker ist das erste Halbjahr des zweiten Lehrjahres noch identisch). Ab dem dritten Ausbildungsjahr wird dann noch innerhalb des Ausbildungsberufs eine bestimmte Fachrichtung (z. B. beim Industriemechaniker die Richtung Maschinen- und Systemtechnik) vertieft. Hintergrund der stärkeren Spezialisierung ist vor allem der Tatbestand, dass in Deutschland durch die grössere Anzahl von Betrieben und damit Arbeitsplätzen in der Branche eine verstärkte Spezialisierung bei dennoch ausreichend grossen Auszubildendenzahlen pro speziellem Ausbildungsberuf realisierbar wird. Diese Aussage darf nun allerdings nicht zu der Schlussfolgerung führen, dass die Ausbildung zum Polymechaniker die betrieblichen Belange nicht berücksichtigt. Da sich nach der Grundausbildung eine zwei Jahre andauernde Schwerpunktausbildung in mindestens einem Tätigkeitsgebiet anschliesst, wird, wenn auch anders strukturiert, auch beim Polymechaniker der Vermittlung spezifischer Fähigkeiten und Kenntnisse Rechnung getragen.

Die Stringenz und Verbindung der Inhalte erfolgen in beiden Ländern auf ähnlich bewährte Weise. Nach den die Grundlagen vermittelnden ersten Lehrjahren erfolgt die berufliche Konkretisierung, wobei auf die anfangs gelegten Grundlagen Bezug genommen wird. Gleichzeitig nehmen der Freiheitsgrad und das Mass an Eigenverantwortung zu. So müssen die Lehrlinge und Lehrtöchter in beiden Ländern am Ende der Ausbildung fähig sein, mittels der erworbenen Fähigkeiten und Kenntnisse eigenständig Arbeitsprozesse und Projekte zu planen, durchzuführen und zu kontrollieren.

Vor dem Hintergrund der zunehmenden Internationalisierung sind auch die Inhalte der Ausbildung zu bewerten. Dies geschieht in beiden Ländern über die Vermittlung und Kontrolle der Einhaltung entsprechend international gültiger Normungsvorschriften und Qualitätsnormen sowie durch die Vermittlung der Fremdsprache. Für den Polymechaniker sind somit für technisches Englisch in der Berufsschule 80 Lektionen auf Niveau G und 120 Unterrichtsstunden auf Niveau E vorgesehen.

4. Lernziele

Hinsichtlich der Analyse der Lernziele bietet sich eine enge Verknüpfung mit den Aussagen zu den Lerninhalten an. In beiden Ländern erfolgt die Ausweisung von Lernzielen konkret über die Zuweisung verschiedener Inhalte. Da diese sehr umfassend und gemäss dem Konzept der vollständigen Handlung, der zunehmenden Komplexität und des notwendigen Vorwissens aufgebaut sind, kann auch für die Lernziele ein stringenter Aufbau festgestellt werden.

Die Benennung des angestrebten Verhaltens (zum Beispiel Betriebsmittel pflegen können) erfolgt im deutschen Ausbildungsrahmenplan über die durchgängige Rubrik «Fertigkeiten und Kenntnisse, die ... zu vermitteln sind» und im Rahmenlehrplan unter der Rubrik «Lernziele». Beim Polymechaniker in der Schweiz werden sowohl für den Modell-Lehrgang als auch den Lehrplan die Richt- und Leitziele des Reglements übernommen aber noch stärker präzisiert und operationalisiert (Swissmem 1999, 3 sowie Swissmem 2002).

Besonders im Modell-Lehrgang werden für die höheren Lehrjahre spezialisierende Lernziele in der beruflichen Fachrichtung ausgeführt, die weit über die allgemeinen Ausführungen des Reglements hinausgehen. Ausserdem wird durch die Übertragung von zunehmend komplexer gestalteten Arbeitsaufträgen an den Lehrling dem Projektgedanken im Modell-Lehrgang Rechnung getragen (Swissmem 1999, 7).

Im Lehrplan werden die Bereiche Wissen und Erkenntnisse sowie Handlungen und Tätigkeiten unterschieden. Zusätzlich gemäss einer Taxonomie drei verschiedene Anspruchsniveaus (für den Bereich Wissen sind dies sinngemäss: 1. Stufe Reproduktion, 2. Stufe Übertragung und Anwendung, 3. Stufe Weiterentwickelung und Generierung) festgelegt und durchgängig den Leitzielen zugewiesen. Somit zeichnet sich der schweizerische Lehrplan durch eine stärkere Operationalisierung der Lernziele aus. Allerdings ergibt die Untersuchung einzelner Lernziele in den deutschen Curricula, dass diese auch ohne explizite Nennung des jeweiligen Anspruchsniveaus dennoch weitgehend implizit ähnliche Anspruchsebenen für identische Inhaltsaspekte anstreben wie dies beim Polymechaniker der Fall ist. Insgesamt kann festgestellt werden, dass in den Ordnungsgrundlagen der Berufe ein hohes Niveau an Fachkenntnissen, eigenständige Planung, Durchführung und Kontrolle, die Lösung von Problemen sowie der Prozess- und Vernetzungsgedanke festgeschrieben werden, damit die Ansprüche der Betriebe und der höheren Bildung erfüllt werden können.

5. Schlüsselqualifikationen

Schlüsselqualifikationen[1] wie Sozial- und Methodenkompetenzen spielen in einer modernen Ausbildung eine besondere Rolle. Beim Polymechaniker in der Schweiz erfolgt quantitativ und qualitativ eine umfangreiche Einbindung dieser Kompetenzen in den Kontext betrieblicher Prozesse. Insbesondere auch die Sozialkompetenz in Form der Kooperation mit anderen Fachleuten und im Team spielt eine zentrale und wiederkehrende Rolle (zu beachten ist, dass durch die Vereinigung Swissmem ein spezielles Schulungskonzept für die angesprochenen Schlüsselqualifikationen entwickelt wurde [vergleiche Swissmem 2002a], das aber für den Vergleich der beiden Ausbildungsgänge nicht berücksichtigt werden konn-

1 Bei den gegenwärtig vorliegenden Lehrplänen wird noch stark auf Schlüsselkompetenzen abgestellt, obschon dieses Konzept vor allem aus lerntheoretischer Sicht immer kritischer hinterfragt wird (vergleiche Gonon 1996).

te). Auch die explizite Verantwortung hinsichtlich der Repräsentation der Betriebe in der Öffentlichkeit, der Umgang mit Kolleginnen und Kollegen sowie die Förderung von Eigenleistung und Selbstmotivation werden in den Leitzielen des Reglements sowie den Lernzielen des Modell-Lehrgangs ausdrücklich betont.

Die Ordnungsgrundlagen für den Werkzeug- sowie den Industriemechaniker in Deutschland weisen im Kontext der vollständigen Handlung von Planung, Durchführung und Kontrolle zwar dem Auszubildenden eher abstrakt formuliert auch entsprechende Methodenkenntnisse zu. Hingegen werden Sozialkompetenzen nur innerhalb der Zielvorstellungen für die Rahmenlehrpläne durch den Erwerb entsprechender Einstellungen und der Herstellung eines Interessensausgleichs thematisiert.

Somit wird abschliessend dem Lehrling oder der Lehrtochter in der Schweiz eine Rolle zugewiesen, die weitgehend selbstbestimmt und gleichzeitig teamorientiert ausgerichtet ist und damit als notwendige Voraussetzung für das Funktionieren einer modernen Betriebskultur fungieren kann.

6. Methoden

Hinweise und Empfehlungen für Lehrkräfte werden weder in den deutschen noch in den schweizerischen Vorschriften gegeben. Allerdings bestehen in beiden Ländern korrespondierende und konkretisierende Richtlinien, Empfehlungen und Lehr-/Lernmaterialien, die hier allerdings nicht Gegenstand des Vergleichs sein können.

7. Zugänglichkeit für Ausbildende und Lehrpersonen

Die Attraktivität und der Verbreitungsgrad von beruflichen Erstausbildungsgängen hängt auch von der Zugänglichkeit und Verständlichkeit der Vorgaben für die Ausbildungsbetriebe, Lehrkräfte und Ausbildenden ab (vergleiche Pilz 1999, 217f.).

Die Lehrpläne zeichnen sich in beiden Ländern durch die Verwendung vielfältiger Fachbegriffe aus. Dies mag zwar für fachfremde Personen wenig verständlich sein, fördert aber bei den mit Expertenwissen ausgestatteten Lehrperonen und Ausbildenden den eindeutigen Bezug und verhindert Missverständnisse.

Die Existenz von ausführlichen Beschreibungen oder Beispielen findet sich besonders im schweizerischen Modell-Lehrgang, hingegen ist die Ausgestaltung im Reglement eher abstrakt. Dies entspricht weitgehend der Spezifizierung in den deutschen Ausführungen. In der Verordnung (Ausbildungsberufsbild) werden nur sehr abstrakt Fertigkeiten und Kenntnisse benannt (zum Beispiel manuelles Spanen). Eine detaillierte Beschreibung findet sich dann aber im Ausbildungsrahmenplan (z. B. hinsichtlich Spanen: Sägen: Bleche, Platten, Rohre und Profile aus Eisen, Nichtmetallen und Kunststoffen nach Anriss mit Handbügelsäge trennen).

Sowohl die schweizerischen als auch die deutschen Grundlagen für die Ausbildung zeichnen sich durch einen hohen Grad an Strukturierung und damit Übersichtlichkeit aus. So werden die Lernziele in beiden Ländern den Ausbildungsjahren bzw. Ausbildungsstufen zugewiesen. Der deutsche Ausbildungsrahmenplan zeichnet sich zudem durch die Angabe von vorgegebenen zeitlichen Richtwerten aus, während das schweizerische Reglement für die Grundausbildung auch die jeweiligen Anforderungsstufen im Sinne der Taxonomie angibt.

8. (Leistungs-) Differenzierung

Die Existenz verschiedener Niveaustufen findet sich singulär beim Polymechaniker. Die Ausbildung auf Niveau G (grundlegende Anforderungen) und die Ausbildung mit erweiterten Ansprüchen (Niveau E) stellen jeweils unterschiedliche Anforderungen, die sich zum Beispiel in einer höheren Zahl von Lektionen im Berufsschulunterricht auf Niveau E zeigen. Da bis einschliesslich siebtes Semester ein Wechsel der Lehrlinge zwischen den Niveaustufen möglich ist, kann mit dieser Ordnungsstruktur dem jeweiligen Leistungsvermögen der Auszubildenden in individueller Weise Rechnung getragen werden.

In gewisser Weise kann als Leistungsdifferenzierung in Deutschland die in der Schweiz unübliche Form der Verkürzung der Ausbildungszeit bezeichnet werden. Bei entsprechender Vorbildung und teilweise unter Berücksichtigung der Leistungen im ersten Ausbildungsjahr kann in Deutschland die regulär übliche Lehrzeit von dreieinhalb Jahren für Mechaniker auf drei bis minimal zweieinhalb Jahre bei Abiturienten verkürzt werden, wozu allerdings die Zustimmung des Lehrbetriebs und der zuständigen Kammer notwendig sind. Umgekehrt ist es möglich, bei mangelhaften Leistungen auch eine Verlängerung der Lehrzeit bei einer bereits begonnenen Ausbildung zu gewähren.

Folglich kann festgestellt werden, dass sowohl in Deutschland als auch in der Schweiz Möglichkeiten der Leistungsdifferenzierung existieren. Die beschrittenen Wege unterscheiden sich allerdings deutlich. Wird in Deutschland das Erreichen eines einheitlichen Mindestleistungsniveaus für alle Auszubildenden angestrebt, welches unter Umständen zu zeitlichen Differenzierungen führt, so ist in der Schweiz die zeitliche Komponente obligatorisch fixiert und durch die zwei Niveaustufen eine begrenzte leistungsmässige Differenzierung vorgenommen. Welcher der beiden Wege letztlich als der bessere gelten kann, lässt sich nicht eindeutig feststellen.

Wichtig ist jedoch in diesem Kontext die Berücksichtigung der Frage, ob die Auszubildenden des leistungsgeminderten Niveaus genauso gute Eintrittschancen in den Arbeitsmarkt haben, wie die Absolvierenden des höheren Niveaus oder ob sie nicht bereits in frühen Jahren in eine Sackgasse geraten.

9. Individualisierung und Flexibilisierung

Ausdrücklich strukturierte und vorgegebene Wahlbereiche finden sich weder in der deutschen noch in der schweizerischen Ausbildung. Dennoch wird der Individualisierung und Flexibilisierung Rechnung getragen, da in Deutschland die Fachrichtung und in der Schweiz die Schwerpunktausbildung Möglichkeiten der Spezialisierung zulassen (vergleiche Punkt 3 dieser Analyse). Auch die Existenz von Niveaustufen beim Polymechaniker und die Verkürzungsoptionen bei den Werkzeug- und Industriemechanikern (Punkt 8) können im Kontext der Individualisierung und Flexibilisierung positiv gewertet werden.

Durch die Ergänzungs- sowie Zusatzausbildung bietet der Modell-Lehrgang einen Rahmen, in dem firmenspezifischen aber auch neigungsbedingten Vertiefungen und Spezialisierungen Rechnung getragen werden kann. Die Möglichkeiten des Erwerbs von Zusatzqualifikationen, die auch im Lehrzeugnis ausgewiesen werden, ist insbesondere durch die fakultative Zusatzausbildung möglich. Hier sind die Betriebe für die Festlegung der Inhalte zuständig.

Möglichkeiten zum Erwerb von Zusatzqualifikationen sind in keinem der beiden untersuchten deutschen Berufsbilder vorgesehen.

Eine echte Strategie der Flexibilisierung mit klaren Strukturen lässt sich nur in der Schweiz feststellen. In anderen als den untersuchten Ausbildungsbereichen in Deutschland scheinen die Entwicklungen bereits weiter vorangeschritten zu sein (vergleiche Dybowski 2000). So wurde zum Beispiel in Deutschland im Bereich der Laborberufe neben der obligatorischen Grundbildung eine Struktur mit Wahlbausteinen implementiert (Pilz & Papenbrock 2001).

10. Anbindung der Weiterbildung

Klar geregelte Schnittstellen zur Weiterbildung bestehen in beiden Ländern für die Erstausbildung nicht. Im Reglement für den Polymechaniker wird allerdings im Kontext der Lernfähigkeit darauf hingewiesen, dass sich die Lernenden gezielt auf das lebenslange Lernen vorbereiten sollen. Im Ausbildungsrahmenplan für Industrie- wie auch Werkzeugmechaniker in Deutschland findet sich das Lernziel, die Möglichkeiten der beruflichen Fortbildung nennen zu können sowie im Rahmenlehrplan der Hinweis, dass der Lehrabschluss wesentliche Voraussetzungen für den Eintritt in berufliche Weiterbildungsgänge schaffe.

Ähnlich wie bei der Individualisierung und Flexibilisierung (siehe Punkt 9), kann auch hinsichtlich der Anbindung der Weiterbildung an die Erstausbildung auf erste Ansätze in anderen Berufsfeldern in Deutschland hingewiesen werden, wo mittels entsprechend abgestimmter Curricula und Anrechnungsregelungen von bereits während der Ausbildung absolvierter Vorleistungen, eine stärkere Verzahnung der Erst- mit der Weiterbildung erreicht werden soll.

11. Vorbereitung auf höhere Bildung

Der Status und das öffentliche Ansehen eines Bildungsgangs hängen oft stark von der Möglichkeit des Erwerbs von Berechtigungen zum Zugang zu höheren Bildungsgängen ab. Hier bildet die Möglichkeit der schweizerischen Berufsmaturität ein Mittel, um leistungsstarken Jugendlichen ein attraktives und zukunftsträchtiges Angebot im Kontext einer Ausbildung zum Polymechaniker machen zu können. Dies zeigen auch die statistischen Daten. So haben im Jahr 2001 knapp 13 % der Absolventen der Lehre zum Polymechaniker nicht nur das Fähigkeitszeugnis, sondern auch die Berufsmatutrität verliehen bekommen (Bundesamt für Statistik 2002).

Die im Reglement verbindlich für die ganze Schweiz vorgeschriebenen allgemein bildendenden Inhalte dienen dabei auch der Vorbereitung auf ein Studium an einer Fachhochschule. Die Festschreibung, dass auch die Allgemeinbildung Teil der Abschlussprüfung ist und dort sogar eine doppelte Gewichtung erfährt, unterstreicht zusätzlich deren Bedeutung. Daneben ist für den schulischen Unterricht der Lehrplan für die technische Berufsmaturität von Bedeutung, der zusätzliche Inhalte und Lernziele in den allgemein bildenden sowie technisch-naturwissenschaftlichen Bereichen festschreibt und insgesamt höhere Ansprüche an die Lernenden stellt.

Die so vermittelten Fähigkeiten und Kenntnisse, beispielsweise im Bereich der Maschinentechnik, bilden ein gutes Fundament für die Aufnahme eines Studiums des Ingenieurwesens an einer schweizerischen Fachhochschule.

In Deutschland können Auszubildende hingegen durch die Berufsausbildung einen mittleren Schulabschluss erwerben, falls dieser nicht bereits vorher im allgemein bildenden Schulwesen erreicht wurde. Der Zugang zur deutschen Fachhochschule kann direkt nur durch die Belegung zusätzlicher Stunden in allgemein bildenden Fächern und dem erfolgreichen Abschluss vorgenommen werden, ansonsten ist der Übergang nur über den zwischengeschalteten und erfolgreichen Besuch der einjährigen Fachoberschule Technik möglich und üblich. Die Allgemeinbildung wird in der

Abschlussprüfung der zuständigen Stelle (hier Industrie- und Handelskammer) über das Prüfungsfach Wirtschafts- und Sozialkunde integriert, welches aber nicht dem Umfang der Allgemeinbildung in den schweizerischen Prüfungen entspricht.

Damit kann festgehalten werden, dass die schweizerische Lehre einen direkten Zugang zur höheren Bildung ermöglicht und im Kontext der Gleichwertigkeit von allgemeiner und beruflicher Bildung eine massgebliche Rolle spielt.

12. Rolle der Lernorte

In den schweizerischen Vorschriften finden sich keine detaillierten Hinweise auf das konkrete Zusammenwirken der institutionellen Lernorte Ausbildungsbetrieb und Berufsschule. Da die Abschlussprüfung sowohl die Erfahrungsnoten der Lehrkräfte aus dem Unterricht als auch die Allgemeinbildung als Prüfungsfach beinhaltet und alle Leistungen in einem zusammenhängenden Zeugnis dokumentiert werden, lässt sich allerdings auf prüfungstechnischer und zertifikatorischer Ebene eine enge Verknüpfung der Lernorte im Kontext der schweizerischen Ausbildung zum Polymechaniker feststellen.

Im deutschen Rahmenlehrplan wird im Kontext der curricularen Abstimmung der Lernorte auf das Abstimmungsverfahren zwischen der für die Betriebe massgeblichen Ausbildungsordnung und dem für die Schule geltenden Rahmenlehrplan hingewiesen. Auf prüfungstechnischer und zertifikatorischer Ebene wird die Abschlussprüfung unabhängig von den Leistungen in der Berufsschule von der zuständigen Stelle durchgeführt. Damit erhalten die schulischen Leistungen keinen Eingang in die Abschlussprüfung, sondern werden gesondert in einem eigenständigen Schulzeugnis ausgewiesen, welches vielfach als wenig hilfreiche Konstruktion angesehen wird und verändert werden soll (BMBF 2003, 16f.).

Abschliessende Gesamtbewertung

Wird eine globale Bewertung der Ausbildung im dualen System der Schweiz vorgenommen und dazu die gewonnenen Befunde für den exemplarischen Beruf Polymechaniker herangezogen und verallgemeinert, so kann festgestellt werden, dass sich die Ausbildung im dualen System modern und umfassend darstellt. Dabei wird ein ausgewogenes Mass zwischen einer grossen Ausbildungsbreite einerseits und einer beachtlichen Spezifität der Tätigkeit andererseits erreicht, wozu auch die relativ lange Ausbildungszeit beiträgt. Durch die Ganzheitlichkeit von zu bearbeitenden Arbeitsprozessen und der Formulierung anspruchsvoller Lernziele wird der Qualität einer modernen Ausbildung im Kontext gestiegener

Ansprüche an die Mitarbeitenden in Unternehmen Rechnung getragen. Gleichzeitig ermöglicht die Unterteilung in zwei Niveaustufen eine adäquate Leistungsdifferenzierung. Durch die besondere Bedeutung, die der Allgemeinbildung einschliesslich auch der Fremdsprache zukommt, ist der Übergang in eine anspruchsvolle höhere Bildung möglich und berechtigt.

Auch im Vergleich zur Ausbildung in Deutschland erscheint die schweizerische Lehre als attraktiv, modern, vielfach ebenbürtig und teilweise sogar überlegen, wie beispielsweise die Integration aller Leistungen in einem Zertifikat, die Leistungsdifferenzierung durch die Niveauunterscheidung, die strukturelle Einordnung von fakultativen Zusatzqualifikationen oder die stärkere Fokussierung auf Sozialkompetenzen jenseits der reinen Fachkompetenzen belegen. Insgesamt kann somit festgestellt werden, dass die schweizerische berufliche Erstausbildung auch im internationalen Vergleich eine hohe Qualität besitzt und ein zukunfts- und leistungsfähiges Modell beruflicher Bildung darstellt. Erwähnenswert ist schliesslich die Übereinstimmung in vielen Punkten mit dem Expertenmodell.

4.4.4 Übergangssituation und Arbeitsmarktreife beim Polymechaniker (CH) und dem Industrie- sowie Werkzeugmechaniker (D)

Wiederum am Beispiel des Polymechanikers soll im Folgenden nachgezeichnet werden, inwieweit die berufliche Erstausbildung im Dualen System der Schweiz den Erfordernissen des schweizerischen Arbeitsmarktes entspricht.

Zusätzlich soll zum Vergleich die Situation bei den Werkzeug- und Industriemechanikern im deutschen Arbeitsmarkt nachgezeichnet werden, wohl wissend, dass sich die dortige Arbeitsmarktsituation als ungleich schwieriger darstellt.

1. Der Übergang von der Ausbildung in den Beruf beim schweizerischen Polymechaniker.

Im August 2003 waren in der gesamten Schweiz 624 Arbeitslose registriert, deren letzte vorher ausgeübte Funktion eine Ausbildung im Bereich Metall (Herstellung, Bearbeitung, Maschinenbau) war (SECO 2003). Gleichzeitig waren in der identischen Berufsgruppe zum gleichen Zeitpunkt 1157 offene Stellen gemeldet (SECO 2003).

Damit ergibt sich einerseits eine sehr geringe Anzahl von Arbeitslosen in dem Berufsfeld, zu dem der Polymechaniker gezählt wird. Andererseits ist die Zahl der freien Stellen im selben Berufsbereich fast doppelt so hoch wie die Anzahl der Arbeitslosen.

Daraus kann gefolgert werden, dass fast alle Jugendlichen nach Abschluss der Lehre im selben oder einem anderen Betrieb eine Beschäftigung aufnehmen können und nur geringe Friktionen, z. B. in Form von regionaler Sucharbeitslosigkeit, bestehen.

Bestätigt wird diese Aussage durch eine aktuelle Auswertung der Swissmem (2003) auf Basis der Daten des Bundesamtes für Statistik. Darin wird festgestellt, dass bedingt durch die wirtschaftlich angespannte Lage, im zweiten Quartal 2003 die Anzahl der Betriebe, die einen Mangel an qualifizierten Beschäftigten mit Lehre beklagen, seit 1996 nie mehr so gering war wie 2003. Aber trotz der wirtschaftlichen Unsicherheit vermelden immer noch 13,2 % aller Betriebe einen Mangel und nur 3,8 % aller Betriebe einen Überfluss an Beschäftigten.

In Deutschland waren hingegen im Jahre 2002 20 819 Personen im Beruf Maschinenschlosser arbeitslos, was einer berufsspezifischen Arbeitslosenquote von 8,6 % entspricht. Im Beruf Werkzeugmacher waren 4327 Personen arbeitslos, was einer Quote von 3,5 % entspricht (IAB 2003). Im Ausbildungsjahr 1999/2000 erhielten nach einer Umfrage des Bundesinstituts für Berufsbildung (BIBB 2001) 14,8 % der befragten ausgelernten Lehrlinge aus dem Bereich Maschinenbau/-wartung und 23,7 % aus dem Bereich Feinwerktechnik kein Übernahmeangebot.

2. Bewertung der Übergangssituation aus der Lehre in die Beschäftigung

Für den schweizerischen Polymechaniker kann trotz angespannter Wirtschaftslage noch immer eine hervorragende Übergangssituation in die Beschäftigung festgestellt werden. Die Arbeitgeber erkennen die besondere Qualität der Ausbildung an und suchen Fachkräfte, womit die Arbeitsmarktfähigkeit gegeben ist.

Diese Aussage gilt, wenn auch wegen des schwierigeren Umfeldes für die entsprechenden Lehrberufe etwas weniger ausgeprägt, auch für Deutschland. Beispielsweise ist eine Arbeitslosenquote von 3,5 % im Jahr 2002 beim Werkzeugmacher wesentlich geringer als die allgemeine Arbeitslosenquote in Deutschland, die im Jahr 2002 durchschnittlich 9,8 % betrug (zum Vergleich: In der Schweiz betrug die Quote im Jahr 2002 2,5 %).

Verallgemeinernd kann festgehalten werden, dass eine duale oder triale Berufsbildung sowohl auf dem schweizerischen als auch auf dem deutschen Arbeitsmarkt den Anforderungsprofilen des Beschäftigungssystems in guter Weise entspricht. Diese Aussage lässt sich auch anhand der Arbeitslosenquoten im Kontext des Bildungsniveaus belegen. So betrug in der Schweiz die Erwerbslosenquote der Personen mit Hochschulabschluss oder gleichwertiger Ausbildung im Jahr 2002 2,2 % und diejenige der Personen mit einer Berufsausbildung oder mit Maturitätsabschluss 2,6 %. Demgegenüber betrug die Erwerbslosenquote der Personen ohne nachobligatorischen Abschluss 4,5 % (Bundesamt für Statistik 2003a).

4.4.5 Nachwort

Selbstverständlich ist dieser Vergleich zwischen dem schweizerischen Polymechaniker und dem deutschen Industrie- und Werkzeugmechaniker in keiner Weise repräsentativ für alle Berufe. Zu verschieden sind die Bedingungen der Wirtschaftsstruktur, die Angebots- und Nachfrage-Verhältnisse auf dem Lehrstellenmarkt, die Lehrlingsausbildungsstrategien sowie die rechtlichen Rahmenbedingungen sowohl zwischen den Berufen als auch zwischen den Ländern.

Trotz dieser Einschränkungen wurde dieses Tätigkeitsfeld aus drei Gründen ganz bewusst ausgewählt. Erstens waren die Metallberufe in der Schweiz vor der Reform stark strukturiert. Die Reform hat sich an Berufsfeldern orientiert und die Zahl der Lehrberufe reduziert. Zweitens ist die Machinenindustrie kein Wirtschaftszweig, der für Jugendliche besonders attraktiv ist (wie etwa Informatik), weshalb der Konzeption der beruflichen Grundbildung grosse Bedeutung zukommt. Und drittens handelt es sich bei vielen Betrieben dieser Branche um solche, die trotz momentaner struktureller und konjunktureller Probleme, eine investitionsorientierte Ausbildungsstrategie verfolgen.

Anhand dieses Berufsfeldes kann aufgezeigt werden, dass das schweizerische triale Berufsbildungssystem auch unter schwierigen Umständen sehr wirksam sein kann, sofern die Organisationen der Arbeit den Willen aufbringen, mittels bedachter Reformen das System flexibler zu gestalten. Ebenso belegt der Vergleich, dass sich das schweizerische System auf einem mindestens gleich hohen Anspruchsniveau befindet wie ausländische Systeme.

4.5 Die schweizerische Berufsmittelschule und die Berufsmaturität

4.5.1 Problemstellung

Die Berufsmittelschule und die Berufsmaturität sind eine Eigenart des schweizerischen Berufsbildungssystems (vergleiche zur Entstehungsgeschichte Hässler 1977). Tabelle 4.6 gibt einen Überblick über die Entwicklung der Absolventenzahlen.

Tabelle 4.6

Anzahl Berufsmaturandinnen und Berufsmaturanden

Jahr	
1998/1999	2083
2000/2001	3215
Quelle: Statistisches Jahrbuch der Schweiz 2000/2003	

Geschaffen wurde die Berufsmittelschule, um gute Schulabgängerinnen und Schulabgänger zu motivieren, eine Berufslehre anzugehen, die mit einem ergänzenden Unterricht zu einer Berufsmaturität führt und damit zum prüfungsfreien Übergang an die Fachhochschule berechtigt. Dabei stehen zwei Wege offen: Entweder kann die Berufsmittelschule lehrbegleitend während der Lehrzeit absolviert werden, oder sie kann nach Abschluss der Lehrzeit mit einer einjährigen Vollschulzeit nachgeholt werden. Anfänglich wurde mit ganz unterschiedlichen Argumenten für und gegen die Berufsmittelschule und die Berufsmaturität und die beiden Wege argumentiert. Die Befürworter der Berufsmittelschule führten an, dass sich dank dieser systematisch gestalteten Vorbereitung auf die Fachhochschule vor allem leistungsfähige Jugendliche wieder häufiger für eine Berufslehre entscheiden. Andererseits wurde die vermehrte Abwesenheit der Berufsmaturandinnen und Berufsmaturanden vom Arbeitsplatz beklagt und behauptet, dadurch würden die Nettokosten der Berufsbildung für die Lehrbetriebe steigen, was viele dazu veranlassen könnte, weniger Auszubildende einzustellen. Deshalb gaben viele (nicht alle) Ausbildungsbetriebe einer Vollzeit-Berufsmittelschule nach Abschluss der Lehrzeit den Vorzug. Aus sozialpolitischen Erwägungen wurde an dieser

Lösung kritisiert, dass sie alle Kosten der systematischen Vorbereitung auf ein Fachhochschulstudium den Lernenden übertragen würde, was gegenüber den Absolvierenden eines Gymnasiums, das kostenlos ist, ungerecht wäre.

Hinzu kommen weitere kritische Fragen. Ausländische Beobachtende bezweifeln, ob die berufsbegleitende vertiefte Ausbildung an der Berufsmittelschule in Zukunft für ein Fachhochschulstudium überhaupt noch genügt. Gelegentlich wird ihre Kritik von Dozierenden schweizerischer Fachhochschulen bestätigt, welche vor allem ungenügende Voraussetzungen bezüglich Sprachvermögen und Mathematik bemängeln. Schliesslich gibt es immer noch Unternehmen, die wenig gewillt sind, ihren Lehrtöchtern und Lehrlingen den Besuch der Berufsmittelschulen zu ermöglichen.

Leider fehlen in der Schweiz auch in diesem Bereich systematische Untersuchungen, welche über die Qualität der Berufsmaturität an sich und im internationalen Vergleich verlässliche Aussagen zuliessen. Zwar haben Metzger, Dörig & Waibel (1998) eine Analyse der Berufsmaturitätsprüfungen vorgenommen. Ihre Erkenntnisse beschränken sich aber auf formale Verbesserungsvorschläge, die keine Schlussfolgerungen über die Qualität der Berufsmaturität zulassen. Deshalb wird hier eine Beurteilung anhand von Interviews mit Rektoren und Abteilungsleitenden von Fachhochschulen und aufgrund eines zufällig ausgewählten Vergleichs von Prüfungsarbeiten vorgenommen.

4.5.2 Kosten und Nutzen der Berufsmaturität

Wolter & Schweri (2004) behandelten diese Frage das erste Mal und kamen zu folgendem Schluss (S. 28): «Insgesamt kann ... man schliessen, dass per Saldo weder Kosten noch Nutzen sonderlich von der Berufsmatur beeinflusst werden. Die etwas höheren Bruttokosten bei Lehrbetrieben mit einer sehr hohen Berufsmaturaquote können auch daher rühren, dass diese Betriebe generell kostenintensiver ausbilden. Die ähnlich hohen Erträge aus den produktiven Leistungen der Lehrlinge ergeben sich dadurch, dass die Abwesenheitszeiten in den Betrieben mit Berufsmaturanden zwar höher sind, diese aber durch einen teilweise höheren Anteil an schwierigen Tätigkeiten (vor allem am Schluss der Lehre) und einem höheren Leistungsgrad kompensiert werden. Es zeigt sich, dass vor allem bei den vierjährigen Lehren (die generell eher humankapitalintensiv sind) Lehrlinge in Betrieben mit vielen Berufsmaturanden im vierten Jahr einerseits mehr schwierige Tätigkeiten ausführen und andererseits einen höheren Leistungsgrad in diesen Tätigkeiten ausweisen.»

Im Weiteren erkannten Wolter & Schweri (2004), dass die Verbleibquote im Lehrbetrieb ein Jahr nach Lehrabschluss signifikant höher ist. Interessanterweise trifft dies auch drei Jahre nach Abschluss zu, indem sie nicht signifikant tiefer ist als bei Lehrlingen und Lehrtöchtern ohne Berufsmittelschule, obwohl doch zu diesem Zeitpunkt viele Berufsmaturandinnen und Berufsmaturanden schon in die Fachhochschule übergetreten sind. Dies lässt den wahrscheinlichen Schluss zu, dass diejenigen Unternehmen, die viel in die Lehrlingsausbildung investieren, ihre Lehrabgänger und -abgängerinnen besser an sich binden. Diese Betriebstreue reduziert denn auch die immer teurer werdenden Rekrutierungs- und Einarbeitungskosten. Zudem ist es wahrscheinlich, dass Fachhochschulabsolvierende eher wieder in ihren Lehrbetrieb zurückkehren.

Die Arbeit von Wolter & Schweri (2004) belegt, dass Betriebe, die lehrbegleitend viele Berufsmaturandinnen und Berufsmaturanden ausbilden, nicht a priori ein schlechteres Kosten-Nutzen-Verhältnis gegenüber Betrieben ohne Berufsmaturanden ausweisen, wobei dies noch umso eher der Fall ist, je weniger produktionsorientiert die Ausbildungsstrategie ist.

Aufgrund dieser Erkenntnisse lassen sich Berufsmittelschule und Berufsmaturität aus betrieblicher Sicht durchaus rechtfertigen. Schwieriger zu beantworten ist die Frage, ob die Berufsmaturität hinsichtlich Wissen und Können Fachhochschulniveau genügt.

4.5.3 Die Beurteilung der Berufsmittelschule und der Berufsmaturität durch Rektoren/Rektorinnen und Abteilungsleitende an Fachhochschulen

Eine telefonische Befragung von Fachhochschulrektoren/-rektorinnen und Abteilungsleitenden über die Qualität der Berufsmittelschule und der Berufsmaturität erbrachte weitgehend übereinstimmende Ergebnisse.

So wurde die Konzeption der Lehrpläne insgesamt als gut beurteilt. Vor allem das Bestreben nach besserer Anwendungsorientierung (Problemorientierung des Unterrichtes) erwähnten mehrere Befragte positiv. Die Allgemeinbildung und die Vorbereitung aufs Studium wurden als genügend beschrieben. Insbesondere forderte niemand eine Systemänderung (etwa den Übergang zu einer vollschulischen Vorbereitung der Berufsmaturität). Mit grosser Übereinstimmung kamen die Interviewten jedoch zum Schluss, dass die Grundkompetenzen in der Muttersprache und der Mathematik zu wenig gefördert würden. Vor allem in der Mathematik beurteilten sie das Einstiegsniveau als zu tief für eine Fachhochschule. Bei den Naturwissenschaften wurde der zu starke Bezug zum experimentellen

Unterricht kritisiert und eine grundlegende Einführung in diese Wissenschaftsgebiete (etwa im Sinne von Wagenschein, 1973) als wünschenswert erachtet. In den Wirtschaftsfächern bemängelten sie die starke Tendenz zur Vorwegnahme von Fachhochschulinhalten und im Bereich Rechnungswesen, dass den Grundfertigkeiten zu wenig Aufmerksamkeit geschenkt würde.

Unterstützt wurde das Prinzip «wer lehrt, prüft» für die Berufsmaturitätsprüfungen, wobei die Leistungsunterschiede der Maturandinnen und Maturanden von verschiedenen Schulen als zunehmend beurteilt wurden, weshalb vereinzelt Massnahmen zu einer besseren Vergleichbarkeit der Berufsmaturität – aber ohne Einführung einer zentralen Prüfung – gefordert wurden.

Insgesamt darf festgehalten werden, dass die Verantwortlichen der Fachhochschulleitungen mit der gegenwärtig gültigen Ordnung für die Berufsmittelschule und die Berufsmaturitäten zufrieden sind und keine grundsätzliche Systemänderung als notwendig erachten.

4.5.4 Eine Input-Evaluation der Zürcher Hochschule Winterthur

Die Zürcher Fachhochschule Winterthur beauftragte Rhyn & Moser (2001) mit einer Input-Evaluation. Abzuklären waren vier Fragen: 1. Entspricht der Input aus den Berufsmaturitätsschulen den Anforderungen der Technischen Abteilung der Hochschule Winterthur? 2. Unterscheiden sich die Leistungen in den Fächern Algebra, Geometrie, Physik und Deutsch von Studierenden mit Berufsmaturität und Studierenden mit Zulassungsstudium und Aufnahmeprüfung? Diese Frage wurde untersucht, weil bei den Dozierenden der Eindruck entstand, dass die Studienanfängerinnen und -anfänger weniger schulisches Wissen und Können mitbringen als vor der Einführung der Berufsmaturität. 3. Gibt es innerhalb der Gruppe mit Berufsmaturität Leistungsunterschiede nach Herkunft der Berufsschule? 4. Sind Leistungsunterschiede zwischen Absolventinnen und Absolventen der Berufsmittelschule I (berufsbegleitende Ausbildung während der Berufslehre) und der Berufsmittelschule II (Erwerb nach dem Lehrabschluss) auszumachen?

Bei solchen Untersuchungen stellen sich zwei grundsätzliche Probleme. Erstens ist zu bestimmen, welches das Anforderungsniveau für Studienanfängerinnen und -anfänger ist. Bei dieser Untersuchung haben Dozierende der Schule von Winterthur das Anforderungsniveau nach Vorstellungen ihrer Schule festgelegt. Dieses Verfahren hat allerdings gewisse Nachteile: Dozierende greifen bei der Beschreibung der Anforderungen eher zu hoch als zu niedrig. Werden Studierende des ersten Semesters getestet, so befinden sich immer einige darunter, die sich für ein entsprechendes Fachstudium nicht eignen. Werden zudem Studierende innerhalb einer solchen Untersuchung getestet, fehlt es häufig an der Motivation für eine gute Leistung im Test. Und schliesslich müssten die Testaufgaben Dozierenden anderer Fachhochschulen zur Beurteilung vorgelegt werden, um einen besseren Vergleichsmassstab bezüglich des Anspruchsniveaus zu erhalten (Rhyn & Moser 2001). Zweitens ist festzulegen, wie die Testergebnisse ausgewertet werden. Entweder berechnet man die Mittelwerte der richtigen Lösungen (Anzahl richtig gelöster Aufgaben der Studierenden in Prozent). Diese Darstellung hat den Vorteil der leichten Nachvollziehbarkeit. Sie erlaubt es aber nicht, qualitative Aussagen über die erreichten Fähigkeiten zu machen. Oder man wählt ein Verfahren, mit welchem es möglich ist, Skalen zu konstruieren, innerhalb derer die Rangordnung der Aufgaben nach Schwierigkeit für jede Person im Wesentlichen die gleiche ist. Auf diese Weise können die Testergebnisse der einzelnen Studierenden den qualitativ umschriebenen Anforderungsniveaus zugeordnet werden.

Hier können die Einzelheiten dieser sehr sorgfältigen Studie nicht wiedergegeben werden. Eine kurze Zusammenfassung muss genügen:

1. In allen vier Fächern (Algebra, Geometrie, Physik, Deutsch) haben die Studienanfänger und -anfängerinnen starke Leistungsdefizite. Insgesamt erfüllen nur gerade zwischen Null (Geometrie) und 4 % (Deutsch) die Leistungsanforderungen vollumfänglich.

   Allerdings ist – wie bereits erwähnt – zu beachten, dass Lehrende von weiterführenden Schulen immer höhere Leistungsanforderungen stellen als tatsächlich erfüllt werden können. Zudem sind inzwischen die Vorgaben für die Berufsmaturität grundsätzlich überarbeitet worden, sodass heute wahrscheinlich bessere Ergebnisse erwartet werden dürfen.
2. In den Fächern Algebra und Deutsch ergaben sich keine Leistungsdifferenzen zwischen Studierenden mit einer Berufsmatura und solchen mit einem Zulassungsstudium und einer Aufnahmeprüfung. In Geometrie und Physik ergaben sich hingegen signifikante Unterschiede zugunsten der Studierenden ohne Berufsmaturität. Allerdings lässt sich aus diesem Unterschied keine Überlegenheit des Zulassungsstudiums ableiten, da weitere Merkmale wie Geschlecht und Hochschulabteilung

die Ergebnisse beeinflussen. Zudem ist anzunehmen, dass unterschiedliche Lerninhalte der beiden Ausbildungswege die Resultate beeinflusst haben.

3. In den untersuchten Fächern unterscheidet sich das Leistungsvermögen nicht, wenn nach der Herkunft aus verschiedenen Berufsmittelschulen gegliedert wird. Dies deutet auf eine weitgehend gleiche Umsetzung der Lehrpläne an Berufsmittelschulen hin. Zudem widerspricht diese Erkenntnis den von einzelnen Fachhochschulleitungen geforderten Massnahmen zur Verbesserung der Vergleichbarkeit von Berufsmaturitäten. Allerdings ist zu vermuten, dass zwischen Berufsmaturitäten verschiedener Landesgegenden – nicht wie hier mit Schulen aus der Umgebung von Winterthur – grössere Unterschiede bestehen.
4. Die Leistungen der Studierenden aus Berufsmittelschulen I und II unterscheiden sich nicht. Aus dieser Erkenntnis darf geschlossen werden, dass die periodisch wiederkehrende Behauptung, eine berufsbegleitende Berufsmittelschule könne nicht lernwirksam sein, hinfällig wird.

Ob diese Studie infolge der teilweise schlechten Leistungsergebnisse der Berufsmaturadinnen und Berufsmaturanden beweist, dass das Konzept der Berufsmittelschule für den Zugang zur Fachhochschule nicht genügt, muss offen bleiben, weil das Schnittstellenproblem Berufsmittelschule/Fachhochschule zu wenig vertieft und umfassend geklärt werden konnte. Wenn die Ansprüche der Dozierenden der Fachhochschule zu hoch sind, muss das Ergebnis zwangsläufig schlecht sein. Ob dies hier der Fall ist, bleibt offen. Sicher ist nur, dass Diskrepanzen bestehen zwischen den Vorstellungen der Dozierenden der Zürcher Hochschule Winterthur und den Zielvorstellungen der Berufsmittelschulen.

Diese Studie führt zu einer wichtigen **Forderung**:

Angesichts der Ergebnisse ist eine bessere Koordination an der Schnittstelle Berufsmittelschule/Fachhochschule zwingend nötig. Die Absprachen sollten zielstrebiger und regelmässig vorgenommen werden, wobei beide Seiten eine gewisse Kompromissbereitschaft zeigen müssten.

Eine Erkenntnis, die in der Studie nur beiläufig angesprochen wird (Rhyn & Moser, 2001, 37), verdient es, besonders hervorgehoben zu werden: **Studierende mit einer Berufsmaturität erbringen in den vier Unter-**

richtsfächern die gleichen Leistungen wie diejenigen der gymnasialen Maturität. Damit ist belegt, dass die Berufsmittelschule den intellektuellen Ansprüchen zu genügen vermag und sich Vorstellungen, dass für ein Fachhochschulstudium ein gegenüber heute umfassenderes Lektionenangebot im Sinne einer Vollzeitschule zwingend sei, als falsch erweisen.

Interessant ist schliesslich, wie sich Schulabschlüsse auf der Sekundarstufe I (Langzeitgymnasium, Sekundarschule, Realschule, 10. Schuljahr) auf das Leistungsvermögen an der Fachhochschule auswirken. Werden die Testleistungen verglichen, so ergeben sich in den Fächern Algebra, Geometrie und Physik keine signifikanten Unterschiede. Das heisst: Allfällige Leistungsunterschiede, die am Ende der Sekundarstufe I (obligatorische Schulzeit) bestehen, werden in diesen Fächern durch die Berufslehre und die Mittelschule ausgeglichen. Einzig im Fach Deutsch sind die Leistungsunterschiede zwischen Studierenden mit Realschulabschluss und Gymnasialabschluss auf der Sekundarstufe I signifikant. Dass Differenzen im Sprachbereich kaum mehr ausgeglichen werden können, ist allgemein bekannt (Rhyn & Moser 2001). Dieser Sachverhalt ist für die Berechtigung einer berufsbegleitenden Berufsmittelschule während der Lehrzeit nicht zuletzt aus sozialpolitischen Erwägungen von grosser Bedeutung. Wenn es so ist, dass Auszubildende aus weniger anspruchsvollen Schulen der Sekundarstufe I an der Fachhochschule in der Eingangsphase etwa gleiche Leistungen erbringen wie Lernende aus anspruchsvolleren Schulen, so öffnen sich für die schulmässig Schwächeren mit einer Berufslehre neue Chancen für einen Hochschulabschluss. Vor allem Schülerinnen und Schüler, welche schulmüde sind und infolge schwacher Schulleistungen keine weiterführende Schule besuchen wollen oder können, erhalten durch die Berufslehre und Berufsmittelschule eine Chance, diese Mängel am Ende der Sekundarstufe I zu überwinden; offensichtlich ein grosser sozialpolitischer Vorteil, den die Berufsmittelschule mit Berufslehre bietet.

4.5.5 Ein Vergleich der Prüfungen für die Zulassung zur Fachhochschule

In der Schweiz berechtigt die Verleihung der Berufsmaturität und in Deutschland die Abschlussprüfung der Fachoberschule zum Eintritt in die Fachhochschule. Von Interesse ist deshalb die Frage, ob das Anspruchsniveau dieser Prüfungen vergleichbar ist. Ein solcher Vergleich ist bedeutsam, weil immer wieder behauptet wird, die Organisationsform der schweizerischen Berufsmaturität genüge zur Vorbereitung auf ein Fachhochschulstudium nicht. Da im Rahmen dieses Gutachtens keine grösseren Erhebungen in Einzelfragen gemacht werden können, wurde folgende Auswahlentscheidung getroffen: Neben der Fokussierung allein auf den in beiden Ländern wichtigen und zudem durch viele Ähnlichkeiten besonders gut vergleichbaren kaufmännischen Bereich, wurden ausschliesslich die aktuellen Prüfungen aus den Jahren 2000–2004 berücksichtigt. Als Untersuchungsobjekt standen die entsprechenden Prüfungsaufgaben aus einem ostschweizerischen Kanton sowie aus Teilen Niedersachsens zur Verfügung.[2]

Als weitere Eingrenzung wurde eine Beschränkung des Vergleichs auf die schriftlichen Prüfungen in den zentralen Unterrichtsfächern Deutsch, Englisch, Mathematik sowie Rechnungswesen und Betriebswirtschaftslehre vorgenommen, da nach geltender Rechtslage in Niedersachsen nur in diesen Fächern schriftliche Prüfungen vorgeschrieben sind. Hingegen wird für die schweizerische kaufmännische Berufsmaturität auch eine schriftliche Prüfung in Französisch verlangt, die in Form eines genehmigten Sprachdiploms erworben werden kann.

Eine Analyse und ein Vergleich der Aufgaben in den einzelnen Prüfungsfächern bringt folgende Ergebnisse:

Deutsch (Muttersprache): Die schweizerischen Prüfungsfragen betreffen einerseits das Textverständnis und die Interpretation der Texte. Andererseits wird auch der korrekte Gebrauch der Rechtschreibung und Grammatik inklusive des Satzbaus geprüft. Zusätzlich sind der Sprachstil sowie der korrekte Umgang mit Fremdwörtern von grosser Bedeutung. Neben einer sechzigminütigen Sprachprüfung ist in 90 Minuten ein Aufsatz zu einem komplexen Thema, welches von den zu Prüfenden aus einer grösseren Anzahl von Vorschlägen ausgewählt werden kann, zu verfassen.

Die Prüfungen im Fach Deutsch an Fachoberschulen beziehen sich auf einen Referenztext, der sowohl literarischen Charakter haben als auch eine Textpassage aus einem Fachbuch oder einen Zeitungsartikel darstellen kann. Auf der Grundlage des Textes haben die zu Prüfenden innerhalb von vier Zeitstunden in der Regel eine Textwiedergabe oder eine Inhaltsangabe zu verfassen, damit das Textverständnis evaluiert werden kann. In einem zweiten Teil wird regelmässig eine stilistische Analyse verlangt und

---

2 Wird in den folgenden Ausführungen zur Vereinfachung von den «deutschen Prüfungen» gesprochen, so beziehen sich die getroffenen Aussagen immer und ausschliesslich auf die geltende Rechtslage im Bundesland Niedersachsen (Rechtsgrundlage BbS-Vo in der aktuellen Fassung von 2003). Die Unterschiede zu den anderen Bundesländern sind allerdings begrenzt, da über die Kultusministerkonferenz gewisse Anerkennungsnotwendigkeiten i.S. von Mindestprüfungsbedingungen für alle Bundesländer vorgegeben sind.

im letzten Teil das Verfassen eines eigenen Textes, z. B. in Form einer Stellungnahme zum im Referenztext behandelten Thema.

Vergleicht man die beiden Prüfungsansätze, so fällt auf, dass trotz der längeren Bearbeitungszeit in Deutschland beide Prüfungsarten auf einem hohen Anspruchsniveau angesiedelt sind, jedoch die deutschen Prüfungen über den singulären Bezug auf den Referenztext eine integrative Überprüfung des Textverständnisses, der Analyse der Stilistik und der eigenen Ausdrucksfähigkeit, inklusive der korrekten Anwendung der Grammatik und Rechtschreibung, umsetzen. Hingegen wird in der Schweiz eher eine Trennung der aktiven Sprachanwendung von der Sprach- und Textanalyse vorgenommen. Dies spiegelt sich auch in der Teilung der Prüfung in die zwei Prüfungsbereiche wider. Auffallend ist weiter, dass die schweizerischen Prüfungen das formale Wissen über die Grammatik (Kasus, Tempus, Satzkonstruktion) ausdrücklich in zielgenauen Aufgabensets prüfen, was sich in den deutschen Prüfungen nicht findet.

Rechnungswesen: Die schriftliche Prüfung zur schweizerischen Berufsmaturität im Fach Rechnungswesen erfolgt über drei Zeitstunden. Inhaltlich wird die gesamte Breite des Rechnungswesens thematisiert. So sind diverse Geschäftsvorfälle in Buchungssätze zu transferieren und auf den entsprechenden Konten zu verbuchen, wobei verschiedene Schwierigkeitsgrade abgedeckt werden. Beispielsweise sind neben einfachen Geschäftsvorfällen im Verkaufsbereich auch umfangreiche Verbuchungen im Kontext von Vorsteuern, Darlehens- und Zinsberechnungen oder Rabatten vorzunehmen. Weiter sind Konten abzuschliessen, Schlussbilanzen aufzustellen und Erfolgsrechnungen durchzuführen. Die Anforderungen steigen zudem in dem Masse, wie einzelne speziellere Teilgebiete des Faches als Prüfungsbestandteil fungieren. Hier sind z. B. Aspekte der Warenkalkulation oder die Lohnabrechnung inklusive der Sozialleistungen zu nennen. Umfangreiche Berechnungen und Abgrenzungen im Kontext der Betriebsabrechnung runden die Prüfung ab.

Die deutschen Prüfungen im Fach Rechnungswesen sind bereits organisatorisch anders geartet. Da das Rechnungswesen integrativer Bestandteil der fünfstündigen schriftlichen Prüfung im Fach Betriebswirtschaft und Rechnungswesen/Controlling ist, kann keine exakte zeitliche Dauer für das Rechnungswesen bestimmt werden. Insgesamt erscheint der Anteil des Rechnungswesens deutlich geringer auszufallen, als dies in den schweizerischen Prüfungen festzustellen ist. Die deutschen Prüfungen behandeln gleichfalls einfache bis schwierige bzw. komplexe Geschäftsvorfälle, die entsprechend zu verbuchen sind. Auch Abschreibungs- und Lohnberechnungen sowie Steuerermittlungen mit den notwendigen Buchungen finden sich häufig.

Insgesamt betrachtet, sind die deutschen Aufgaben auf einem ähnlichen Schwierigkeitsniveau angesiedelt wie die schweizerischen. Allerdings sind die Prüfungsaufgaben quantitativ in den untersuchten Aufgabensets aus Deutschland von wesentlich geringerer Bedeutung. Dies hat zur Folge, dass die Fähigkeiten und Kenntnisse der zu Prüfenden nur sehr partiell evaluiert werden.

Auffällig an den schweizerischen Prüfungsdesigns ist im Gegensatz dazu die grosse Breite der verlangten Kompetenzen. Angefangen von einfachen, eher rekapitulierenden Buchungssätzen über die Anwendung umfangreicher Bewertungs- und Bilanzierungstechniken bis hin zur Analyse von und Reaktion auf komplex dargestellte Geschäftsvorfälle, werden differenziert die verschiedenen Anforderungsniveaus geprüft.

Integrationsfach (Betriebswirtschaftlicher Teil): Die schweizerische Berufsmaturität im kaufmännischen Bereich ist hinsichtlich der Prüfung besonders gekennzeichnet durch das Integrationsfach, das die Betriebs- und Rechtskunde, Wirtschaft und Recht sowie den Bereich Information/Kommunikation/Administration umfasst. Für das Integrationsfach ist eine schriftliche Prüfung von über 210 Minuten vorgesehen. Da in den deutschen Regularien jedoch nur eine schriftliche Prüfung im Bereich der Betriebswirtschaftslehre in Verbindung mit Rechnungswesen/Controlling vorgesehen ist (siehe oben), soll hier aus Gründen der Vergleichbarkeit für die Schweiz nur der Teil Betriebslehre/Rechtskunde, der in der Regel 110 Minuten Bearbeitungszeit umfasst, analysiert werden.

Der entsprechende schweizerische Prüfungsteil ist üblicherweise durch die Einbettung in einen durchgehend als Referenzaspekt fungierenden Fall aus der Wirtschaftspraxis gekennzeichnet, der komplex aufgebaut ist und die Grundlage für die nachfolgenden Aufgabenstellungen bildet.

Die zugehörigen Aufgaben umfassen verschiedene Inhaltsgebiete der Betriebswirtschaftslehre. So sind im Kontext der strategischen und finanziellen Unternehmensführung umfangreiche Kennzahlanalysen durchzuführen und entsprechende strategische Entscheidungen zu treffen und zu begründen. Im Vertragsrecht und der Organisationsgestaltung wird Fachwissen geprüft und zur Anwendung gebracht sowie gleichzeitig das korrekte und zielgerichtete Rekapitulieren von Gesetzestexten überprüft. Ein weiterer Bereich stellt das Marketing dar. Hier wird regelmässig von den Schülerinnen und Schülern auf der Grundlage von Fachwissen über Marketingstrategien usw. eine umfassende Entwicklung und Begründung von Entwicklungspotenzialen und deren Umsetzung verlangt.

Die deutschen Prüfungsaufgaben für den Bereich Betriebswirtschaftslehre und Rechnungswesen/Controlling, für die eine Bearbeitungszeit von insgesamt vier Zeitstunden vorgesehen ist (eine zeitliche Unterteilung der beiden Teilbereiche erfolgt nicht), sind vielfach auch fallbasiert konstruiert, allerdings unterscheiden sich hier Umfang und Anzahl der Fälle je nach Prüfung. Ein festgelegtes Muster wiederkehrender Inhalte ist nur bedingt auszumachen. Es finden sich zwar häufig Berechnungen zur Gewinnermittlung sowie Kapazitätsplanungen, die entsprechenden Prüfungsteile sind jedoch in Anbetracht der Breite des Fachs Betriebswirtschaftslehre stark selektiv, dafür aber in Bezug auf die spezielle Thematik vertiefend ausgerichtet. So finden sich beispielsweise Prüfungen, die im Bereich Betriebswirtschaftslehre ausschliesslich das Feld Marketing prüfen, dieses dann aber in sehr differenzierter Form.

In den Prüfungen beider Länder finden sich komplexe Aufgabenstellungen, die vernetzte Denkstrukturen und die Fähigkeit zur Verknüpfung unterschiedlicher Fachwissensbestände erfordern. Gleichfalls wird die Wiedergabe und die Anwendung von Fachwissen sowie das Analysieren und Bewerten von ökonomischen Sachverhalten in beiden Ländern evaluiert.

Wie bereits der Name des entsprechenden Prüfungsteils «Betriebslehre/Rechtskunde» vorgibt, beinhalten die schweizerischen Prüfungsaufgaben verstärkt rechtliche respektive vertragsrechtliche Bestandteile, die in den deutschen Prüfungen in dieser Ausführlichkeit nicht zum Tragen kommen.

Wird der Umfang der zu bearbeitenden Aufgaben ins Verhältnis zur Bearbeitungszeit gesetzt, so fällt hinsichtlich der schweizerischen Prüfungen im Bereich Betriebswirtschaft auf, dass die Zeit wesentlich knapper bemessen ist und damit unter Umständen höhere Anforderungen an den Umgang mit Stress und Zeitmanagement in Prüfungssituationen gestellt werden (dies gilt auch unter der Berücksichtigung, dass in Deutschland für den Bereich Betriebswirtschaftslehre und Rechnungswesen insgesamt 240 Minuten vorgesehen sind und diese beiden in der Schweiz getrennten Prüfungsteile hier zusammen in der Regel 290 Minuten umfassen). Einschränkend muss allerdings ähnlich wie bei den Aufgaben zum Rechnungswesen festgestellt werden, dass die schweizerischen Aufgaben teilweise deutlich enger und damit zielgerichteter formuliert sind, was wiederum zeitsparende Wirkungen und gewisse «Beruhigungseffekte» für die Prüfungskandidatinnen und -kandidaten zur Folge haben dürfte. Umgekehrt stellen die deutschen Betriebswirtschaftslehre-Prüfungen durch die grössere Offenheit der Aufgabenstellung hohe Anforderungen an die korrekte Auffassung der Aufgabe, an ein durchdachtes Konzept der Antwortstrukturierung und eine schlanke, d. h. zielerichtete Aufgabenbeantwortung.

Mathematik: Die Prüfung zur schweizerischen Berufsmaturität im Fach Mathematik umfasst zwei Zeitstunden. Inhaltlich sind lineare Funktionen bzw. Gleichungssysteme, Aufgaben zu Potenzen und Wurzeln sowie quadratische Gleichungen zu lösen. Erstere sind entweder als reine Gleichungssysteme konzipiert oder in Textaufgaben eingebett, die in der Regel einen wirtschaftlich relevanten Bezug aufweisen.

Weiterhin sind Aufgaben im Bereich des linearen Optimierens zu bearbeiten, die vielfach in Form umfangreicher Fragekomplexe und damit in Lösungsschritten bzw. Teilberechnungen gestellt werden. In diesem Zusammenhang sind von den Schülern und Schülerinnen auch grafische Lösungsansätze wie das Zeichnen von Kurvenverläufen und Schnittpunkten in zweidimensionalen Diagrammen zu generieren.

Spezifisch kaufmännische Aufgabenstellungen runden die Prüfung ab. Hier haben die zu Prüfenden insbesondere Berechnungen im Kontext der Finanzmathematik (Zinsberechnung, Auf-/ Abzinsung usw.) anzustellen.

Die deutschen Prüfungen im Fach Mathematik umfassen 180 Minuten. In dieser Zeit haben die Schülerinnen und Schüler umfangreiche Kurvendiskussionen durchzuführen, Kosten- und Gewinnfunktionen zu berechnen sowie andere Gleichungssysteme und Optimierungsaufgaben zu lösen. Auch hier sind teilweise grafisch zu lösende Aufgabenelemente integriert. Gleichzeitig finden sich verschiedene, in der Regel in Textaufgaben eingebettete Aufgaben zur Finanzmathematik. Zusätzlich beinhalten die deutschen Prüfungen vielfach Aufgaben zur Wahrscheinlichkeitsrechnung sowie teilweise Aufgaben zur deskriptiven Statistik.

Die schweizerischen und deutschen Aufgaben unterscheiden sich unter Berücksichtigung der unterschiedlichen Bearbeitungszeiten sowohl vom Umfang wie auch vom Schwierigkeitsgrad her nicht. Allerdings wird in den schweizerischen Prüfungen der Kontrolle der mathematischen Grundkenntnisse (z. B. Potenzen und Wurzelrechnung) ein eigener Teil gewidmet. In den deutschen Prüfungen wird dieser Kompetenzaspekt nur integrativ und folglich punktueller behandelt. Umgekehrt ist in den deutschen Aufgabensätzen oftmals die Wahrscheinlichkeitsrechnung und (teilweise) die Statistik von Bedeutung. Aufgaben zu diesen Teilgebieten der Mathematik werden in den schweizerischen Prüfungen weniger häufig gestellt.

Englisch: Im Fach Englisch ergibt sich die Besonderheit, dass die schweizerischen Reglemente entweder den Erwerb eines von der Eidgenössischen Berufsmaturitätskommission genehmigten Sprachdiploms vorsehen, oder alternativ eine 200 Minuten dauernde schulische Prüfung, bestehend aus einem schriftlichen und einem mündlichen Teil, abzulegen ist.

Da die Schülerinnen und Schüler in der Regel das Sprachdiplom erwerben, welches jedoch von diversen Organisationen in unterschiedlicher Form angeboten wird, ergeben sich hier Vergleichsprobleme. Da sich allerdings die anerkannten Diplome in der Schweiz an den Kompetenzstufen des Europarates (Common European Framework) orientieren (vergleiche Eidgenössische Berufsmaturitätskommission 2003), kann ein Vergleich über die angestrebte Stufe des Sprachdiploms erfolgen. Im Fach Englisch wird dabei das Niveau B2 angestrebt.

Die schriftliche Prüfung im Fach Englisch dauert in Deutschland 180 Minuten. Zentraler Bezugspunkt ist ein englischsprachiger Text, der in der Regel eine ökonomische Thematik aufweist. Die zugehörigen Aufgaben betreffen das Textverständnis und die Interpretation der Inhalte. Die zu Prüfenden verfassen die Antworten zu den gestellten Fragen in englischer Sprache. Anschliessend wird vielfach eine Stellungnahme oder eine andere Textform, die zum Verfassen eines eigenständigen längeren Textes führt, verlangt. Insbesondere in diesem Bereich sind die schriftliche Ausdrucksweise, die korrekte Ver- bzw. Anwendung von Vokabeln/Begrifflichkeiten, Rechtschreibung und Grammatik von Bedeutung.

Interessant erscheint im Vergleich die Tatsache, dass in der Schweiz über das Sprachdiplom die Ausgliederung der Prüfung aus dem direkten Kompetenzbereich der Schule möglich ist. Dies erschwert einen direkten Vergleich mit den rein schulischen Prüfungen in Deutschland. Dennoch lässt sich übergreifend festhalten, dass zumindest das Niveau B1 – weitgehend aber auch das Niveau B2 – den Anforderungen der schulischen Prüfungen in Deutschland entspricht und sich somit vielfältige Identitäten im Bereich Englisch ergeben.

Aus diesem Vergleich lassen sich die **folgenden Schlüsse** über die schweizerischen und deutschen Prüfungen zur Zulassung an Fachhochschulen ziehen:

Insgesamt betrachtet, sind die Unterschiede zwischen den schriftlichen Prüfungen der Berufsmaturität und der Fachhochschul-Zugangsberechtigung nur gering.

In beiden Prüfungen werden die verschiedenen Fächer umfassend und durchgehend auf gleich hohem Niveau thematisiert. So werden die Wiedergabe und das Anwenden von Wissen geprüft, das Verstehen von Sachverhalten oder mathematischen Problemen sowie das Generieren und Reflektieren von eigenständigen Lösungsansätzen. Die teilweise unterschiedlichen Bearbeitungszeiten führen zwar zu unterschiedlich ausgeprägten Aufgabenumfängen, tangieren aber insgesamt das Anspruchsniveau nicht massgeblich.

Inhaltliche Unterschiede ergeben sich in einigen Teilbereichen. So ist in der Schweiz Französisch obligatorisches schriftliches Prüfungsfach (auch über ein Sprachdiplom zu erwerben), was seinen Ursprung in der rechtlichen Verankerung als zweiter Landessprache und nicht als zusätzlicher zweiter Fremdsprache hat, wie dies in Deutschland der Fall ist. Festzuhalten gilt zudem der Sachverhalt, dass in der Schweiz ein eigenständiger schriftlicher Prüfungsteil im Bereich Information und Kommunikation existiert, der in Deutschland keine Entsprechung besitzt.

Ein Unterschied ergibt sich auch in den Prüfungen im Fach Mathematik, wo die Bereiche Statistik und Wahrscheinlichkeitsrechnung nur in den deutschen Prüfungen verankert sind. Andererseits haben rechtliche Aspekte sowie Aufgaben zum Rechnungswesen in den schweizerischen Prüfungen einen ausgeprägteren Stellenwert.

Zusammenfassend fällt auf, dass die schweizerischen Aufgaben insgesamt etwas formaler und konkreter sowie zu einem Teil wissensbasierter (Grundfertigkeiten und Basiswissen werden zwangsweise geprüft) formuliert bzw. ausgerichtet sind, während die deutschen Aufgaben über alle Fächer hinweg einen etwas stärkeren Wirtschaftsbezug sowie tendenziell eine offenere Aufgabenstellung aufweisen. Letztere können allenfalls dazu führen, dass Schülerinnen und Schüler in Spezialgebieten die Prüfung bestehen, obwohl sie offensichtliche Mängel im Zusammenhang mit dem Basiswissens aufweisen. Allerdings darf nicht ohne weiteres davon ausgegangen werden, dass, bedingt durch das geringere Abfragen von Wissen, eine weniger ausgeprägte Breite im Kompetenzprofil der zu Prüfenden auszumachen ist. Dies hängt massgeblich davon ab, welche Inhalte in welcher Breite im Unterricht behandelt werden und ob die Lehrkräfte im Vorfeld der Prüfungen Eingrenzungen vornehmen oder entsprechende Hinweise geben. Ist letzteres nicht der Fall, so dürften auch die deutschen Schülerinnen und Schüler über eine umfassende inhaltliche Breite inklusive des notwendigen Grundwissens und der Basisfertigkeiten verfügen, da sie z. B. für die Prüfung in Betriebswirtschaftslehre alle Gebiete der Betriebswirtschaft in entsprechender Breite und Tiefe beherrschen können müssen.

Abschliessend ist noch zu erwähnen, dass ein direkter Vergleich der Bewertungen und Benotungen, die dann zur Vergabe der Fachhochschul-Zugangsberechtigungen führen, nicht erfolgen konnte, weil dazu eine detaillierte Analyse der konkreten Korrekturen, Bewertungen und Benotungen der einzelnen Prüfungsantworten/-bearbeitungen der Schülerinnen und Schüler notwendig gewesen wäre, was in diesem Gutachten nicht geleistet werden konnte. Anhand der teilweise vorliegenden Aufgabengewichtungen und Musterlösungen, die im Kontext der Prüfungskonstruktion und damit im Vorfeld der Prüfungen erstellt worden sind, können tendenziell keine grösseren Unterschiede oder Auffälligkeiten zwischen den deutschen und schweizerischen Prüfungsanforderungen festgestellt werden.

Zudem kann hinsichtlich der Ausgangsfragestellung konstatiert werden, dass die schweizerischen Prüfungen im Kontext der Vergabe der Fachhochschul-Zugangsberechtigung auf etwa gleichem Anspruchsniveau angesiedelt und thematisch ähnlich ausgerichtet sind, wie die entsprechenden deutschen Prüfungen. Ein signifikant geringeres Anspruchsniveau der schweizerischen Prüfungen kann somit nicht festgestellt werden.

Alle Überlegungen und Erkenntnisse führen zum Schluss, dass das Modell der schweizerischen Berufsmaturität keine schwerwiegenden Mängel hat. Auch lässt sich nicht belegen, dass die schweizerischen Berufsmaturitäten keine ausreichenden Voraussetzungen für ein Fachhochschulstudium schaffen. Zu überprüfen ist höchstens das Anforderungsprofil in Mathematik, obschon der Vergleich der kaufmännischen Berufsmaturität der Schweiz mit dem Abschluss an der Fachoberschule bestätigte, dass das Anspruchsniveau in Mathematik etwa ebenbürtig ist (vielleicht in der Schweiz inhaltlich etwas enger gefasst).

Zudem zeigt das Expertenmodell eine Möglichkeit auf, wie mit der Einführung einer Aufbaulehrzeit die Berufsmittelschule noch gestärkt werden könnte (siehe Abschnitt 3.2.1 im Kapitel 3).

Insgesamt handelt es sich beim Modell der Berufsmittelschule und der Berufsmaturität um eine pragmatische Lösung, welche in konsistenter Übereinstimmung mit dem trialen Berufsbildungssystem steht. Die steigenden Schülerzahlen dürften diese Feststellung bestätigen.

Zu betrachten sind aber noch zwei Vorschläge, welche die Berufsmittelschule und Berufsmaturität nicht prinzipiell umgestalten aber flexibilisieren möchten.

4.5.6 Zwei Vorschläge zur Flexibilisierung der Berufsmittelschule

Im Zusammenhang mit der Studiendauer der Fachhochschulen (vergleiche dazu ausführlich Abschnitt 5.5.3 im Kapitel 5) schlagen Kummer & Jaag (2002) vor, die Berufsmaturitätsausbildung stärker auf die Fachhochschulstudiengänge auszurichten, sodass diese als eigentliches Grundstudium für die anschliessende Bachelor-Stufe qualifiziert werden könnte. Die bisherige Berufsmaturitätsausbildung würde nach diesem Konzept ihren Charakter als blosse Zugangsvoraussetzung für die Fachhochschulen verlieren und erhielte die Bedeutung eines ersten Moduls für das anschliessende Studium an den Fachhochschulen. Als Variante schlagen sie vor, ganz auf die Berufsmittelschule zu verzichten und an ihrer Stelle ein neuartiges Grundstudium an den Fachhochschulen (vor der Bachelor-Stufe) einzuführen. Voraussetzung für die Aufnahme in dieses Grundstudium wäre dann nicht mehr die Berufsmaturitätsprüfung, sondern eine Aufnahmeprüfung. Das Grundstudium könnte von den Lehrtöchtern und Lehrlingen berufsbegleitend besucht werden und würde gleichzeitig mit dem Lehrabschluss enden. Auf diese Weise wäre es möglich, das Studium für den Erwerb des Bachelor-Titels auf zwei Jahre zu verkürzen.

Zwar brächten diese Lösungen eine Reduktion der Studienzeit an den Fachhochschulen. Trotzdem sollten diese Lösungsvorschläge nicht weiterverfolgt werden, und zwar aus folgenden Gründen:

1. Die generellen Ausbildungsziele der Berufsmittelschule und der Fachhochschule sind zu verschieden. Damit es nicht nur zu einer formalen Umgestaltung dieses Jahres käme, müsste es ganz auf die Bedürfnisse und Ansprüche der Fachhochschule ausgerichtet werden. Eine wichtige Aufgabe der Berufsmittelschule ist es aber, eine verstärkte Allgemeinbildung als Grundlage für die Lebenstüchtigkeit anzubieten. Darauf müsste verzichtet werden, was nicht zuletzt die Passerellenlösung (Übertritt mit der Berufsmaturität an die Universität) in Frage stellen würde, denn die Universitäten dürften eine fachberufliche Spezialisierung für den Übertritt nicht mehr anerkennen.
2. Die Unterrichtsgestaltung an der Berufsmittelschule (Entwicklen der Studierfähigkeit) folgt anderen Regeln als an der Fachhochschule (forschendes Lernen). Deshalb entstünde eine ungünstige Vermengung unterschiedlicher pädagogischer Absichten.
3. Drittstaaten würden solche schweizerischen Fachhochschuldiplome der Bachelor-Stufe wahrscheinlich mit dem Hinweis nicht anerkennen, dass

diese Grundausbildung keinen genügenden Ausweis für eine Grundbildung auf Fachhochschulstufe darstellt.

Vor allem in der Bundesrepublik Deutschland werden unter der Zielsetzung Flexibilisierung des Bildungswesens und Förderung der Chancengleichheit (was immer dies auch heissen mag) laufend Vorschläge unterbreitet, welche auch ein Credit-System für Berufsschulen (und in der Schweiz entsprechend für Berufsmittelschulen) einführen möchten, mit dem Ziel, dass diese Credits an den Fachhochschulen angerechnet würden (Pressemitteilung des Bundesministeriums für Bildung und Forschung vom 4. November 2003: Berufsausbildung soll auf das Hochschulstudium angerechnet werden). Auch dieser Vorschlag sollte aus mehreren Gründen nicht weiter verfolgt werden:

1. Die Berufsmittelschule soll die Grundlagen für ein erfolgreiches Fachhochschulstudium schaffen. Deshalb können ihre Lerninhalte nicht zugleich Lehrgebiete der Fachhochschule sein, die dank der Credits nicht mehr zu belegen sind.
2. Selbst wenn es in einzelnen Teilbereichen möglich wäre, gewisse inhaltliche Abstimmungen vorzunehmen, müssten angesichts des notwendigen Anspruchsniveaus des Unterrichtes auf beiden Stufen Probleme entstehen.
3. Zudem ist vor dem administrativen Aufwand solcher Credit-Lösungen zu warnen. Mit einem modularisierten System liesse sich dieser Aufwand reduzieren, wobei vor einer einseitigen Modularisierung vor allem in der Grundausbildung ebenfalls abzuraten ist (siehe die Argumente im Abschnitt 3.1 des Kapitels 3).

Zusammenfassend wird hier die Auffassung vertreten, dass es keine Gründe gibt, das bestehende Modell der Berufsmittelschule und der Berufsmaturität durch partielle Veränderungen anzupassen. Weiter wird die Auffassung vertreten, dass in der Schweiz kein Credit-System an Berufsschulen eingeführt werden sollte, welches zur Anrechnung von Leistungen an Fachhochschulen berechtigt.

4.6 ECVET: European Credit Transfer in Vocational Education and Training

Eine im Rahmen des Brügge-Kopenhagen-Prozesses der EU eingesetzte Arbeitsgruppe hat den Auftrag bekommen, zu untersuchen, wie Transparenz, Vergleichbarkeit, Transferierbarkeit und Anerkennung von Kompetenzen und/oder Qualifikationen zwischen verschiedenen Ländern und auf verschiedenen Niveaus gefördert werden können durch die Entwicklung von Referenzebenen (Referenzrahmen) sowie gemeinsamer Grundsätze für Prüfungen und vereinter Massnahmen, einschliesslich eines Leistungspunkte-Transfersystems für den Bereich der beruflichen Bildung (BIBB 2003).

Ziel der Arbeitsgruppe ist es, der Europäischen Kommission im Frühjahr 2004 Ideen zu drei Bereichen vorzulegen, welche dieser als Grundlage für konkrete Vorschläge dienen sollen:

a) Ein Vorschlag für gemeinsame Referenzlevels (gemeinsamer Referenzrahmen) für die berufliche Bildung (Vocational Education and Training, VET),
b) eine Reihe von Grundsätzen für die Entwicklung eines Credit-Transfer-Systems in der beruflichen Bildung und
c) eine praktikable Definition von Credits, die es ermöglicht, auch das Lernen ausserhalb des formalen Qualifikationssystems einzubeziehen.

Hintergrund dieser Idee von ECVET ist der weite und vielfältige Bereich der Mobilität: Geographische und transnationale Mobilität, der Übergang zwischen Bildungsbereichen im jeweiligen nationalen System, zwischen unterschiedlichen Lernstrukturen sowie zwischen Phasen von Arbeit und Ausbildung. Dabei schwebt den Verantwortlichen eine ähnliche Entwicklung wie im Hochschulbereich vor, wobei mit ungleich mehr Problemen und Schwierigkeiten zu rechnen ist. Der Berufsbildungsbereich beinhaltet eine grosse Anzahl und immense Variationsbreite betroffener Institutionen in jedem Land, unterschiedliche rechtliche Verankerungen der Berufsbildung, verschiedenartige Ausprägungen bezüglich der sozialen Anerkennung der Berufsbildung sowie unterschiedliche Traditionen.

Da zum Zeitpunkt des Abschlusses dieses Gutachtens noch keine Einzelheiten verfügbar waren, lässt sich das ECVET nicht beurteilen. Trotzdem seien einige Hinweise gemacht:

1. Die Entwicklung eines gemeinsamen europäischen Referenzrahmens wurde bereits viermal versucht (EU-Levels von 1985, die Bildungs- und Kompetenzkriterien vermischen; ISCO 88 und ISCO plus, eine Klassifikation von Berufen und Berufsgruppen; EU-Qualifikationsniveaus über die Anerkennung von Berufsqualifikationen 2002 sowie ISCED 1997 ohne Bezug zu Berufen). Gegenwärtig bezweifelt man, ob einer dieser Referenzrahmen als Grundlage für ein Credit-Transfer-System geeignet ist. Deshalb überrascht es nicht, dass die Arbeitsgruppe empfiehlt, bis 2010 (!) einen neuen kohärenten europäischen Meta-Referenzrahmen für Credits und Qualifikationen zu entwickeln.
2. Für ein Credit-Transfer-System müssen Lehreinheiten, Module und Messeinheiten bestimmt werden, denen Credit-Punkte zugeteilt werden können, damit Credits überhaupt international anrechenbar werden. Diese Definition dürfte sehr anspruchsvoll werden.
3. Sicher ist aber, dass eine erfolgreiche Implementierung des ECVET massgebliche Auswirkungen auf das Berufsbildungssystem eines Landes hätte. Deshalb stellt sich die Frage, wie die Schweiz auf diese Entwicklung reagieren soll.

Hier wird eine **dezidierte Meinung** vertreten:

- Selbstverständlich muss die Entwicklung genau beobachtet werden.
- Bis auf Weiteres sollte aber nichts unternommen werden. Erstens wird die Entwicklung des ECVET grosse Schwierigkeiten bereiten, so dass es falsch wäre, Massnahmen einzuleiten, die auf unklaren Voraussetzungen aufbauen. Zweitens gibt es wichtigere Probleme, welche im schweizerischen Berufsbildungssystem prioritär zu lösen sind:
- Zudem sollten alle Kräfte auf die weitere Verbesserung der Qualität des schweizerischen Berufsschulsystems ausgerichtet werden. Die nachstehenden Fragen seien erlaubt: Trägt die zunehmende Bürokratisierung im europäischen Bildungswesen längerfristig auch wirklich zur Qualitätsverbesserung bei, und wird die Bedeutung der internationalen Mobilität vor allem in der beruflichen Grundbildung und in weniger anspruchsvollen Berufsfeldern nicht gelegentlich politisch etwas überbewertet?

Kapitel 5: Die schweizerischen Fachhochschulen

5.1 Kurze Übersicht über die bisherige Entwicklung

Mit dem Bundesgesetz vom 6. Oktober 1995 über die Fachhochschulen (FHSG) wurde ein beachtenswerter Prozess der Umwandlung der bewährten schweizerischen Ingenieurschulen HTL, der Höheren Wirtschafts- und Verwaltungsschulen (HWV) sowie der Schulen für Gestaltung in Fachhochschulen eingeleitet. Dieser Prozess konnte Ende 2003 mit der Anerkennung von sieben Fachhochschulen mit rund 200 Studiengängen abgeschlossen werden.

Die Entwicklungsarbeiten wurden von der in Art. 24 FHSG vorgesehenen Eidgenössischen Fachhochschulkommission (EFHK) mit Unterstützung des BBT geplant und überwacht. Grundlage dafür waren die im Anhang zur Fachhochschulverordnung vom 11. September 1996 (FHSV) vorgegebenen Ziele für die Aufbauphase 1996–2003. Diese Zielvorgaben umfassten unter anderem: die regionale und überregionale Zusammenfassung bestehender Ausbildungsangebote, die Festlegung von Ausbildungs- und Forschungsschwerpunkten, die Aufgabenteilung und Zusammenarbeit zwischen universitären und Fachhochschulen, den Ausbau der Kompetenz in anwendungsorientierter Forschung und Entwicklung, den Wissens- und Technologietransfers sowie Massnahmen zur Gleichstellung der Geschlechter.

Die EFHK arbeitete von 1996–2003 mit einem straffen Zeitplan und einer klaren Prioritätenordnung. Zuerst galt es die Fachhochschullandschaft Schweiz zu schaffen. Dabei standen sich anfänglich zwei Meinungen gegenüber: Die einen waren für eine Stilllegung einzelner Schulen aufgrund von Qualitätskriterien, die anderen für eine Zusammenfassung aller Schulen in sieben Fachhochschulen, denen die bestehenden Schulen als Teilschulen unter einheitlicher Leitung zugeordnet werden sollten. Es zeigte sich bald, dass sich eine Konzentration auf wenige qualitativ gute Schulen und Stilllegungen aus zwei Gründen nicht verwirklichen liess. Erstens fehlten eindeutige Qualitätskriterien. Die immer wieder verwendeten Rankingkriterien bei der Bewertung von Hochschulen erwiesen sich als zu wenig verlässlich, weil sie meistens auf wenige und oft äusserliche Beurteilungskriterien beschränkt blieben. Dies ist eine Folge der wissenschaftlichen Unbestimmtheit des Qualitätsbegriffes für Schulen. Wahrscheinlich wird es auch in Zukunft nicht möglich sein, einigermassen objektive Qualitätskriterien festzulegen, weil neben Sachkriterien immer auch normative und politische Kriterien zu berücksichtigen sind (vergleiche dazu Dubs 2003).

Zweitens setzten regionalpolitische Ansprüche einer Stilllegung von Schulen enge Grenzen. Aus verständlichen Gründen kämpften vor allem Randregionen für ihre eigenen Fachhochschulen. Deshalb entschied man sich, alle Schulen in sieben Fachhochschulen zusammenzufassen, in welche die einzelnen Schulen als Teilschulen integriert wurden. Die Umsetzung dieses – rückblickend als richtig zu beurteilenden Entscheides – verursachte jedoch einige Probleme. Verschiedenen Trägerschaften der neuen Fachhochschulen bereitete bei der Konzeptarbeit der Entscheid «Strategy before structure» oder «Structure before strategy» Schwierigkeiten. Richtig wäre es, zunächst die Strategie (insbesondere die Bestimmung von Schwerpunkten) festzulegen und die Strukturen anschliessend danach anzupassen. Leider führten dann aber politische Ansprüche (regionalpolitische Forderungen, Rücksichtnahme auf Minderheiten, Schwierigkeiten bei der Anpassung von Konkordatsbestimmungen) in einzelnen Regionen dazu, dass lange über Strukturen diskutiert wurde und damit der Blick auf eine Schwerpunktbildung verloren ging. Schwierigkeiten ergaben sich auch immer wieder im Zusammenhang mit Kompetenzabgrenzungen zwischen Bund und Kantonen. Im Interesse des Aufbaus eines profilierten Fachhochschulsystems der Schweiz hätte der Bund – nicht zuletzt aus Kostengründen – Schwerpunktbildungen beschleunigen müssen, denn auch nach dem Aufbau der Fachhochschullandschaft Schweiz ist das System immer noch zu stark zersplittert. Es werden zu viele traditionelle Studiengänge (z. B. Achitektur) weitergeführt und innovative Studiengänge können infolge finanzieller Engpässe nicht genügend gefördert werden. Zudem lässt sich der Leistungsauftrag gemäss Art. 6 ff. FHSG wegen der noch bestehenden Zersplitterung nicht überall verwirklichen, was zu steigenden Qualitätsunterschieden zwischen Fachhochschulen und Studiengängen führen wird. Der Bund konnte seine strategische Führungsrolle nicht richtig wahrnehmen, weil die Kantone Autonomieverluste befürchteten. Sie argumentierten, dass sie als grössere Geldgeber Grundsatzentscheide für ihre Fachhochschulen selbst treffen wollten. Schliesslich liess sich beobachten, dass immer wieder von modernen Organisations-, Finanzierungs- und Führungsprinzipien (häufig im Sinne des New Public Managements) gesprochen wurde, die rechtlichen und konzeptionellen Voraussetzungen dazu aber häufig nur ungenügend geschaffen wurden, was vor allem den Schulleitungen die Führungsaufgabe erschwerte.

Gleichzeitig bearbeitete die EFHK Fragen des Qualitätsmanagements sowie der Akkreditierung der Fachhochschulen mit ihren Studiengängen. Da es ihr darum ging, die gesetzten Ziele der Fachhochschullandschaft Schweiz rasch zu erreichen, entschied sie sich im Alleingang für ein System der formalen Überprüfung der Entwicklungsschritte der sieben Fachhochschulen sowie für das System der Peer-Review zur systematischen Überprüfung der Qualität der einzelnen Studiengänge (siehe dazu Abschnitt 5.2 in diesem Kapitel).

Drittens beschäftigte sich die EFHK mit dem Aufbau nationaler Kompetenzzentren und Kompetenznetzwerke. Die Zentren dienen dazu, dass sich die einzelnen Fachhochschulen mit ausgewählten Studiengängen durch besondere Leistungen mit Unterstützung des Bundes im Rahmen des gesetzlichen Leistungsauftrages profilieren können. Mittels Netzwerken soll die Zusammenarbeit in einzelnen Fachbereichen nicht nur zwischen Fachhochschulen, sondern auch mit nationalen und internationalen Universitäten verstärkt werden. Kompetenzzentren und Netzwerke, dies bestätigte sich sofort, bedürfen der Unterstützung und einer strategischen Führung durch den Bund. Deshalb hat der Bundesgesetzgeber bereits 1997 die Kommission für Technologie und Innovation (KTI) beauftragt, die notwendigen Fördermassnahmen einzuleiten, die bis heute fortgeführt werden. Die Kommission wählte das Verfahren der Gewährung von Forschungskrediten auf Gesuch hin. Tabelle 5.1 gibt einen Überblick über die Entwicklung der Forschungsgesuche und der gesprochenen Beiträge.

Tabelle 5.1

Forschungsgesuche und Beiträge durch die KTI an die Fachhochschulen

Jahr	Bewilligte Forschungsgesuche	Gesamtsumme (CHF)
1998–2001	310	3 341 000
2002	96	19 985 786
2003	155	32 191 923
Quelle: Mitteilung KTI/BBT		

Diese Daten belegen die Bedeutung der Forschungskredite durch die KTI für den Aufbau des schweizerischen Fachhochschulsystems. Auch das Interesse an Kompetenzzentren und -netzwerken war sehr gross. Innert kürzester Zeit wurden 205 Interessenanmeldungen, darunter 95 Gesuche für die Führung von Netzwerken (Leading Houses), eingereicht. Tabelle 5.2 gibt einen Überblick über den Entwicklungsstand im März 2004.

Tabelle 5.2
Kompetenznetzwerk der schweizerischen Fachhochschulen

- ICTnet (Réseau national de compétences en technologies de l'information et de la communication)
- IPLnet (Integrale Produktion und Logistik)
- Netzwerk Holz
- BioteCHnet
- Ecademy (Applied Sciences for E-Business and eGovernment)
- brenet (building and renewable energies network of technology)
- adminet (Kompetenznetzwerk Public Management)
- MatNet (Réseau des compétences en technologie des matériaux)
- Swiss Food net (Réseau de Compétences National du secteur alimentaire)
- Micro Swiss Network

Die Kompetenznetzwerke werden jeweils für drei Jahre bewilligt.

5.2 Die Qualitätsentwicklung der schweizerischen Fachhochschulen

5.2.1 Übersicht über die Evaluationsverfahren

Beim Aufbau der schweizerischen Fachhochschulen schenkte die EFHK der Qualitätsentwicklung der einzelnen Schulen und ihrer Studiengänge die volle Aufmerksamkeit, weil vor allem aus dem Ausland der Einwand zu hören war, eine Umwandlung höherer Fachschulen in Fachhochschulen berge die Gefahr der Fortführung einer höheren fachlichen Berufsbildung ohne Hochschulniveau in sich. Deshalb überprüfte sie den Aufbauprozess der Fachhochschulen mit den in Tabelle 5.3 dargestellten Evaluationsverfahren.

Tabelle 5.3

Evaluationsverfahren 2000–2003

Zeitverlauf	**Fachhochschulen**	**Einzelne Studiengänge**
Bis Januar 2001	Selbstberichte einer jeden Fachhochschule über die Gesamtentwicklung sowie die Entwicklung der einzelnen Studiengänge	
Februar bis August 2001	---	Peer-Review (Swiss Peer-Review genannt)
November und Dezember 2001	– Erste formale Überprüfung – Metaevaluation anhand einer umfassenden Kriterienliste	---
April bis Juni 2003	– Zweite formale Überprüfung anhand der Ergebnisse der ersten formalen Überprüfung sowie einer neuen Kriterienliste	Vereinfachte zweite Peer-Review

Diese Verfahren lassen sich wie folgt charakterisieren:

Selbstevaluationsberichte: Anhand einer von der EFHK vorgegebenen Disposition sammeln die Fachhochschulen systematisch und eigenständig Daten, die sie anschliessend einer kritischen Selbstreflexion unterziehen und in einem Bericht zuhanden von BBT und EFHK zusammenstellen.

Peer-Review: Aufgrund des Selbstevaluationsberichtes über jeden einzelnen Studiengang beurteilt eine Gruppe von Expertinnen und Experten (Peers) (üblicherweise je ein/e in- und ausländische(r) Universitätsprofessor/in, ein/e Fachhochschulvertreter/in sowie je eine in- und ausländische Persönlichkeit aus der Praxis) in einer Vor-Ort-Begehung den jeweiligen Studiengang. Anschliessend verfassen die Peer-Gruppen einen Peer-Bericht, der den Schulen mit Verbesserungsvorschlägen zur Kenntnisnahme überbracht wird und dem BBT und der EFHK als Entscheidungsgrundlage für die Anträge bezügliche der Anerkennung der Diplome der einzelnen Studiengänge an den Bundesrat dient.

Tabelle 5.3 (Fortsetzung)
Evaluationsverfahren 2000–2003

Bei der Swiss Peer-Review wurden von mehr als 600 Fachleuten, die an einer Einführungsveranstaltung teilnahmen, alle 220 schweizerischen Studiengänge der Bereiche Wirtschaft, Technik und Gestaltung, die in Bundeskompetenz stehen, untersucht. In der zweiten vereinfachten Peer-Review wurden 94 Studiengänge mit Auflagen bzw. der Androhung der Nichtanerkennung nochmals begutachtet.
Formelle Überprüfung: Dieses Verfahren beinhaltet eine Fremdevaluation durch die EFHK und die KTI, die sich auf die Evaluation der Strategie- und Führungsprozesse, der angewandten Forschung, der Dienstleistungen sowie der Weiterbildung konzentriert. Evaluiert wurde, wieweit die Prozesse von der höheren Fachschule zur Fachhochschule fortgeschritten waren. Bei der zweiten formellen Überprüfung wurde vornehmlich die Erfüllung der Auflagen der ersten Überprüfung beurteilt.
Metaevaluation: Sie stellte eine Form der Fremdevaluation durch die EFHK und die KTI dar, die sich ausschliesslich auf die Überprüfung des Qualitätsmanagements der Fachhochschule beschränkte. Evaluiert wurde, ob das Konzept des Qualitätsmanagements zweckmässig war, die Evaluation sorgfältig durchgeführt und erkannte Qualitätsmängel in zweckmässiger Weise behoben wurden. Eine eigentliche, materielle Qualitätskontrolle fand jedoch nicht statt. Diese Metaevaluation wurde durchgeführt, um die Fachhochschulen zur sofortigen Einführung des Qualitätsmanagements zu veranlassen, nachdem sich die universitären Hochschulen damit sehr schwer getan hatten.

Die Ergebnisse dieses gesamten Prozesses wurden in zwei Berichten der EFHK sehr detailliert ausgewertet (Fachhochschulen 2002. Bericht über die Schaffung der Schweizer Fachhochschulen der EFHK vom 17. Juni 2002 sowie Bericht der EFHK zur Beurteilung der Gesuche zur Erneuerung der Genehmigung vom 29. Oktober 2003).

Hier werden nur die wichtigsten Ergebnisse zusammengefasst, um einen Eindruck über die erfolgreichen Bemühungen um den Aufbau der Fachhochschulen und ihrer Studiengänge zu geben.

5.2.2 Die Verfahren bis 2002

Peer-Review: Weltweit zum ersten Mal wurden in der Schweiz alle Fachhochschulstudiengänge zweimal einer Peer-Review unterzogen. Die Arbeit war sehr aufwändig. Zusammen mit der verbreiteten Skepsis gegenüber Evaluationsverfahren stiess das Vorhaben anfänglich bei den Schulleitungen und den Dozierenden auf grosse Widerstände. Trotzdem zeichneten sich die meisten Selbstevaluationsberichte durch eine gute Qualität und eine hohe Sachlichkeit aus. Später liess die Kritik nach, weil die Schulleitungen und die Dozierenden erkannten, dass ein Selbstevaluationsbericht zur selbstkritischen Analyse zwingt und die nachfolgende Beurteilung durch die

Peers zu Anregungen sowie neuen Perspektiven beiträgt. Die Vor-Ort-Begutachtungen haben an vielen Schulen auch einen positiven Dialog unter Spezialistinnen und Spezialisten angeregt. Dank der internationalen Zusammensetzung der Peer Gruppen wurden in den Gesprächen internationale Vergleichsmöglichkeiten geschaffen und die Mehrzahl der ausländischen Peers bestätigte die Vergleichbarkeit der neuen schweizerischen mit bewährten ausländischen Fachhochschulen positiv. Allerdings wurde in privaten Gesprächen von ausländischen Expertinnen und Experten mit der wissenschaftlichen Leitung immer wieder auf die noch sehr breite Streuung der Qualität der einzelnen schweizerischen Studiengänge hingewiesen. Der Peer-Review wurde auch von Expertinnen und Experten ausländischer Akkreditierungsagenturen verfolgt, deren Urteil, das sich jedoch stärker auf das Verfahren bezog und aufgrund einer schriftlichen Befragung ermittelt wurde, als gut bezeichnet werden kann.

Eine Gesamtbeurteilung des Entwicklungsstandes der Lehre, der angewandten Forschung, der Dienstleistungen und der Weiterbildung aller schweizerischen Fachhochschulen konnte aufgrund der Swiss Peer-Review nicht vorgenommen werden, da die Ergebnisse sehr breit gestreut sind. Tabelle 5.4 gibt aber eine Übersicht darüber, wie viele Studiengänge nach der Swiss Peer-Review ohne Auflagen zur Anerkennung empfohlen wurden, wie viele Auflagen erhielten und bei wie vielen die Anerkennung als fraglich erachtet wurde.

Tabelle 5.4

Übersicht über den qualitativen Entwicklungsstand aller Studiengänge

Total der in der Swiss Peer-Review beurteilten Studiengänge	Die Anerkennung wird empfohlen	Die Anerkennung wird erst nach Erfüllung von Auflagen empfohlen	Die Anerkennung ist äusserst fraglich
220 Studiengänge (100 %)	126 Studiengänge (57,3 %)	67 Studiengänge (30,5 %)	27 Studiengänge (12,2 %)
Quelle: Fachhochschulen 2002. Bericht über die Schaffung der Schweizer Fachhochschulen vom 19. Juni 2002, S. 45.			

Eine Zusammenfassung aller Ergebnisse der Swiss Peer-Review führte zu folgenden Erkenntnissen:

1. Der Stand der Lehre war, wenn auch mit einer gewissen Streuung zwischen Schulen und Studiengängen, im Allgemeinen gut bis sehr gut.

Wünschenswert wäre allerdings, wenn mehr neuartige Studiengänge entwickelt würden, in denen einerseits neue technologische Entwicklungen berücksichtigt und andererseits stärker interdisziplinäre Ansätze verwirklicht würden.

2. Der vom Fachhochschulgesetz vorgegebene erweiterte Leistungsauftrag bereitete noch an verschiedenen Schulen Schwierigkeiten, weil einerseits in einzelnen Studienbereichen die Abgrenzung von angewandter Forschung und Dienstleistungen Probleme verursachte (z. B. in den Wirtschaftswissenschaften) und andererseits noch nicht abschliessend geklärt war, wie angewandte Forschung zu umschreiben ist (z. B. im Bereich Gestaltung).
3. Beachtenswert war, dass an einzelnen Fachhochschulen die angewandte Forschung hoch entwickelt war und zum Teil universitäres Niveau erreichte, was sich etwa an schönen Beispielen der Zusammenarbeit von Fachhochschulen und universitären Forschungsinstituten zeigte. Leider fanden sich aber auch Schulen, die sich noch in keiner Weise vertieft mit dem erweiterten Leistungsauftrag beschäftigt hatten. Dafür mag an einzelnen Schulen ein Ressourcenmangel verantwortlich gewesen sein. Viel entscheidender für eine erfolgreiche Wahrnehmung des erweiterten Leistungsauftrags war indessen das Verhalten der Schulleitungen und Dozierenden. So hatten letztere an einzelnen Fachhochschulen mit klaren Zielvorstellungen Forschungskredite bei der Kommission für Technologie und Innovation (KTI) des Bundes angefordert oder Zusammenarbeitsprojekte mit der Wirtschaft entwickelt.
4. Kritisch war, dass bei der Planung der Fachhochschulen die Rolle und die Arbeitsbedingungen der Dozierenden zu wenig bedacht wurden. Mit der Fortführung von Lehrverpflichtungen wie sie an Ingenieurschulen und Höheren Wirtschafts- und Verwaltungsschulen üblich waren und ohne einen minimalen Mittelbau lassen sich die Vorstellungen des Gesetzgebers zum erweiterten Leistungsauftrag nicht erfüllen. Hier bestand und besteht noch ein wesentlicher strategischer Entwicklungsauftrag für die Trägerschaften. Zwingend bleibt auch eine Verstärkung der bereits angelaufenen Weiterbildung für Dozierende.
5. Leider zeigte die Swiss Peer-Review, dass an vielen Fachhochschulen den berufsbegleitenden Studiengängen (Teilzeitlehrgänge) nicht mehr die genügende Aufmerksamkeit geschenkt wurde. In einem Schulsystem, das allen Abgängerinnen und Abgängern aus dem dualen Berufsbildungssystem Bildungschancen zugestehen will, darf diese Ausbildungsform nicht vernachlässigt werden.
6. In den Peer-Berichten wurde immer wieder, vor allem in technischen Bereichen, die ungenügende Vorbereitung der Berufsmaturanden

angesprochen (siehe Abschnitte 4.5.2 und 4.5.3 im Kapitel 4). Die Reform der Berufsmaturität trug dieser Kritik Rechnung. Allerdings sollten die Fachhochschulen nicht nur Forderungen stellen, sondern auch die Grenzen beachten, die durch das System der Berufsmittelschule gegeben sind, und die dual ausgebildeten Lernenden dort abholen, wo sich sich aufgrund ihrer Vorbildung befinden.

7. Grosse Anstrengungen wurden für die Internationalisierung der Studiengänge und den Aufbau von Kontakten mit ausländischen Schulen unternommen. Allerdings wurde dabei gelegentlich mehr auf die Quantität der Beziehungen – vor allem zu ausländischen Prestigeschulen – als auf deren Qualität geachtet.

Im Bericht Fachhochschulen 2002 finden sich detaillierte Angaben über die einzelnen Studienrichtungen und Schulen.

Formelle Überprüfung: Die formelle Prüfung erfolgte anhand von Kriterien, welche durch die Mitglieder der EFHK quantitativ bewertet wurden. Tabelle 5.5 gibt die Gesamtbeurteilung aller Fachhochschulen wieder.

Tabelle 5.5

Gesamtbeurteilung aller Fachhochschulen

Strategie-/Führungsmanagement	2,34
Organisationsprinzipien	2,38
Marketing- und Kommunikationspolitik	2,46
Qualitätsmanagement	2,55
Finanz-/Besoldungsmanagement	2,57
Personalpolitik	2,74
Raum-/Infrastrukturpolitik	2,79
Kooperationen	2,81
Politik in angewandter Forschung und Entwicklung	2,83
Rahmenbedingungen	2,96
Auflagenerfüllung	3,07
Zulassungspolitik	3,21

Mittelwerte (4 = hoher Entwicklungsstand; 1 = niedriger Entwicklungsstand

Quelle: Fachhochschulen 2002. Bericht über die Schaffung der Schweizer Fachhochschulen vom 19. Juni 2002, S. 18.

Aus der Vielzahl der Erkenntnisse aus der formellen Überprüfung seien die Folgenden angeführt, welche für die künftige Entwicklung der schweizerischen Fachhochschulen bedeutsam sind:

1. Der Strategieprozess verlief in der ersten Phase verhältnismässig mühsam, weil es in den einzelnen Fachhochschulregionen vor allem aus regionalpolitischen Gründen an der Bereitschaft fehlte, einen Optimierungsprozess von Studiengängen einzuleiten. Es wurde immer wieder auf die Bedeutung von Teilschulen für die wirtschaftliche Entwicklung einer Region verwiesen. Wissenschaftspolitisch wäre aber eine Konzentration aus zwei Gründen zwingend nötig gewesen. Zu kleine Schulen werden Mühe mit der Profilierung im erweiterten Leistungsauftrag haben. Und zu geringe Studierendenzahlen führen zu hohen Kosten für die einzelnen Studierenden. Dies bestätigte die erste gesamtschweizerische Kostenrechnung für Fachhochschulen (BBT 2002). Für die nächsten Jahre wird die Klärung des Spannungsfeldes Optimierung der Grösse der einzelnen Teilschulen und Berücksichtigung regionaler Interessen, die für die Trägerschaften am schwierigsten zu lösende Aufgabe sein, die nur gelingen wird, wenn der Aufbau der strategischen Führung noch konsequenter erfolgt.
2. Als noch kritisch wurden die Nachwuchsförderung sowie der Aufbau des Mittelbaus beurteilt. Verantwortlich für diese Situation sind finanzielle Engpässe. Der erweiterte Leistungsauftrag kann nicht erfüllt werden, wenn die einzelnen Fachhochschulen nicht über einen angemessenen Mittelbau verfügen und eine systematische Nachwuchspolitik betreiben, die Dozierende fördert, welche den Ansprüchen des Theorie-Praxis-Bezuges der Fachhochschulen genügen (Fachhochschulen also nicht zu einem Sammelbecken von universitären, praxisunerfahrenen Privatdozenten werden, welche keine Stelle an einer Universität finden). Zudem sind für die Dozierenden Arbeitsbedingungen zu schaffen, die es ermöglichen, den erweiterten Leistungsauftrag zu erfüllen. Vor allem wird die von den höheren Fachschulen übernommene Lehrverpflichtung (15–20 Stunden Lehrveranstaltungen pro Woche) reduziert werden müssen.
3. Die Erfüllung des erweiterten Leistungsauftrages wurde in dieser ersten formellen Überprüfung mit drei Einschränkungen als gut beurteilt. Erstens gelang es noch nicht allen Fachhochschulen Kontakte für eine Zusammenarbeit in angewandter Forschung und für Dienstleistungen mit interessierten Unternehmen zu schaffen. Zweitens fehlte es an verschiedenen Schulen mangels einer klaren Schwerpunktbildung an der Profilierung im erweiterten Leistungsauftrag, wodurch es nicht

gelang, in einzelnen Kernbereichen die erwünschte Einzigartigkeit der Tätigkeit zu erlangen. Dies zeigte sich auch in den Publikationen der einzelnen Fachhochschulen, die konzeptuell noch zu zufällig sind. Drittens wurde die Valorisierung des Wissens (durch Publikationen, Entwicklung von Dienstleistungen, Patentierungen, Lizenzvergaben oder Unternehmensgründungen [spin-offs]) noch zu wenig gepflegt. Allerdings dürfen diese drei kritischen Erkenntnisse nicht zu sehr verallgemeinert werden. Einerseits lässt sich in einer so kurzen Zeit (4–5 Jahre) der Schulentwicklung nicht alles realisieren, andererseits ist auf die grossen Unterschiede zwischen den einzelnen Schulen und Studiengängen hinzuweisen. Von grössten Leistungen bis hin zu ersten Ansätzen findet sich in der Hochschullandschaft alles.

Qualitätsmanagement: Im Jahre 2002 verfügten alle Fachhochschulen über ein Qualitätsmanagement, das sich jedoch vornehmlich auf die Lehre beschränkte. Die Instrumente dafür waren im Allgemeinen zweckmässig. Die EFHK forderte allerdings eine Ausweitung des Systems auf alle Leistungsauftragsbereiche und eine Harmonisierung der Systeme innerhalb jeder Fachhochschule. Sie warnte aber zugleich vor möglichen Fehlentwicklungen der Systeme wie zu komplizierten Qualitätsmanagement-Systemen, welche die Dozierenden von ihrer Hauptaufgabe abhalten; und sie warnten vor Systemen, die wenig ergebnisorientiert sind und zu keinen Schulentwicklungsmassnahmen führen sowie vor Systemen, die rituell die immer gleichen Kriterien überprüfen und deshalb kaum zu Verbesserungen führen. Insgesamt musste festgestellt werden, dass das Vorhandensein eines Qualitätsmanagements noch keine Garantie für eine bessere Fachhochschule bedeutet.

5.2.3 Die Verfahren des Jahres 2003

Im Jahre 2003 wurden durch die EFHK und das BBT die definitiven Aufträge für die Anerkennung der einzelnen Fachhochschulen und deren Diplome der Studiengänge zuhanden des Bundesrates bearbeitet. Dazu führten sie die vereinfachte zweite Peer-Review und die zweite formelle Überprüfung durch.

Peer-Review: Zunächst erfolgte bei allen Studiengängen, die 2002 noch nicht zur Anerkennung empfohlen wurden, eine vereinfachte zweite Peer-Review, bei welcher in einem verkürzten Verfahren durch Peer-Gruppen, mit zum Teil den gleichen Expertinnen und Experten wie im Jahr 2001, überprüft wurde, ob die Auflagen in der Zwischenzeit erfüllt wurden, und wie sich die Studiengänge insgesamt entwickelt haben. Die Ergebnisse waren gut: Von den 78 Studiengängen (die Zahl stimmt nicht mit den in Tabelle 5.4 genannten Zahlen der mit Auflagen belegten Studiengänge überein, weil es zu Zusammenlegungen von Studiengängen an einzelnen Teilschulen innerhalb einer Fachhochschule kam) konnten 69 anerkannt werden, neun mussten jedoch endgültig abgelehnt werden. Im Allgemeinen liessen sich aus dieser vereinfachten zweiten Peer-Review die folgenden Tendenzen erkennen:

1. Alle zur Anerkennung empfohlenen Studiengänge haben sich sehr um Qualitätsverbesserungen bemüht. Es wurden grosse Entwicklungsarbeiten geleistet. Vor allem in der Lehrplanentwicklung wurden zum Teil überdurchschnittliche Anstrengungen unternommen.
2. Zum ersten Mal wurden aber die Abgrenzungsschwierigkeiten des erweiterten Leistungsauftrages zwischen angewandter Forschung und Dienstleistungen sichtbar. Einerseits gab es Studiengänge, die sich auf Dienstleistungen konzentrierten und ihre angewandte Forschung in diese Tätigkeit einschlossen, was immer dann akzeptiert wurde, wenn es sich nicht um Routine- sondern um innovative Dienstleistungen handelte. Andererseits haben einzelne Studiengänge nur angewandte Forschung betrieben, weil es vom Fachgebiet her schwierig war, sinnvolle Dienstleistungen anzubieten und/oder die Wirtschaft noch kein Interesse an Dienstleistungen zeigte. Allerdings wiederholte sich eine Feststellung aus der ersten Peer-Review: Die Qualitätsunterschiede der einzelnen Studiengänge in den Bereichen angewandte Forschung und Dienstleistungen waren sehr gross. Einzelne Fachhochschulen wiesen Leistungen nach, die jenen der universitären Hochschulen in keiner Weise nachstehen. Diese Schulen haben auch die Kooperation mit den universitären Hochschulen (insbesondere im technischen Bereich mit den Eidgenössischen Technischen Hochschulen) gefunden. Andererseits sind aber in einzelnen Studiengängen noch grosse Anstrengungen nötig, um zu einem nachhaltigen guten Niveau zu gelangen. In dieser Hinsicht bestätigte sich eine Kritik an der Peer-Review. Die Arbeit der Peer-Gruppen eignet sich sehr für Beurteilungen, die zum Ziel haben, die Qualität von Studiengängen zu verbessern. Wenn Peers aber Entscheide über die Ablehnung von Studiengängen treffen müssen, scheint das kollegiale Wohlwollen stärker zu sein. Dies zeigt sich an den unterschiedlichen Beurteilungen durch die wissenschaftliche Leitung der Peer-Review. Sie hätte von den 73 Studiengängen 12 abgelehnt.
3. Noch ungelöst ist die Frage, was angewandte Forschung und Dienstleistungen im Bereich der Gestaltung heisst. Diese Frage wird sich auch

im Gesundheitsbereich stellen, der in absehbarer Zeit in das System der Fachhochschulen eingegliedert werden soll.

Formelle Überprüfung: Sie erbrachte die folgenden Ergebnisse:

1. Ende 2003 verfügten alle Fachhochschulen über eine explizite Strategie. Allerdings bestanden bezüglich Qualität und Umsetzung noch grosse Unterschiede.
2. Auch hinsichtlich Führung und Organisation existierten noch beachtliche Differenzen. An vier Fachhochschulen war das Führungsinstrumentarium noch nicht so entwickelt, dass die Voraussetzungen für eine wirksame Schwerpunktbildung und Profilierung schon vorhanden gewesen wären.
3. Beim Qualitätsmanagement waren grosse Fortschritte feststellbar. Eine verstärkte Ausrichtung auf die angewandte Forschung und Dienstleistung drängt sich jedoch noch auf.
4. Zu beachten sind innerhalb der einzelnen Fachhochschulen die Mehrfachangebote. Sie sind nur solange unkritisch, als die Nachfrage nach Studienplätzen vorhanden ist. Sobald aber Studiengänge eine unterkritische Grösse haben und sich solche Studiengänge nicht durch ein besonderes Profil rechtfertigen, sind weitere Zusammenschlüsse zwingend notwendig. Aus Gründen der Finanzierung und der Profilierung der einzelnen Studiengänge müssen die Richtgrössen, wie sie von der EFHK und vom Fachhochschulrat festgelegt worden sind, rasch durchgesetzt werden.

Technik und Informationstechnologie	75	Studierende pro Studiengang
Architektur, Bau- und Planungswesen	75	Studierende
Chemie und Life Sciences:	75	Studierende
Wirtschaft und Dienstleistungen	90	Studierende
Gestaltung:	45	Studierende

Die Darstellung der Entwicklung der sieben schweizerischen Fachhochschulen, die 2003 vom Bundesrat als Fachhochschulen anerkannt wurden, erfolgte etwas ausführlicher, um zu dokumentieren, dass der Vorwurf, man hätte bestehende Ingenieurschulen HTL und Höhere Wirtschafts- und Verwaltungsschulen (HWV) nur formal in Fachhochschulen umgewandelt und es sei ein eigentlicher «Etikettenschwindel» betrieben worden, in keiner Weise zutrifft. Festgehalten werden kann vielmehr Folgendes:

- Es fand ein von der EFHK und vom BBT sorgfältig begleiteter Umgestaltungsprozess von 53 weitgehend voneinander unabhängigen Ingenieurschulen HTL, Höheren Wirtschafts- und Verwaltungsschulen (HWV) und Schulen für Gestaltung in eine Fachhochschullandschaft Schweiz mit sieben neuen Schulen statt.
- In Artikel 3 FHSG wurde ein erweiterter Leistungsauftrag (Lehre, angewandte Forschung, Dienstleistungen und Weiterbildung) vorgegeben, der die einzelnen Schulen zu wesentlichen Umgestaltungen ihrer Tätigkeit zwang.
- Mit einem umfassenden Evaluationsverfahren wurde der Umgestaltungsprozess stark gesteuert. Die Wirksamkeit dieses Steuerungsprozesses lässt sich vor allem anhand der Peer-Berichte der Swiss Peer-Review und der vereinfachten zweiten Peer-Review sowie anhand der Berichte der formellen Überprüfungen belegen.
- Mit dem Beizug ausländischer Expertinnen und Experten für die Peer-Review wurde sichergestellt, dass die Beurteilungen nicht nur eine Binnensicht beinhalten, sondern auch internationalen Massstäben Rechnung tragen.
- Aus den Peer-Berichten lässt sich nichts ableiten, was zu Zweifeln an der Ebenbürtigkeit der schweizerischen im Vergleich zu ausländischen Fachhochschulen Anlass geben könnte, wenn auch bei einzelnen Studiengängen (insbesondere bei der Informatik) gelegentliche kritische Anmerkungen vorzufinden waren.
- Schliesslich darf erwähnt werden, dass die Reformschritte und die Fortschritte bezüglich Qualitätsverbesserungen bei einer Umgestaltung des Hochschulsystems kaum je in einem Land so umfassend überprüft wurden, wie bei den Fachhochschulen in der Schweiz.

Im Interesse der weiteren Entwicklung der Fachhochschulen ist jedoch im Bereich der strategischen Entwicklung und der organisatorischen Ausgestaltung seitens der Trägerschaft noch sehr viel zu leisten. In einer von «Avenir Suisse» sich in Vorbereitung befindenden Studie kommt die ausländische Verfasserin aufgrund von Interviews mit Vertreterinnen und Vertretern der Fachhochschulen zu folgendem Schluss: «Sie finden die derzeitigen Mechanismen zur Steuerung des Fachhochschulsektors als paralysierend. Das komplexe Zusammenspiel mit verschiedenen Organen des Bundes und der Kantone behindert eine effiziente Führung der Fachhochschulen. Der Wunsch nach Anerkennung und Profilierung ist bei den Fachhochschulen gross. Das Verbundsystem wird als Etikettenschwindel bezeichnet, da die Teilschulen in der Mehrzahl völlig autonom nebeneinander agieren» (Sporn, in Vorbereitung).

Diese Kritik ist sehr ernst zu nehmen. Strategisch und führungsmässig besteht noch ein sehr grosser Handlungsbedarf im Hinblick auf die folgenden zwei Problemkreise:

1. Die Kompetenzabgrenzung zwischen EFHK, FHR, KFH und BBT ist zu wenig geklärt. Deshalb mangelt es an strategisch klaren und verbindlichen Vorgaben, was zu Doppelspurigkeiten und Entscheidungsverzögerungen führt.
2. Man ist trotz grossem Neuerungswille einmal mehr auf dem besten Weg, die Frage der Autonomie der Fachhochschulen ungeklärt zu lassen, obschon eine vernünftige Anwendung des New Public Managements wirksame Lösungen ermöglichen würde (vergleiche dazu Dubs 2003).

Für den Erfolg eines Bildungssystems entscheidend sind jedoch nicht allein diese den Entwicklungsprozess begleitenden Massnahmen. Viel bedeutsamer ist die Frage, wie sich die Lernenden später in das Wirtschaftsleben integrieren lassen, und wie sie sich in ihrem Beruf bewähren. Zu diesem Zweck soll im Folgenden die Entwicklung des Arbeitsmarktes für Fachhochschulabsolventinnen und -absolventen betrachtet werden.

5.3 Die Entwicklung des Arbeitsmarktes für Absolvierende von schweizerischen Fachhochschulen

Seit 1977 werden in der Schweiz alle zwei Jahre schriftliche Befragungen bei den Absolventinnen und Absolventen der universitären Hochschulen und seit 1993 auch bei den Höheren Fachschulen bzw. den Fachhochschuldiplomierten durchgeführt. Im Jahr 2002 wurden erstmals alle diejenigen Absolventinnen und Absolventen, die bereits an der ersten Befragung teilgenommen hatten, vier Jahre nach ihrem Hochschulabschluss ein zweites Mal befragt (Bundesamt für Statistik 2003b).

Tabelle 5.6 gibt einen Gesamtüberblick über die **Beschäftigungslage von Hochschulabsolventinnen und -absolventen** ein und vier Jahre nach Studienabschluss.

Diese Zahlen verweisen auf die folgenden Zusammenhänge:

- Die Beschäftigungslage der Fachhochschulabsolventinnen und -absolventen ist (mit Ausnahme der Frauen vier Jahre nach Abschluss) besser als diejenige der Universitätsabsolventinnen und -absolventen.
- Die Zahl der Stellensuchenden hat sich vom ersten bis zum vierten Jahr nach Abschluss des Hochschulstudiums bei den Männern aus Fachhochschulen stärker verringert als bei den Universitätsabsolventen. Bei den Frauen aus Fachhochschulen hat sie sich zwar auch reduziert, aber weniger als bei den Universitätsabsolventinnen. An den Fachhochschulen ist der Frauenanteil in den Fächern Technik, Chemie und Bauwesen im Allgemeinen tiefer als an Universitäten. Trotzdem profitieren bei der Stellensuche die Fachhochschulabsolventinnen offenbar nicht von ihrer anteilmässig geringeren Zahl.
- Deutlich wird, dass sich die Absolventinnen der Fachhochschulen vier Jahre nach Abschluss stärker als die Absolventinnen der Universität den häuslichen Aufgaben und der Kindererziehung widmen, was darauf hinweist, dass unter Fachhochschulabsolventinnen das traditionelle Rollenverständnis noch ausgeprägter ist. Das zeigt sich auch an der Zahl der Fachhochschulabsolventinnen mit Kindern unter zwei Jahren, welche ihre Berufstätgkeit unterbrechen.

Insgesamt darf festgehalten werden, dass die Beschäftigungslage für Absolventinnen und Absolventen der Fachhochschulen vor allem bei den Männern sehr gut ist und sich im Verlaufe der Erwerbstätigkeit noch verbessert, während sie bei den Frauen anfänglich gut ist, sich aber im Zeitverlauf verschlechtert, was jedoch mit aller Wahrscheinlichkeit nicht nur auf den Arbeitsmarkt, sondern auch auf das traditionelle Rollenverständnis der Fachhochschulabsolventinnen zurückzuführen ist.

Zu beachten ist nun aber, dass **regionale Unterschiede** bei den Beschäftigungschancen bestehen:

- Zwar zeigt die Beschäftigungsstatistik, dass die Stellensuchquote von Hochschulabsolventen und -absolventinnen in allen fünf Wirtschaftsregionen der Schweiz, wie sie das Bundesamt für Statistik verwendet, tiefer liegt als die allgemeine Erwerbslosenquote. Aber es bestehen grosse regionale Unterschiede.

Tabelle 5.6

Beschäftigungslage der Hochschulabsolventinnen und -absolventen ein und vier Jahre nach Studienabschluss (in %)

	Universitätsabsolventinnen und -absolventen					
	1 Jahr nach Abschluss 1999			4 Jahre nach Abschluss 2002		
Erwerbspersonen	Männer	Frauen	Total	Männer	Frauen	Total
Erwerbstätige	88,3	86,1	87,4	93,3	90,9	92,2
Stellensuchende	3,8	5,9	4,7	2,5	2,1	2,3
Stelle zugesichert	3,2	2,7	3,0	1,2	1,8	1,5
Erwerbsverzicht insgesamt	*5,0*	*5,8*	*5,3*	*3,1*	*5,4*	*4,1*
Anteile an den Erwerbs-verzichtenden						
In Ausbildung/ Weiterqualifizierung	77,1	65,7	71,8	70,0	31,0	47,3
Familiäre Verpflichtungen	2,4	13,7	7,7	3,3	52,4	31,9
Anderes	20,5	20,6	20,5	26,7	16,6	20,8
Anzahl (n)	(3030)	(2392)	(5422)	(1940)	(1553)	(3493)

	Fachhochschulabsolventinnen und -absolventen					
	1 Jahr nach Abschluss 1999			4 Jahre nach Abschluss 2002		
Erwerbspersonen	Männer	Frauen	Total	Männer	Frauen	Total
Erwerbstätige	92,4	91,9	92,6	95,5	90,1	94,0
Stellensuchende	3,7	4,1	3,8	1,4	3,1	1,8
Stelle zugesichert	1.7	0,8	1,4	0,6	0,8	0,6
Erwerbsverzicht insgesamt	*2,3*	*3,4*	*2,9*	*2,6*	*6,3*	*3,6*
Anteile an den Erwerbs-verzichtenden						
In Ausbildung/ Weiterqualifizierung	70,4	43,7	60,5	48,2	15,4	32,1
Familiäre Verpflichtungen	0	31,3	11,6	0	76,9	37,7
Anderes	29,6	25,0	27,9	51,8	7,7	30,2
Anzahl (n)	(1891)	(738)	(2629)	(1052)	(413)	(1465)

Quelle: Eidgenössisches Statistisches Amt: Akademikerinnen und Akademiker auf dem Arbeitsmarkt (2003).

– Tendenziell ist der Anteil der stellensuchenden Fachhochschulabsolventinnen und -absolventen im Jahr 2002 in 6 von 7 Regionen geringer als derjenige der Universitäten. Höher ist er nur in der Region Zentralschweiz. Kritisch ist jedoch der Anteil von 5 % der stellensuchenden Frauen mit Fachhochschulabschluss im Kanton Zürich.

Auch nicht gross sind an den Fachhochschulen die Unterschiede der Anteile der Stellensuchenden, wenn nach **Studienrichtungen** gegliedert wird (im Gegensatz zur Universität, wo sie deutlich höher sind).

- Der Anteil der stellensuchenden Absolventinnen und Absolventen der Fachhochschulen im Bereich Maschinen- und Elektrotechnik hat sich seit der beruflichen Anfangsphase 1999 bis 2002 um 1,2 % verkleinert, derjenige der Bauingenieure FH sogar auf 0 % reduziert, und dies trotz einem Beschäftigungsrückgang in diesen beiden Branchen um 2,5 % beziehungsweise 1,5 %.
- Bei den gestalterischen und künstlerischen Berufen haben sich zwischen der beruflichen Anfangsphase und vier Jahre später praktisch keine Unterschiede bei den Stellensuchenden ergeben.
- Im Jahre 2002 lag die Durchschnittsquote der Stellensuchenden von Fachhochschulen bei 1,8 % (Universitäten 2,3 %). Bezüglich der Studienfachbereiche ergeben sich zur Durchschnittsquote im Jahre 2002 die in Tabelle 5.7 wiedergegebenen Abweichungen:

Tabelle 5.7

Anteil Stellensuchende nach Studienfachbereich im Vergleich zur Durchschnittsquote im Jahre 2002

Fachgebiet	**Anteil der Stellensuchenden im Vergleich zur Durchschnittsquote**	**Prozentualer Anteil aller Befragten**
Soziale Arbeit	+ 0,3 %	21 %
Bildende Kunst	- 1,8 %	1,5 %
Gestaltung	+ 0,5 %	3,1 %
Wirtschaft	- 0,2 %	22,1 %
Landwirtschaft	+ 0,1 %	3,6 %
Chemiewesen	+ 0,5 %	3,4 %
Technik	+ 0,3 %	29,8 %
Bauwesen	- 1,8 %	13,7 %

Quelle: Eidgenössisches Statistisches Amt. Akademiker und Akademikerinnen auf dem Arbeitsmarkt, 2003.

Diese Daten zeigen, dass das Arbeitslosenrisiko an den Fachhochschulen auch nach Studienfachbereichen gegliedert klein ist. Beachtenswert ist zudem, dass die Arbeitslosenquoten bei den Studienfächern, die sowohl an den Universitäten als auch an den Fachhochschulen gelehrt werden, unterschiedlich sind. In den Bereichen Bauwesen, Wirtschaft sowie Agrar-

und Forstwirtschaft sind sie an den Universitäten höher, während sie im Bereich Maschinenbau und Elektrotechnik an Fachhochschulen höher ausfallen, was in diesen Bereichen eine stärkere Konzentration der Studiengänge an den Fachhochschulen rechtfertigen würde und allenfalls als Hinweis dienen könnte, dass in diesen Fachgebieten ein grösserer Reformbedarf besteht, eine Feststellung, die in vielen Peer-Berichten dieser Fachgebiete immer wieder zum Ausdruck gebracht wurde.

Regelmässig untersucht werden auch die **beruflichen Aufstiegschancen** von Hochschulabsolventinnen und -absolventen. Zusammenfassend sind die folgenden Erkenntnisse von Interesse (Eidgenössisches Statistisches Amt, 2003b).

- Die überwiegende Zahl der abhängig beschäftigten Hochschulabsolventinnen und -absolventen ist vier Jahren nach Studienabschluss noch immer auf den typischen Einsteigerpositionen ohne Vorgesetztenfunktion. Die Fachhochschulabsolventinnen und -absolventen befinden sich hingegen häufiger (35 %) in einer höheren Position mit Kader- oder Vorgesetztenfunktion als Absolvierende der Universität (21 %), was zu einem guten Teil auf das höhere Alter beim Berufseinstieg sowie auf die vorherige Berufserfahrung zurückzuführen ist.
- Absolvierende von Fachhochschulen starten nicht nur ihre berufliche Karriere häufig auf höheren Positionen als die Berufsanfänger und -anfängerinnen von Universitäten sondern sie können in den ersten vier Jahren ihrer Berufskarriere auch etwas häufiger Aufstiegschancen wahrnehmen (23 % gegenüber 20 % bei den Universitäten). Etwas grösser ist die Zahl bei den Absteigenden (9 % gegenüber 7 % bei den Universitäten).
- Weiterhin ungleiche Aufstiegschancen haben Frauen und Männer. Bei den Absolvierenden der Fachhochschulen sind es 25 % der Männer und 19 % der Frauen (bei den Universitäten ist das Verhältnis 24 % zu 15 %).
- Unterschiedlich sind die Aufstiegsmöglichkeiten in den einzelnen Fachbereichen. Die besten Aufstiegsmöglichkeiten haben die Ökonomen (Universität 32 %, Fachhochschulen 32 %). Sehr gut sind sie für Absolvierende von Fachhochschulen auch in den technischen Bereichen (Bauingenieurwesen 24 %, Technik 21 %), wobei es sich hier wiederum um Männerdomänen handelt.

Diese Daten zu den Aufstiegschancen lassen den Schluss zu, dass sich Fachhochschulabsolventen und -absolventinnen für Vorgesetztenpositionen in keiner Weise schlechter eignen als Absolvierende der Universitäten, was die Gleichwertigkeit der beiden Ausbildungen wenigstens für die ersten Jahre der Berufstätigkeit zu bestätigen scheint.

Gelegentlich wird die Arbeitsmarktfähigkeit auch aufgrund einer **Analyse von Stelleninseraten** beurteilt. Anhand einer allerdings älteren zwei Monate dauernden Analyse von Stelleninseraten (Sidler 2004, 20) ergaben sich folgende Ergebnisse: Stelleninserate, in denen Ingenieure gesucht wurden, richteten sich

zu 54 % nur an Absolventinnen und Absolventen von HTL-Schulen,
zu 30 % an HTL- oder ETH-Absolventinnen und Absolventen
zu 7 % nur an ETH-Absolventinnen und Absolventen.

Die HTL-Studierenden können sich also auf 93 % der offenen Ingenieurstellen bewerben, was für Anfängerinnen und Anfänger auf eine gute Arbeitsmarktsituation verweist.

Zusammenfassend lassen sich aus diesen Beurteilungselementen für die Fachhochschulen die folgenden Schlüsse ziehen: Es gibt keine Hinweise dafür, dass die Arbeitsmarktchancen für die Absolventinnen und Absolventen der Fachhochschulen generell schlechter sind als diejenigen von Absolvierenden der Universität. Damit haben die Fachhochschulen in der kurzen Zeit ihres Bestehens ihre Nützlichkeit für Wirtschaft und Verwaltung bestätigt. In einzelnen Bereichen scheinen Absolvierende von Fachhochschulen in den ersten Berufsjahren sogar etwas bessere Berufsmöglichkeiten zu haben als Absolvierende von Universitäten. Inwiefern hier jedoch der gute Ruf der bisherigen Ingenieurschulen HTL und HWV noch nachwirkt, wird sich erst in einigen Jahren zeigen. Deshalb sollten sich die Fachhochschulen strategisch darum bemühen, ihr eigenes Profil zu bewahren und nicht dem Trend der Verwissenschaftlichung der Fachhochschule in anderen Ländern folgen. Dies könnte deren Qualität beeinträchtigen.

Nun gibt es immer wieder Stimmen, welche die Bemühungen um die Entwicklung der universitären und Fachhochschulen kritisieren und behaupten, die bildungspolitischen Massnahmen würden zu überqualifizierten Arbeitskräften führen, deren Ausbildung teuer sei und nicht den erwarteten Return on Investment bringe. Deshalb ist auch das Problem der Ausbildungsadäquanz zu prüfen.

5.4 Die Ausbildungsadäquanz der Hochschulen

In einer interessanten Studie untersucht das Bundesamt für Statistik (2003c) die Ausbildungsadäquanz, die nach Timmermann (1988) von drei Gesichtspunkten her betrachtet werden kann:

a) Die Ausbildungsadäquanz ist gegeben, wenn das Bildungsniveau des neuen Arbeitsplatzinhabers mit demjenigen des Vorgängers/der Vorgängerin übereinstimmt. Diese Umschreibung hat den Nachteil, dass nichts über die Veränderungen der Ansprüche an den Arbeitsplatz ausgesagt wird. Es ist durchaus möglich, dass sich der Vorgänger/die Vorgängerin weitergebildet hat, und damit das Anspruchsniveau bezüglich des Bildungsabschluss gestiegen ist.
b) Die für den Arbeitsplatz geforderten Qualifikationen sollen mit den für diesen Arbeitsplatz angebotenen Qualifikationen übereinstimmen. Bei diesem Verständnis von Ausbildungsadäquanz ist die Definition der Qualifikationen kritisch, weil sie vielschichtig ist und subjektiv verstanden werden kann, sodass es schwierig ist, das Adäquanzniveau verlässlich zu bestimmen.
c) Hält man am Qualifikationsbegriff fest, so ist zu klären, welche Qualifikationsdimensionen übereinstimmen sollen, und ob sie eher kurz- oder längerfristig zu betrachten sind. Zudem zeigt sich immer wieder, dass Neueinsteigerinnen und -einsteiger in einem Beruf anfänglich eher überqualifiziert sind, was die Bestimmung der Adäquanz nochmals erschwert.

Das Bundesamt für Statistik hat dieses Problem für die hier zu besprechende Studie wie folgt gelöst: Es hat die verschiedenen Aspekte der Ausbildungadäquanz durch Fragen erfasst, bei denen sowohl subjektive Einschätzungen als auch objektive Kriterien eine Rolle spielten. So wurde beispielsweise ermittelt, ob vom Arbeitgeber für eine bestimmte Tätigkeit ein Hochschulabschluss verlangt wird, um zu erkennen, ob veränderte Qualifikationsstrukturen zu vertikalen Substitutionsprozessen führen. Oder die Befragten nahmen eine subjektive Einschätzung der Angemessenheit ihrer Tätigkeit im Vergleich zu ihren spezifischen Ausbildungsinhalten und Fähigkeiten vor. Unter diesen Voraussetzungen wurden vier Hypothesen überprüft:

1. Je höher das generelle Arbeitskräfteüberangebot ist, umso eher verschiebt sich die Entsprechung des Bildungsniveaus und der Arbeitsplätze dahingehend, dass Arbeitsplätze bei Neuanstellungen eher mit Personen besetzt werden, die einen höheren Bildungsabschluss aufweisen als ihr Vorgänger oder ihre Vorgängerin.
2. Wenn der globale Anteil an hoch qualifizierten Arbeitsplätzen bei einer unveränderten Zahl von Arbeitsplätzen insgesamt ansteigt, dann weist die beobachtete Verdrängung von niedrigen durch höhere Qualifikationsniveaus auf eine veränderte Qualifikationsstruktur.
3. Eine steigende Absolventenzahl an der gleichaltrigen Erwerbskohorte bei gleichzeitigem Rückgang der Arbeitslosenquote weist darauf hin, dass die Zahl der Arbeitsplätze für Hochqualifizierte zugenommen hat.
4. Personen, die eine Fachrichtung studiert haben, die auf ein spezifisches, genau definiertes Berufsbild ausgerichtet ist, sind weniger von «Übergangsarbeitslosigkeit» betroffen und in grösserem Ausmass adäquat beschäftigt als Personen mit einem Abschluss in einer Studienrichtung, die auf ein diffuses Berufsbild hinführt.

Die empirischen Befunde bestätigen diese Hypothesen im Wesentlichen. Als wichtiger Einflussfaktor für die Bewegungen wurde die Konjunkturlage erkannt. Für die Fachhochschulen sind die folgenden Erkenntnisse bedeutsam:

- Bei konjunkturellen Schwächen der schweizerischen Volkswirtschaft steigt die Übergangsarbeitslosigkeit der Hochschulabsolventinnen und -absolventen je nach Regionen und nach Fachbereichen in unterschiedlicher Weise an. Dabei sind die Diplomierten der Fachhochschulen aufgrund der an Fachhochschulen gelehrten Studienrichtungen stärker an die Konjunkturzyklen gebunden als Absolventinnen und Absolventen der Universität.
- Die Chance, bei einem Arbeitskräfteüberangebot von Hochschulabsolvierenden eine Erwerbstätigkeit anzunehmen, welche dem formalen Qualitätsniveau nicht entspricht, ist bei Fachhochschülern und -schülerinnen deutlich höher als bei Absolvierenden der Universitäten, wobei der Unterschied in der französischen Schweiz ausgeprägter ist als in der deutschen Schweiz.
- Ein erhöhtes Überqualifikationsrisiko für Universitäts- und Fachhochschulabsolventinnen und -absolventen besteht im Dienstleistungssektor und betrifft vor allem Studierende der Wirtschaftswissenschaften an Universitäten wie Fachhochschulen etwa gleichermassen.

- Studierende aus Fachrichtungen mit einem strukturierten Studienverlauf und einem hohen Professionalisierungsgrad müssen am Wenigsten mit einer Übergangsarbeitslosigkeit rechnen und sind in einem grösseren Ausmass adäquat beschäftigt als Studierende aus Studienrichtungen, die keinem klaren Berufsbild entsprechen.

Diese ersten Ergebnisse lassen noch keine abschliessenden Aussagen über die adäquate bzw. inadäquate Beschäftigung von Hochschulabsolvierenden zu. Auch liegen noch keine verlässlichen Daten über den Unterschied von Fachhochschul- und Universitätsabsolventinnen und -absolventen vor. Die Frage wird aber bedeutsam bleiben und die Antworten darauf werden Hinweise über die Ausgestaltung von Studiengängen geben. Auf eine kurze Zeit nach Studienabschluss betrachtet, werden berufsbezogene Studiengänge zu einer höheren Ausbildungsadäquanz führen. Ob dies auch längerfristig zutrifft, oder ob eher generalistisch Ausgebildete dann eine grössere Ausbildungsadäquanz erreichen, ist noch offen. Deshalb lässt sich hinsichtlich der Ausbildungsadäquanz noch nichts aussagen über die Stärken oder Schwächen der schweizerischen Fachhochschulen. Zu vermuten ist aber, dass eine stärkere Berufsbezogenheit auch längerfristig die Ausbildungsadäquanz eher besser gewährleistet, weil sich schon lange abzeichnet, dass gut ausgebildete Spezialistinnen und Spezialisten bessere Voraussetzungen für eine in der späteren Berufslaufbahn eintretende Generalisierung mitbringen als ausschliesslich generalistisch Ausgebildete.

5.5 Die schweizerischen Fachhochschulen und der Bologna-Prozess

5.5.1 Grundlagen

Über den Bologna-Prozess wurde und wird sehr viel geschrieben. Hier kann es nicht darum gehen, die ganze Entwicklung nachzuzeichnen und/oder auf die grundsätzlichen Probleme der Erklärung von Bologna vom 19. Juni 1999 (Joint Declaration of the European Ministers of Education, Convened in Bologna on the 19th of June 1999) einzutreten. Die Schweiz hat die Erklärung mit 28 weiteren Staaten unterzeichnet und sich damit verpflichtet, die Absichten dieser Erklärung umzusetzen. Im Folgenden werden nur Aspekte angesprochen, die im Zusammenhang mit den Fachhochschulen der Schweiz in nächster Zeit bedeutsam sind.

Ziel der Bologna-Deklaration ist es, mit Blick auf die Erleichterung der Mobilität und die Förderung der europäischen Wettbewerbsfähigkeit die **Vergleichbarkeit der Studienstrukturen** in den europäischen Ländern herzustellen. Dazu erwähnt die Bologna-Deklaration die folgenden wichtigsten Gesichtspunkte zur Vereinheitlichung der Studienstrukturen:

- «Einführung eines Systems leicht verständlicher und vergleichbarer Abschlüsse, auch durch die Einführung des Diplomzusatzes (Diploma Supplement) mit dem Ziel, die arbeitsmarktrelevanten Qualifikationen der europäischen Bürger ebenso wie die internationale Wettbewerbsfähigkeit des europäischen Hochschulsystems zu fördern.
- Einführung eines Systems, das sich im Wesentlichen auf zwei Hauptzyklen stützt: einen Zyklus bis zum ersten Abschluss (undergraduate) und einen Zyklus nach dem ersten Abschluss (graduate). Regelvoraussetzung für die Zulassung zum zweiten Zyklus ist der erfolgreiche Abschluss des ersten Studienzyklus, der mindestens drei Jahre dauert. Der nach dem ersten Zyklus erworbene Abschluss attestiert eine für den europäischen Arbeitsmarkt relevante Qualifikationsebene. Der zweite Zyklus sollte, wie in vielen europäischen Ländern, mit dem Master und/oder der Promotion abschliessen.
- Einführung eines Leistungspunktesystems – ähnlich dem ECTS – als geeignetes Mittel der Förderung grösstmöglicher Mobilität der Studierenden. Punkte sollten auch ausserhalb der Hochschulen, beispielsweise durch lebenslanges Lernen, erworben werden können, vorausgesetzt, sie werden durch die jeweiligen aufnehmenden Hochschulen anerkannt.

- Förderung der Mobilität durch Überwindung der Hindernisse, die der Freizügigkeit in der Praxis im Wege stehen, insbesondere
  - für Studierende: Zugang zu Studien und Ausbildungsangeboten und zu entsprechenden Dienstleistungen;
  - für Lehrpersonen, Wissenschaftler und Verwaltungspersonal: Anerkennung und Anrechnung von Auslandaufenthalten zu Forschungs-, Lehr- oder Ausbildungszwecken, unbeschadet der gesetzlichen Rechte dieser Personengruppen.
- Förderung der europäischen Zusammenarbeit bei der Qualitätssicherung im Hinblick auf die Erarbeitung vergleichbarer Kriterien und Methoden.
- Förderung der erforderlichen europäischen Dimensionen im Hochschulbereich, insbesondere in Bezug auf die Curriculum-Entwicklung, Zusammenarbeit zwischen Schulen, Mobilitätsprojekte und integrierte Studien-, Ausbildungs- und Forschungsprogramme.»

Im Zusammenhang mit dieser Erklärung ist von entscheidender Bedeutung, welche Rechtsverbindlichkeit die Bologna-Erklärung hat, weil davon der Grad der Entscheidungsfreiheiten bei der Ausgestaltung der Hochschulsysteme der einzelnen Länder abhängt. Eine Interpretation führt für die Schweiz zu folgenden Schlüssen (vergleiche dazu auch Jaag & Kummer [2002] und die dort zitierte Literatur):

- Die Erklärung von Bologna ist kein rechtlich verbindlicher Staatsvertrag, sondern eine politische Absichtserklärung. Die Umsetzung ihrer Postulate bleibt der Autonomie und dem freien Willen der einzelnen Länder überlassen.
- Entsprechend der sich im europäischen Bildungswesen abzeichnenden Usanzen orientiert sich die Harmonisierung der sehr verschiedenartigen Studiengänge in den einzelnen Ländern bislang eher an formalen Kriterien, indem gestufte Studiengänge und gleichwertige Titel vorgeschlagen werden. Auf die Probleme der nationalen Unterschiede bei den Vorstufen zur Hochschule wird vorderhand nicht eingegangen (auch wenn von Deutschland die schweizerische Lösung mit der Berufsmittelschule und der Berufsmaturität – meistens aus der formalen Sicht der Lektionszahlen – kritisiert wird und dadurch immer wieder die Gefahr besteht, dass diese Lösung zu einer Barriere für die Zulassung zum Studium in Deutschland werden könnte). Dass diese kritische Einstellung nicht gerechtfertigt ist, wurde im Abschnitt 4.5.5 des Kapitels 4 begründet. Ebenso wenig wird in der Bologna-Erklärung (richtigerweise) auf konkrete Studieninhalte eingegangen. Einzig in den

«Dublin Descriptors» (Joint Quality Initiative 2003) werden die generellen Anforderungen an Bachelor- und an Masterdiplome beschrieben.
- Es ist aber trotz fehlender Rechtsgrundlagen davon auszugehen, dass das Bachelor-/Master-System zunehmend als allgemeiner Standard gelten wird. Deshalb wird sich ein solches zweizyklisches Studiensystem wohl auch rechtlich als Massstab für die internationale Anerkennung von Hochschulabschlüssen durchsetzen. «Somit ist (wohl) davon auszugehen, dass die einzelnen Länder und Hochschulen sich dieser Entwicklung aus wirtschaftlichen und bildungspolitischen Gründen nicht verschliessen können und daher (wohl) auch für die Schweiz und die schweizerischen Hochschulen ein bildungspolitischer Sachzwang besteht, die Studiengänge eher formalen Kriterien der Bologna-Deklaration anzugleichen» (Jaag & Kummer 2002, 17).

Für die weitere Entwicklung des schweizerischen Fachhochschulsystems sind aufgrund dieser Gegebenheiten zwei Aspekte bedeutsam:

1. Damit die internationale Anerkennung der schweizerischen Fachhochschulen sichergestellt ist, müssen die formalen Bedingungen der Erklärung von Bologna und aller darauf aufbauenden Empfehlungen und Beschlüsse strikte eingehalten werden.
2. Da diese Gegebenheiten aber eine gewisse Flexibilität zulassen, sollte schweizerischen Eigenheiten Rechnung getragen werden und nicht im Sinne eines vorauseilenden Gehorsams dem Formalismus Vorschub geleistet werden. Neben der Erfüllung der formalen Voraussetzungen muss immer an die Profilierung der schweizerischen Fachhochschulen durch eine zielgerichtete Erfüllung des erweiterten Leistungsauftrages gedacht werden. Die strategische Ausrichtung der schweizerischen Fachhochschulen soll inhaltlich eigenen hohen Anforderungen genügen.

Bezogen auf diese schweizerischen Eigenheiten ist der Wille des Gesetzgebers beim Aufbau der Fachhochschulen wesentlich. In der Botschaft wird die **Gleichwertigkeit aber Andersartigkeit** der Fachhochschulen gegenüber den universitären Hochschulen immer wieder erwähnt. Zwar wurde dieser Gedanke im Gesetz nicht verankert, sondern nur als bildungspolitische Absicht verstanden. Demzufolge haben die Fachhochschulen keinen rechtlich durchsetzbaren Anspruch gleich behandelt zu werden wie die Universitäten (Jaag & Kummer 2002). Weil es aber dem

Gesetzgeber darum geht, die Berufsbildung mit den Fachhochschulen aufzuwerten und auf eine internationale Anerkennung der Abschlüsse hinzuwirken, ist es bildungspolitisch entscheidend, dass die Fachhochschulen echte Möglichkeiten haben, diese Gleichwertigkeit zu erreichen. Diese Forderung ist für die nächsten Jahre bedeutsam, weil die finanzielle Situation des Bundes und der Kantone zu Massnahmen führen könnte, welche die Umsetzung dieses Postulates verhindern. Zu denken ist dabei an folgende Punkte:

1. Rasche Einführung des Master-Titels für Fachhochschulen: Zwar sieht der Entwurf zum revidierten Fachhochschulgesetz (Art. 4 Abs. 1) die Einführung des Master-Titels inzwischen vor (in Deutschland ist er eingeführt [§ 19 des Hochschulrahmengesetzes der Bundesrepublik Deutschland vom 26. Januar 1976]; an der Prager Konferenz wurde zudem festgelegt, dass die Einführung von Masterstudiengängen an Fachhochschulen möglich sein sollte [Ministerkonferenz vom Mai 2001 in Prag; siehe Prager Communiqué]). Im Interesse der Entwicklung der Fachhochschulen ist aber rasch zu entscheiden, auf welchem Weg, wo und wie viele Masterstudiengänge zugelassen werden sollen (siehe Abschnitt 5.5.4 im Kapitel 5).
2. Dauer des Bachelor-Studiengangs: Die Erklärung von Bologna spricht von **mindestens** dreijährigen Bachelor-Studiengängen. Vor allem von Vertretern der technischen Studiengänge wird seit längerem eine Verlängerung auf 3 1/2 Jahre, bei den Architekten auf 4 Jahre gefordert (vergleiche dazu den Bericht des Expertengremiums des Bundesamtes für Berufsbildung und Technologie vom 12. Februar 2001 über die Internationale Anerkennung der Architektendiplome FH). Zwar sprechen finanzpolitische Argumente sowie das Problem der Ausbildungsdauer für dreijährige Bachelorstudien. Trotzdem ist im Hinblick auf die Profilierung der Fachhochschulen aus der Sicht des Leistungsauftrages die Dauer erneut zu überlegen, zumal in Deutschland vierjährige Studiengänge bereits häufiger angeboten werden (siehe dazu 5.5.3 im Kapitel 5).
3. Der formale und der inhaltliche Stellenwert des Bachelor-Abschlusses: Bedachte kritische Stimmen (Strahm 2003) befürchten eine Abwertung des Bachelor-Abschlusses gegenüber dem bisherigen Abschluss an Ingenieurschulen HTL und Höheren Wirtschafts- und Verwaltungsschulen. Sie stellen zu Recht fest, dass das Bologna-Modell von Ländern ausgeht, welche die Berufslehre nicht kennen, wodurch die berufspraktische Bildung in keiner Weise gewürdigt wird. Deshalb benachteiligt die Vergabe des Bachelortitels am Ende der ersten Studienstufe von

drei Jahren an den Universitäten und Fachhochschulen die Absolventinnen und Absolventen der Fachhochschulen, weil sie neben der Hochschulausbildung aus ihrer Lehrzeit zusätzlich über eine berufspraktische Ausbildung verfügen, die in keiner Weise valorisiert ist. Auf diese Weise wird die Berufslehre «bloss zum unbequemen Umweg, der nichts gilt und die Gesamtausbildung auch bloss erschwert und verlängert» (Strahm 2003, 13). Anders ausgedrückt – und hier scheint das Problem zu liegen – entstehen zwei Formen von Bachelor-Titeln: der universitäre ohne praktische Berufserfahrung sowie derjenige der Fachhochschule mit einer umfassenden, vorausgehenden Berufsausbildung. Auf diese Problematik wird im Abschnitt 5.5.5 dieses Kapitels eingegangen.

5.5.2 Der Ist-Zustand (Februar 2004)

Obwohl die Bologna-Erklärung einen Paradigmawechsel bedeutet, wie er in der schweizerischen Bildungspolitik so noch nie stattgefunden hat, sind die Grundsatzentscheidungen bezüglich der Umsetzung der Bologna-Erklärungen sehr schnell getroffen worden, und für das praktische Vorgehen liegen bereits grundlegende Papiere vor, die sich als Rahmenordnung der einzelnen Fachhochschulen sehr gut eignen.

Die Grundlage für den Umsetzungsprozess bilden die **Richtlinien für die Umsetzung der Erklärung von Bologna an den Fachhochschulen und den Pädagogischen Hochschulen der Schweizerischen Konferenz der Erziehungsdirektoren vom 5. Dezember 2002**. Dieses Dokument schreibt die gestuften Studiengänge (Bachelor und Master) vor, führt ein Kreditpunktesystem ein, legt die Zulassung zu den Masterstudien fest und fordert eine einheitliche Benennung der Abschlüsse nach international anerkannten Bezeichnungen.

Die Umsetzung dieser Richtlinie wurde am 30. September 2003 von der Konferenz der Fachhochschulen der Schweiz (KFH) mit dem Papier **«Die Konzeption gestufter Studiengänge: Best Partice und Empfehlungen»** in bester Weise konkretisiert. Dieses Papier ist eine praktische Anleitung für die Umsetzung der gestuften Lehrgänge an den Fachhochschulen. Es dient als Richtschnur; abweichende Lösungen zu dieser Best-Practice Anleitung sind zugelassen, wenn objektive Gründe (spezifische Bedingungen, Qualität des Studienganges) vorliegen.

Ein weiteres bedeutsames Dokument sind die **Richtlinien für die koordinierte Erneuerung der Lehre an den universitären Hochschulen der Schweiz im Rahmen des Bologna-Prozesses (Bologna-**

Richtlinien) vom 4. Dezember 2003 der Schweizerischen Universitätskonferenz.

Sie stellen eine verbindliche Rahmenordnung für die universitären Hochschulen dar und betreffen die Fachhochschule im Zusammenhang mit der Definition des Bachelor-Studiums.

Schliesslich ist auf die sich in parlamentarischer Beratung befindende Revision des FHSG zu verweisen (Botschaft zu Änderungen der FHSG, vom 5. Dezember 2003, BBl 2004 I 145).

5.5.3 Die Dauer des Bachelor-Studiums

Die Erklärung von Bologna sieht vor, dass das Bachelor-Studium (erster Studienzyklus) **mindestens** 3 Jahre beträgt. Nach übereinstimmender Meinung muss der Bachelor einen vollwertigen Berufsabschluss darstellen. Gerechtfertigt wird dieser Entscheid mit der weltweiten Erfahrung, dass der Trend für einen auf die Berufstätigkeit ausgerichteten Studiendienstabschluss in Richtung des Bachelors geht. Weltweit rechnet man damit, dass 70–80 % der Studierenden mit dem Bachelor abschliessen. Die erste Erhebung an der Universität St. Gallen ergab, dass rund die Hälfte der Studierenden des ersten, auf den Bachelor ausgerichteten Lehrganges auf den Eintritt in die Masterstufe verzichtet. Wie weit diese Zahl verlässlich ist, muss offen bleiben, da noch nicht abgeschätzt werden kann, wie viele der Studierenden ihr Studium unterbrechen und wie viele später nach etwas Praxiserfahrung ihre Studien weiterführen. Die Verantwortlichen waren von der Anzahl eher etwas überrascht. Sie rechneten mit einem tieferen Anteil, weil sie noch nicht recht glaubten, dass der Bachelorabschluss bereits beim ersten Durchgang von den Studierenden als Abschluss anerkannt würde.

An der Graz Convention der European University Association (29.–31. Mai 2003) wurden die «Dublin Descriptors» zur Verwendung empfohlen, womit – im Sinne eines «Navigationsmittels» genauer umschrieben wurde, was unter Berufsbefähigung zu verstehen ist. Dabei wurde die Berufsbefähigung als Ziel des Bachelors erneut bekräftigt, allerdings in einem etwas breiteren Sinn als ursprünglich gedacht. Die KFH hat in ihrer Konzeption (2003, 12) den eigenständigen Wert des Bachelors bestätigt und vor allem auf die Nachteile verwiesen, die sich ergäben, wenn auf den eigenständigen, berufsorientierten Wert verzichtet würde (der Übertritt in die Praxis wäre wegen fehlender Berufsbefähigung nicht gewährleistet; die Mobilität würde eingeschränkt und ein Unterbruch zwischen dem Bachelor- und dem Master-Studium würde für die Studierenden nahezu verunmöglicht).

In der Schweiz (in Deutschland schon länger) wird inzwischen darüber diskutiert, ob das Ziel der Berufsbefähigung in einem dreijährigen Zyklus zu erreichen ist, wenn die Studierenden in eine selbstständige, wissenschaftlich-anwendungsorientierte, praxisbezogene Berufstätigkeit eingeführt werden sollen. Insbesondere in der Chemie und den Life Sciences-Studiengängen wird angeführt, dass ein Bachelor, der gleich nach Studienabschluss fähig sein sollte, als Sachbearbeiter oder Projektleiter in einem Betrieb selbstständig Entwicklungsprojekte zu planen, abzuwickeln und zu dokumentieren, mindestens einmal an einem grösseren Projekt geübt und seine Fähigkeit unter Beweis gestellt haben müsste. Das sei aber nur möglich, wenn dies mit einer längeren Diplomarbeit vorbereitet würde. In anderen technischen Wissenschaften argumentiert man ähnlich.

Eine sinnvolle Lösung wäre eine Verlängerung des ersten Studienzyklus auf 3 1/2 Jahre, wobei das letzte halbe Jahr ausschliesslich der Erarbeitung einer wissenschaftlich-anwendungsorientierten Diplomarbeit dienen sollte. Eine eigenständige Arbeit in Form einer solchen Diplomarbeit brächte mehrere Vorteile: Erstens würde die Berufsfähigkeit auf eine lebensnahe Weise gefördert sowie Selbstständigkeit und Eigenverantwortlichkeit. Auch würde sich zeigen, wie sich ein Student oder eine Studentin in praxisnahen Aufgaben bewährt. Zweitens würden mit einer Diplomarbeit die Beziehungen zwischen Dozierenden, Studierenden sowie der Industrie und Wirtschaft gefördert. Drittens wären alle Dozierenden über die Betreuung von Diplomarbeiten gezwungen, sich mit angewandter Forschung und Dienstleistungen zu beschäftigen. Diese Art der Beschäftigung mit angewandter Forschung und Dienstleistungen würde einen gewissen Ersatz für den fehlenden Mittelbau darstellen. Zudem wäre damit zu rechnen, dass einzelne Studierende durch eine solche Diplomarbeit motiviert würden, eine Assistenten- oder Mitarbeiterstelle zu übernehmen. Und viertens würde sich der Fachhochschulbachelor deutlicher vom Universitätsbachelor unterscheiden, nachdem sich immer deutlicher herausstellt, dass sich beim Universitätsstudium der Bachelorgrad nicht mehr so ausschliesslich auf die Berufsvorbereitung bezieht, wie dies in den Bologna-Richtlinien der Schweizerischen Universitätskonferenz zum Ausdruck kommt und von Universitätsrektoren immer wieder geäussert wird. «Das Bachelordiplom bildet die Voraussetzung für das Masterstudium und erleichtert als definierte und anerkannte Ausgangsbasis den Wechsel des Studienortes oder der Studienrichtung und trägt damit zu vermehrter Mobilität bei. Wer ein Bachelorstudium erreicht hat, kann sich aber auch dafür entscheiden, vorübergehend oder definitiv in das Berufsleben einzusteigen» (Seite 7). Ob mit dieser wenig profilierten Umschreibung die Universität längerfristig unmittelbar auf das Berufsleben vorbereitet, wird sich noch zeigen müssen. Hier könnte sich die Fachhochschule mit der 3 1/2-jährigen Lösung eindeutiger profilieren und den Fachhochschulabsolventinnen und -absolventen gute Einstiegschancen in den Beruf verschaffen (vergleiche die Anmerkungen zur Beschäftigungssituation im Abschnitt 5.3 im Kapitel 5).

Ein Zeitausgleich könnte mit einer Verkürzung der Masterstufe auf 1 1/2 Jahre herbeigeführt werden, was jedoch bedingen würde, dass die geplante starre Regel der Aufteilung der ECTS-Credits zwischen der Bachelorstufe (180 ECTS-Credits) und der Masterstufe (90/120 ECTS-Credits) angepasst werden müsste.

Allerdings gilt es auf einen wichtigen Punkt hinzuweisen: Trotz vielen Studien wird es wissenschaftlich nie gelingen nachzuweisen, welches die optimale Lektionenzahl für ein Lernvorhaben ist. Wahrscheinlich ist die Lern- und Arbeitsintensität ein stärker prägender Einflussfaktor als die Lektionenzahl (vergleiche Smith 1987). Deshalb ist es falsch, für jedes Studiengebiet gleiche Studiendauer und Lektionenzahlen festzulegen. Wichtiger ist es, aufgrund der Ziele einer Ausbildung, der notwendigen Unterrichtsformen sowie der Gegebenheiten bei den Ansprüchen die Zeiten nach sorgfältiger Prüfung individuell festzulegen.

Daraus ergibt sich eine wichtige **Forderung**: In gut begründeten Fällen sollte für einzelne Fachgebiete die Gelegenheit zu einem 3 1/2-jährigen Bachelorstudium geschaffen werden, wobei das letzte halbe Jahr der Erarbeitung einer Diplomarbeit dienen würde.

Es wird aber keinesfalls zugunsten einer generellen Studienverlängerung argumentiert, da nur in einzelnen technischen Bereichen lange Bearbeitungszeiten (z. B. infolge Laborarbeit) zur Erreichung der einer Diplomarbeit zugeschriebenen Fähigkeiten nötig sind. In den Wirtschaftswissenschaften beispielsweise lehrt die Erfahrung, dass neun Wochen für eine Diplomarbeit genügen.

5.5.4 Die Festlegung der Master-Studiengänge

Im Gegensatz zu früher ist heute die Einführung der Masterstufe nicht mehr umstritten (Art. 4 des Entwurfes des Bundesrates zum FHSG vom 5. Dezember 2003). Wichtig ist, dass die Einführung dieser Stufe nicht infolge finanzieller Engpässe aufgeschoben wird, wofür folgende Gründe angeführt werden können: International hat sich das System mit zwei Stufen durchgesetzt, sodass die schweizerischen Fachhochschulen ohne Masterstudien kaum anerkannt würden. Ohne Masterstufe verlöre die Fachhochschule ein Stück ihrer Attraktivität. Und die Fachhochschulen würden nicht genügend Absolventinnen und Absolventen hervorbringen, welche vor allem für Klein- und Mittelunternehmen in der Lage wären, angewandte Forschung in eigener Verantwortung in anspruchsvolleren Berufspositionen zu betreiben. Schliesslich dürfte es dank der Herausforderung durch die Aufgaben auf der Masterstufe leichter sein, für Fachhochschulen gute Lehrkräfte zu gewinnen.

Viele Probleme werden sich bei der Festlegung der Anzahl der Masterstudiengänge sowie bei der Auswahl der Fachhochschulen, welche diese Studiengänge anbieten dürfen, ergeben. Zu verhindern ist zwingend ein zu grosses Angebot. Dies nicht nur aus finanziellen Erwägungen, sondern weil es auch nicht möglich sein wird, in kurzer Zeit eine grosse Zahl von ausgewiesenen Fachhochschuldozentinnen und -dozenten zu gewinnen, die sowohl in der angewandten Forschung als auch in der Lehre mit genügendem Praxisbezug ihre anspruchsvolle Aufgabe erfüllen können. Im Weiteren erfordern Masterstudiengänge einen ausreichenden Mittelbau zur Mitwirkung bei der Betreuung der Studierenden sowie zur Mitarbeit in der angewandten Forschung und bei den Dienstleistungen. Dieser Mittelbau ist kostspielig, sodass dessen Ausbau aus finanziellen Gründen bald an Grenzen stossen wird.

In der Botschaft zur Änderung des Fachhochschulgesetzes vom 5. Dezember 2003 wird die Absicht des Bundesrates zur Errichtung von Masterstudiengängen vorgegeben: «Die Masterstudiengänge sollen nur an Fachhochschulen angeboten werden, die sich über herausragende Kompetenzen in Lehre sowie anwendungsorientierter Forschung und Entwicklung und über eine entsprechende Infrastruktur ausweisen» (BBl 2004 I 145). Diese Konzentration ist sinnvoll, weil in zu kleinen Fachhochschulen ohne gute Infrastruktur keine herausragende Lehr- und Forschungskultur aufgebaut werden kann. Es wird für den langfristigen Erfolg der Masterstudiengänge eine wichtige Aufgabe der EFHK in Absprache mit der KFH sein, ein Auswahl- und Akkreditierungsverfahren zu entwickeln, mit welchem die besten Bewerbungen für Masterstudien möglichst objektiv beurteilt und zur Einführung beantragt werden können. Aufgrund der Erfahrungen mit der Peer-Review wird hier das in Tabelle 5.8 dargestellte Verfahren vorgeschlagen:

Tabelle 5.8

Verfahren zur Vergabe von Masterstudiengängen

Leitung des Verfahrens mit Antragsstellung: EFHK/BBT unter Abstimmung des Verfahrens mit der KFH.	
1. Schritt:	Die EFHK schreibt die Errichtung von Masterstudiengängen zur freien Bewerbung für alle Fachhochschulen aus. Sie legt aufgrund der Absichten des Gesetzgebers, den Vorstellungen der Dublin Descriptors sowie Erfolgsfaktoren von ausländischen Fachhochschulen die Bedingungen für die Bewerbungen fest.
2. Schritt:	Die Bewerbungen werden von Expertengruppen der jeweiligen Fachbereiche anhand der eingereichten Unterlagen mittels einer Vor-Ort-Begehung beurteilt und ein Antrag an die EFHK/BBT zuhanden des Eidgenössischen Volkswirtschaftsdepartementes ausgearbeitet. Aufgrund der Erfahrungen mit der Peer-Review müssen die Experten und Expertinnen in der Mehrzahl ausländische Professorinnen und Professoren sowie Leute aus der Praxis sein, damit bei den Entscheidungen politische und persönliche Rücksichtsnahmen wegfallen. Weil sich die Expertengruppen fachspezifisch zusammensetzen, sind aus der EFHK drei bis vier Mitglieder mit unterschiedlichem Hintergrund als vergleichende Gruppenmitglieder einzusetzen, die sicherstellen, dass bei allen Beurteilungen gleiche Beurteilungsmassstäbe angewandt werden (dieses Vorgehen hat sich bei der vereinfachten zweiten Peer-Review sehr bewährt).
3. Schritt:	Die EFHK bereitet den Antrag an das Eidgenössische Volkswirtschaftsdepartement vor. Vorgängig bespricht sie sich in transparenter Weise mit den Trägerschaften. Zur Erleichterung der Entscheide entwirft sie aufgrund einer ersten, ausschliesslich qualitätsorientierten Rangliste politische Kriterien wie die Bedeutung der Sprachregionen, Studierendenzahlen (Zahl der Bachelorstudierenden), Bedürfnisse der Wirtschaft und der Wissenschaft usw. Ein solches Vorgehen dürfte zu vernünftigeren Lösungen führen als eine im Voraus fixierte Zahl von Masterstudiengängen, die den konkreten Gegebenheiten zu wenig Rechnung trüge.
Später:	Regelmässige neue Akkreditierungen der bestehenden Masterstudiengänge und Möglichkeit zu Neubewerbungen alle 5–7 Jahre. (Die amerikanische Erfahrung lehrt, dass sich innerhalb von 5–7 Jahren starke Qualitätsverschiebungen ergeben können.)

5.5.5 Die Zulassung zum Masterstudium

Neben der Frage, welche Schulen Masterstudien anbieten dürfen, wird es auch zu Auseinandersetzungen über die Zulassung kommen. Im Entwurf zum neuen FHSG vom 5. Dezember 2003 ist in Art. 5 Abs. 4 vorgesehen, dass die Zulassung zum Fachhochschulstudium auf der Masterstufe den Erwerb eines Bachelordiploms oder eines gleichwertigen Hochschulabschlusses voraussetzt. Darüber hinaus können die Fachhochschulen zusätzliche Zulassungsvoraussetzungen festlegen.

Für die künftige Qualität der Masterstudiengänge ist diese Ermächtigung an die Fachhochschulen von grösster Bedeutung. Es zeigt sich vor allem an führenden amerikanischen Universitäten, dass eine generelle Zulassung mit einer einzigen Berechtigung (Bachelorabschluss) nicht zu besten Studienleistungen in den Studiengängen führt. Mit – zusätzlich zum Bachelordiplom – auf das Profil eines Studienganges ausgerichteten weiteren Zulassungsvoraussetzungen lässt sich die Qualität wesentlich verbessern. Allerdings dürfen sich diese Zulassungsbedingungen nicht mit äusseren Formalitäten oder traditionellen Zusatzprüfungen begnügen, sondern es sind besondere Auswahlverfahren zu entwickeln, welche die Studierfähigkeit und Persönlichkeitsmerkmale erfassen, die für den jeweiligen Studiengang besonders bedeutsam sind. Auf diese Weise lässt sich die Konkurrenz unter Masterstudien verstärken, was qualitätsfördernd wirkt, wenn nur die besten Absolventinnen und Absolventen mit dem Bachelortitel und weiteren Fähigkeiten aufgenommen werden.

5.5.6 Das Problem der Studiendauer und der Vergleichbarkeit der Bachelor- und Mastergrade zwischen Universitäten und Fachhochschulen

Die Bologna-Erklärung verlangt für den Bachelor-Abschluss mindestens 180 ECTS-Punkte. In der Schweiz wurden für die Universitäten und die Fachhochschulen genau 180 Punkte festgelegt. Nun wird immer wieder gefordert, die Punkte für die Fachhochschulen müssten erhöht werden, weil für das Erreichen des Bachelors an den Fachhochschulen im Mittel ein Jahr mehr benötigt würde als an Universitäten und Absolvierende der Fachhochschulen zusätzlich über eine berufliche Grundbildung verfügten. Rein rechnerisch mag dies zutreffen. Praktisch aber dürfte dieser Punkt längerfristig bedeutungslos werden.

- Eines der Ziele der Bologna-Erklärung ist es, den Studienaufbau bis zum Abschluss und die Titel formal so zu gestalten, dass gleiche formale Bedingungen herrschen. Würde deshalb zwischen dem FH-Bachelor und dem Bachelor der Universität wieder differenziert, so ginge die Sicherheit im Umgang mit gleichlautenden Titeln verloren.
- Die Gegenüberstellung von Zeitaufwand und ECTS-Punkten vermischt Input- und Zielgrösse (Sidler 2004). Von der Anzahl Lektionen und Credits direkt auf die Qualität einer Ausbildung zu schliessen ist fragwürdig, denn die Qualität wird durch weitere Faktoren massgeblich mitbestimmt (siehe dazu auch Abschnitte 5.2 und 5.5.3 im Kapitel 5).
- Wie sich weltweit immer deutlicher abzeichnet, gewinnen Titel – zu einem guten Teil aus Prestigegründen – immer mehr an Bedeutung. Deshalb kommt es zunehmend zu einer Titelinflation (in Europa werden heute von über 600 Institutionen MBA-Titel angeboten), was gleichzeitig zu einer Titelentwertung führt. Daher wird sich die amerikanische Tendenz, wonach nicht mehr nach dem Titel gefragt wird, sondern nach der Schule, wo der Abschluss gemacht wurde, auch in Europa durchsetzen, sodass gute Schulen unabhängig von Titeln und Credit-Punkten für ihre Absolvierenden adäquate Beschäftigungsmöglichkeiten schaffen.

Diese Feststellungen relativieren auch die Besorgnis von Strahm (2004) bis zu einem gewissen Grad, der für viele europäische Länder zutreffend feststellt, dass «der Bachelor-Abschluss bloss das «Überlaufmodell» für die hohe Zahl von Universitätsabsolvierenden mit vorzeitigem Bildungsabbruch sei. Und dieser europäische, nicht berufsbefähigende «Mobilitäts-Bachelor» soll nun zum Massstab für die angebliche Gleichbewertung – in der Realität aber die Herabstufung der schweizerischen Fachhochschulabsolvierenden – werden, nur um dem Ziel der innereuropäischen Mobilität zu genügen.» Wenn immer mehr Maturandinnen und Maturanden ausgebildet werden, diese knapp den Bachelorgrad erlangen und dann in das Berufsleben übertreten, obschon der universitäre Bachelortitel nicht genügend auf den Einstieg in einen Beruf vorbereitet, könnte seine Aussage für die schweizerischen Universitäten zutreffen. Gestützt wird diese Vermutung zudem durch die wenig bestimmte Umschreibung der Zielsetzung des Bachelor-Abschlusses an den Universitäten (Bologna-Richtlinien der Schweizerischen Universitätskonferenz 2003, 7) sowie durch Äusserungen von Rektoren (Bachelordiplom bildet die Voraussetzung für das Masterstudium). Für die Fachhochschulen ist diese Gefahr geringer, weil der Berufsbezug dank der Vorbildung der Studierenden im Fachhochschulunterricht leichter zu verwirklichen ist, und die Zielsetzung der

Fachhochschulen ausdrücklich auf den Theorie-Praxis-Bezug ausgerichtet ist. Nicht zu verschweigen ist allerdings die bereits früher erwähnte Gefahr der einseitigen Verwissenschaftlichung der Fachhochschule im internationalen Wettbewerb unter abstrakt arbeitenden Wissenschaftern, wie dies zum Teil in Deutschland beobachtbar ist, wo aus wissenschaftlichen Prestigegründen der Praxisauftrag der Fachhochschule vermehrt vernachlässigt und die Abgrenzung zwischen universitärer und Fachhochschule zum Teil immer schwieriger wird. Ob der schweizerische Fachhochschulbachelor zum «Mobilitätsbachelor» wird oder in wirksamer Weise auf die Berufstätigkeit vorbereitet, hängt also einzig und allein von der strategischen Profilierung der Fachhochschulen und ihren Ausbildungskonzepten ab. Der Einfluss aller formalen Elemente der Bologna-Erklärung wird in dieser Hinsicht gering bleiben.

Allerdings könnte der Gesetzgeber den Trend zum «Mobilitätsbachelor» unterstützen, wenn er dem Antrag der ständerätlichen WBK folgt, welche gymnasiale Maturanden und Maturandinnen zum Bachelor-Studium zulassen will, ohne dass sie vorgängig eine einjährige Arbeitswelterfahrung (Praktikum) gemacht haben. Diese Variante sieht vor, das Praktikum während des Studiums zu absolvieren. Die Begründung, das knappe Angebot an Praktikumsstellen zwinge zur Aufgabe eines dem Studiums vorangehenden Praktikums, mag in gewissen Konjunkturphasen stichhaltig sein. Diese Lösung erschwert aber die Profilierung der Fachhochschulstudiengänge, weil im Unterricht nicht mehr auf der Berufserfahrung aufgebaut werden kann. Solange die Zahl der Gymnasiastinnen und Gymnasiasten an den Fachhochschulen klein bleibt, stellt sich dieses Problem weniger. Je grösser aber die Zahl der Studienbewerbenden aus dem Gymnasium wird, desto kritischer wird es für die Profilierung der Fachhochschulen, gar wenn die Zahl derjenigen Gymnasiastinnen und Gymnasiasten, die nach dem Scheitern in den ersten Semestern der Universität an die Fachhochschule übertreten, steigen sollte.

Nicht gelöst und wahrscheinlich unlösbar ist die unterschiedliche Ausbildungsdauer bis zum Bachelorabschluss an den Universitäten (6 Jahre Sekundarschule/Gymnasium und 3 Jahre Universität) und an den Fachhochschulen (3 Jahre Sekundarschule, 3 – 4 Jahre Berufslehre und 3 Jahre Fachhochschule). Eine Verkürzung der Lehrzeit von vier auf drei Jahre dürfte bei den Wirtschaftsverbänden keine Zustimmung finden und sollte angesichts der Lehrstellenproblematik nicht erzwungen werden, vor allem in Lehrberufen nicht, bei denen eine produktionsorientierte Strategie verfolgt wird. Die Integration eines Teils der Berufsmittelschule in die Fachhochschule ist (wie im Abschnitt 4.5.6 aufgezeigt wurde) aus Gründen der internationalen Anerkennung nicht machbar. Deshalb ist zu versuchen, die Forderung nach einem früheren Eintritt in das Berufsleben durch einen früheren Eintritt in die Schule und allenfalls eine Verkürzung der Volksschule durch eine differenzierte Basisstufe zu verwirklichen.

5.6 Akkreditierung von Fachhochschulen und ihren Studiengängen

Im letzten Abschnitt wurde auf die Bedeutung der Qualität der Fachhochschulen hingewiesen. Im Gegensatz zu den Universitäten haben die Fachhochschulen mit den Fragen des Qualitätsmanagements und der Akkreditierung weniger Berührungsängste, weil sie im Umgang mit der Peer-Review den Nutzen dieser Massnahmen erkannt haben. Der Entwurf des Bundesrates zum FHSG vom 5. Dezember 2003 legt in Art. 17a die Grundlage für die Akkreditierung und Qualitätssicherung fest: «Das Eidgenössische Volkswirtschaftsdepartement akkreditiert die Fachhochschulen und erlässt die Richtlinien dazu. Die Akkreditierung kann auch Dritten übertragen werden.»

Die Richtlinien werden in erster Linie die Organisation der Akkreditierung festlegen müssen. Denkbar sind drei Lösungen:

1. Die EFHK mit Unterstützung des BBT übernimmt diese Aufgabe.
   Dass diese Lösung machbar ist, belegte der Anerkennungsprozess 2000–2003. Allerdings ist der Zeitaufwand für eine politisch eingesetzte Laienbehörde sehr hoch, sofern nicht nach einer Lösung gesucht wird, bei der die Kommission nur die Führungsrolle übernimmt.
2. Die Aufgabe wird dem bereits bestehenden Akkreditierungsorgan der Universitäten (Organ für Akkreditierung und Qualitätssicherung an Schweizer Hochschulen, OAQ) übertragen.
   Diese Lösung brächte eine Vereinheitlichung aller Akkreditierungsvorgänge für die universitären und die Fachhochschulen. Dadurch würde der gleiche Beurteilungsmassstab verwendet und die Vergleichbarkeit aller Akkreditierungen sichergestellt. Zudem würde die Schweiz im Ausland mit einer Stimme auftreten. Gewährleistet wäre schliesslich eine professionelle und einheitliche Abwicklung der Akkreditierung. Umgekehrt würde diese Lösung zu einer grossen Institution mit Monopolcharakter und wahrscheinlich zu einer Tendenz der Überbürokratisierung führen.
3. Zulassung verschiedener Akkreditierungsinstitutionen.
   Diese (z. B. in Deutschland eingeführte) Organisationsform basiert auf mehreren Akkreditierungsagenturen, die von Bundesländern, Berufsfachverbänden usw. gegründet und geführt werden, und die ihrerseits von einer zentralen Akkreditierungsbehörde akkreditiert und überwacht werden. Die Schulen können entweder die Agentur für die

Akkreditierung gegen Entgelt selbst auswählen oder die Trägerschaften bestimmen, welche Agentur zu wählen ist.
Diese Variante führt zu einer die Qualität des Akkreditierungsprozesses fördernden Konkurrenz. Möglich wird auch eine Spezialisierung, wenn Berufsverbände diese Aufgabe übernehmen. Für ein kleines Land besteht aber die Gefahr einer Überorganisation mit einem höheren finanziellen Aufwand.

Hier wird – nicht zuletzt aufgrund der Erfahrungen mit der Peer-Review – die Lösung 1 empfohlen, wobei dem Leistungsbereich Fachhochschulen des BBT eine kleine «Sektion Akkreditierung» zur Seite gestellt wäre, die für die organisatorischen Belange (Organisation der Peer-Reviews) zuständig wäre, während der EFHK die Prozessführung (vor allem die Ausgestaltung der Peer-Review sowie die Vorbereitung der Antragsstellung an das zuständige Departement) zufallen würde. Diese Lösung hätte den Vorteil, dass die für die strategische Entwicklung der Fachhochschulen zuständige EFHK die Führungsaufgabe, das Monotoring (Controlling) des Fachhochschulsystems und dessen Weiterentwicklung in ganzheitlicher Weise in ihrer Hand hätte.

5.7 Pädagogische Aspekte für die Fachhochschulen

Wie früher angedeutet, gibt die Schrift der KFH «Die Konzeption gestufter Studiengänge: Best Practice und Empfehlungen» (2003) eine hervorragende Einführung in die Aufbaumöglichkeiten der gestuften Lehrgänge an Fachhochschulen. Trotzdem drängen sich einige Anmerkungen auf.

Zunächst wird die Konzeption modularisierter Studiengänge vorgestellt. Es ist deutlich zu betonen, dass die Definition der Modularisierung (Seite 9) gut und zweckmässig ist. Deshalb gelten die in Abschnitt 3.2.1 des Kapitels 3 vorgetragenen kritischen Anmerkungen für dieses Konzept nicht, weil hier der Begriff «Modul» nicht im Sinne von geschlossenen Blöcken zu verstehen ist. Die Vielfalt der Aufbauformen und der Unterrichtsmethoden bleibt gewährleistet. Es sei aber nicht verschwiegen, dass der Aufbau solcher Module für Dozierende sehr anspruchsvoll und aufwändig ist. Alle Erfahrung lehrt, dass innovative Ansätze eine intensive Dozentenweiterbildung bedingen, die im Arbeitspensum der Dozierenden angemessen zu berücksichtigen ist.

Sehr zu beachten ist das Verhältnis Kontaktstunden/Selbststudium. Viele Dozierende an Fachhochschulen befürchten, dass beim Aufbau der Studiengänge das Selbststudium aus finanziellen Erwägungen ausgeweitet wird und die Qualität des Studiums sinkt, weil das Selbststudium nicht genügend betreut werden kann. Vor einer Übergewichtung des Selbststudiums ist zu warnen. Die lerntheoretische Forschung zeigt immer deutlicher auf, dass selbstgesteuertes Lernen vor allem am Anfang einer sehr intensiven Begleitung und Betreuung bedarf, denn ein Versuchs-Irrtums-Lernen ist nicht lerneffizient (vergleiche dazu Dubs 2004b). An den Universitäten zeichnet sich schon deutlich ab, wie das Selbststudium von den Studierenden schlecht beurteilt wird, weil sie sich damit nicht zurechtfinden. Deshalb sollte das Konzept Selbststudium gezielt und betreut eingeführt werden; als Sparmassnahme verstanden, würde es zu einer Qualitätssenkung führen.

Für die Profilierung entscheidend ist schliesslich, dass die Fachhochschulen ein Konzept des praxisorientierten forschenden Lehrens und Lernens entwickeln (vergleiche dazu die Empfehlungen für Universitäten und Fachhochschulen bei Mittelstrass 1998), welches nicht den universitären Unterricht kopiert, sondern eine wissenschaftsgestützte, praxis- und entwicklungsnahe Lehre und Forschung anstrebt, weil sich Fachhochschulen und damit die Differenzierung des Hochschulsystems nur auf diese Weise rechtfertigen lassen.

Abschliessend sei aber auf eine Gefahr hingewiesen: Die Bologna-Erklärung will die Mobilität für Studierende verbessern, indem formale Vorgaben bezüglich der Gestaltung der Studienordnungen erlassen werden, um die Vergleichbarkeit von Studiengängen und die Anerkennung von erbrachten Studienleistungen zu erhöhen. Kritisch wird dieses Vorhaben, wenn die formalen Vorgaben zu ausgeprägten Regulierungen aller Studiengänge bis in die Einzelheiten hinein (z. B. Aufbau und Ausgestaltung von Modulen) führen. Für eine kreative Entwicklung der Fachhochschulen besonders gefährlich würde es, wenn – was gelegentlich in ausländischen Ministerien diskutiert wird – auch noch inhaltliche Vorgaben zu Modulen gemacht würden. Dies führte nicht nur zu einer Verbürokratisierung der Studiengestaltung, sondern auch zu einer Entkoppelung von Lehre und Forschung (vergleiche in ähnlichem Sinn Bader & Jenewein 2004). Es kann nicht genug betont werden, dass Strukturen und zu enge Strukturvorgaben die Qualität eines Studiums in keiner Weise garantieren. Entscheidend bleibt die Substanz des Inhaltes und ein breites Repertoire der Unterrichtsverfahren. Deshalb sollte im ganzen Bologna-Prozess ernsthaft überlegt werden, ob er nicht – ähnlich der Corporate Governance – vom Prinzip «comply of explain» geleitet sein sollte, was bedeutet, dass die Regeln der Bologna-Empfehlungen einzuhalten sind, davon aber abgewichen werden darf, wenn sich dies mit einer überzeugenden Begründung (z. B. Profilierung eines Studienganges) rechtfertigen lässt.

5.8 Die Anerkennung schweizerischer Fachhochschuldiplome im Ausland

Die internationale Anerkennung schweizerischer Fachhochschuldiplome zeigt, wie gut die Integration der Fachhochschulen in die internationale Hochschul- und Forschungsgemeinschaft gelungen ist und wie weit der Umbau der Ingenieurschulen HTL sowie der Höheren Wirtschafts- und Verwaltungsschulen in Fachhochschulen verwirklicht ist. Zu unterscheiden sind zwei Formen der Anerkennung:

1. Die Anerkennung der Fachhochschuldiplome im Hinblick auf den **Arbeitsmarkt**.
2. Die Anerkennung der Diplome und Studienleistungen im Hinblick auf die **Fortsetzung der Studien an einer ausländischen Hochschule**.

Die Zulassung von schweizerischen Fachhochschulabsolventinnen und -absolventen auf den **Arbeitsmärkten** der Mitgliedstaaten der Europäischen Union ist im Rahmen der bilateralen Abkommen der Schweiz mit der Europäischen Union, die am 1. Juni 2002 in Kraft getreten sind, geregelt. Grundsätzlich gilt, dass in reglementierten Berufen (das sind Berufe, deren Ausübung in einem Land vom Besitz eines Diploms, Zeugnissen oder Befähigungsnachweisen abhängig gemacht wird) ein schweizerisches Fachhochschuldiplom den Zugang zum Arbeitsmarkt der Mitgliedländer in gleichem Masse wie Hochschuldiplome des entsprechenden Landes erlaubt. Formal unterschieden wird in der EU zwischen **sektoriellen Richtlinien** für harmonisierte Berufe, d. h. einer automatischen Anerkennung einer Grundausbildung (vorderhand in sieben medizinische und paramedizinische Berufe sowie Architekten [wobei die schweizerischen Architekten mangels genügender Voraussetzungen der schweizerischen Studienordnung, noch ausgeschlossen sind, siehe Expertengremium Internationale Anerkennung der FH-Diplome, 2003, welches die geplanten Massnahmen zum Architekturstudium aufzeigt]), und **allgemeinen Richtlinien**, d. h. dass Diplomierte von schweizerischen Hochschulen das Anrecht auf die Prüfung ihrer Diplome haben, und sie in der Regel davon ausgehen können, dass ihre Diplome anerkennt werden und sie Zugang zum Arbeitsmarkt erhalten. Führt die Prüfung des Diploms zu Mängeln (sei es, weil in der Ausbildungszeit oder bei den Ausbildungsinhalten wesentliche Unterschiede zu den landesüblichen Anforderungen bestehen), kann der Mangel mit einem Anpassungslehrgang oder einer Ergänzungsprüfung ausgeglichen werden.

Diese Unterscheidung in sektorale und allgemeine Richtlinien ist auf einen Paradigmawechsel innerhalb der EU zurückzuführen. Ursprünglich wollte die EU die Probleme zwischen den Berufen durch Harmonisierung der Ausbildung lösen. Ziel war es, sämtliche Ausbildungsgänge einander anzugleichen (sektorale Richtlinien). Da sich aber diese Harmonisierung der Ausbildungen als schwerfällig erwies, wurden allgemeine Richtlinien eingeführt, die davon ausgehen, dass die Ausbildungen in den EU-Staaten im Grossen und Ganzen gleichwertig sind. Deshalb ging die EU zum Prinzip des Vertrauens in die Diplome anderer Staaten über, d. h. der anerkennende Staat vertraut dem Diplom und gibt in der Regel ein Anrecht auf die Anerkennung des Diploms auf Antrag hin (vergleiche EU-Diplome in der Schweiz 2004 sowie erste allgemeine Richtlinie 1989/48/EWG). Eine Überprüfung dieser Regel durch Testversuche mit schweizerischen Fachhochschuldiplomen im Januar 2004 bei drei Kultusministerien der Bundesrepublik Deutschland erbrachte keine Benachteiligungen für die Schweiz.

Die Anerkennung der Diplome und Studienleistungen im Hinblick auf die **Fortsetzung der Studien an einer ausländischen Hochschule** bedarf bilateraler Abkommen mit einzelnen Staaten. Der gegenwärtige Stand stellt sich wie folgt dar:

Bundesrepublik Deutschland: Am 16. April 2002 wurde die Änderung des Abkommens zwischen der Schweiz und Deutschland über die gegenseitige Anerkennung der Gleichwertigkeit im Hochschulbereich unterzeichnet, womit die Aufnahme der schweizerischen Fachhochschulen in das bestehende Hochschuladäquanzabkommen verwirklicht wurde.

Österreich: Das Abkommen aus dem Jahre 1994 wird für die Fachhochschulen fortgeführt, sodass Schweizer Fachhochschulabsolventen und -absolventinnen an österreichischen Fachhochschulen zugelassen sind.

Italien: Seit dem 1. August 2001 ist ein neues Äquivalenzabkommen in Kraft, welches auch die Fachhochschulen einschliesst, obwohl die schweizerischen Fachhochschulen in Italien (mit Ausnahme des Gesundheitsbereichs in der Provinz Südtirol) keine Entsprechung finden.

Frankreich: Die Verhandlungen laufen. Resultate liegen noch keine vor.

Vereinigte Staaten: Das Gesuch um die Aufnahme von Verhandlungen ist noch nicht beantwortet.

Zusammenfassend kann festgehalten werden, dass die Förderung der Mobilität der Fachhochschulabschlüsse auf internationaler Ebene auf gutem Weg ist. Damit wird auch der Absicht nach vermehrter Internationalisierung der Fachhochschulen Rechnung getragen.

Kapitel 6:
Beantwortung der gestellten Fragen

Die sieben gestellten Fragen können zusammenfassend wie folgt beantwortet werden:

1. Wo liegen die Besonderheiten der schweizerischen beruflichen Grundbildung?

Das schweizerische Berufsbildungssystem war bis zum Inkrafttreten des BBG vom 13. Dezember 2002 ein **traditionelles duales System**, das

- von der Politik und der Wirtschaft mit grosser Überzeugung vertreten wurde, obschon sich vor allem in der Wirtschaft immer grössere Diskrepanzen zwischen den Postulaten zur Stützung des Systems und dem Verhalten in der Praxis (Lehrstellenangebot, Bereitschaft zu Reformen) abzeichneten.
- Es zeigte sich, dass die schweizerische berufliche Grundbildung den unmittelbaren Bedürfnissen der Wirtschaft gericht wurde. Sie ist zweckmässig organisiert, konzeptuell einfach aufgebaut und im Vergleich zu anderen Ländern weniger bürokratisch.
- Trotzdem vermochte sie dem Wirtschaftswandel nicht immer zu folgen, da die berufliche Grundbildung stark auf die Bedürfnisse der KMU ausgerichtet ist. Sie erwies sich auch als relativ unflexibel in Bezug auf die organisatorische Gestaltung und die konnte das Spannungsverhältnis zwischen Bedarfsansatz (Ausrichtung des Systems auf die wirtschaftlichen und unternehmerischen Bedürfnisse) und Social-demand Ansatz (Selbstentwicklung der Menschen, Allgemeinbildung) nicht wirklich entschärfen. Auch bestehen zwischen den einzelnen Berufsverbänden grosse Unterschiede hinsichtlich der Innovationsbereitschaft.
- Insgesamt war die schweizerische Grundbildung jedoch erfolgreich (hohe Berufserfolge [z. B. dokumentiert an den Berufsolympiaden]; geringe Jugendarbeitslosigkeit; hohe berufspraktische Kompetenzen; hohe Zufriedenheit der Lehrlinge und Lehrtöchter). Kurzfristig wird sie aber mit einem unausgeglichenen Lehrstellenmarkt zu kämpfen haben. Eine allgemein wirksame Massnahme zur Marktregulierung gibt es hier nicht.
- Auch ist sie einer gewissen Bedrohung durch die undifferenzierte Forderung nach einer Erhöhung der gymnasialen Maturandenzahl ausgesetzt, wofür kein Sachzwang besteht, wohl aber Prestigeüberlegungen ausschlaggebend sind.

Da die generelle Überlegenheit eines Berufsbildungssystems gegenüber anderen wissenschaftlich nicht nachweisbar ist, gibt es keine zwingenden Gründe zu einem Systemwechsel. Hingegen besteht ein **bedeutender Reformbedarf**.

Das BBG vom 13. Dezember 2002 hat beste Voraussetzungen geschaffen, dass den Notwendigkeiten zu Reformen des Systems Rechnung getragen werden kann, denn

- das BBG und die BBV sind offen gestaltet, sodass die Organisationen der Arbeit sowie das BBT Gestaltungsfreiräume erhalten, um die einzelnen Berufsbildungsverordnungen den jeweiligen gesellschaftlichen und wirtschaftlichen Bedürfnissen anzupassen.
- Zudem zeigt das Expertenmodell viele Möglichkeiten auf, wie Ausbildungsverordnungen flexibel gestaltet werden können und
- die Gesetzgebung ist so festgelegt, dass die Gefahr einer übermässigen Bürokratisierung der Berufsbildung nicht unbedingt besteht.

Allerdings existiert ein bedeutender **Handlungsbedarf**.

- Das BBT sollte im Sinne einer Verdeutlichung des Expertenmodelles eine minimale Rahmenordnung festlegen, damit das ganze System infolge der Offenheit des Gesetzes nicht unkontrollierbar diversifiziert wird.
- Das BBT sollte rasch einen Rahmen für die Ausbildungsverordnungen setzen; insbesondere ist die Frage zu klären, ob zur Vereinfachung der Ausbildungsverordnungen das Konzept der Bildungsstandards (Klieme 2003) angewandt oder an lernzielorientierten Ausbildungsplänen festgehalten werden sollte.
- Die Organisationen der Arbeit müssen Innovationsbereitschaft zeigen, wobei vor allem dem Verhältnis von Ausmass der Spezialisierung und Ausmass der Generalisierung der Grundausbildung (mehr Berufs- und Tätigkeitsfelder statt enge Berufe), der Allgemeinbildung, der Förderung des Berufsattests sowie der Durchlässigkeit Aufmerksamkeit zu schenken ist.
- Dem BBT ist eine Innovatorenrolle zuzugestehen.

2. Welches sind ihre generellen Stärken und Schwächen?

Eine Gegenüberstellung der Stärken und der Schwächen ist im Kapitel 2 erfolgt. Ein modernes **triales** Berufsbildungssystem schafft gute Voraussetzungen für leistungsfähige Mitarbeitende in Unternehmen. Das System der Berufsmaturität zusammen mit der Passerellenlösung verbessert auch die Durchlässigkeit, d. h., die triale Berufslehre stellt keine Sackgasse mehr dar. Neben den höheren Fachausbildungen, die weiterhin bedeutsam bleiben, steht heute der Weg zur Fachhochschule und mit einer vertretbaren Prüfung (Passerellenlösung) der Weg zur Universität offen.

Aber auch in der neuen, offenen Fassung des BBG ist an möglichen Schwächen zu arbeiten:

- Integration lernschwacher und sozial benachteiligter Jugendlicher in die Arbeitswelt. Zwar schafft der Ansatz mit dem Berufsattest Möglichkeiten; er kommt aber nur zum Tragen, wenn die Wirtschaft bereit ist, Ausbildungsstellen zur Erreichung des Berufsattests zu schaffen; eine Forderung, die noch auf Widerstand stösst. Dazu ist mit aller Deutlichkeit zu sagen, dass sich das Problem der Lernschwachen und Benachteiligten nicht allein durch Reformen der beruflichen Grundbildung lösen lässt. Überlegte Reformarbeiten drängen sich auch auf der Volksschul- und Sekundarstufe I auf.
- Dringender Handlungsbedarf besteht bezüglich Reduktion der Jugendlichen, welche auf Zwischenlösungen im Übergang von der Sekundarstufe I in die berufliche Grundbildung angewiesen sind. Die in Zwischenlösungen (z. B. 10. Schuljahr) investierten Mittel sollten zur Förderung des direkten Überganges verwendet werden (etwa in der Form von Subventionen für berufliche Ausbildungswege im Sinne von Anschubfinanzierungen).
- Das kurzfristige Ungleichgewicht auf dem Lehrstellenmarkt wird bestehen bleiben. Auch ist es nicht möglich, dass alle Jugendlichen ihren Wunschberuf ergreifen können, weil der Arbeitsmarkt diktiert. Deshalb sind Massnahmen zur Flexibilisierung und zur Verbesserung der Vorbereitung auf die lebenslange Weiterbildung bei der Ausgestaltung der Ausbildungsverordnungen bedeutsam. Das Expertenmodell macht dazu Vorschläge, die besonders zu beachten sind, weil Berufs- und Tätigkeitswechsel während der Lebensarbeitszeit immer bedeutsamer werden.
- Die im BBG vorgesehene Errichtung von Berufsbildungsfonds ist dann ein wirksames Mittel zur Bekämpfung von Ungleichgewichten auf dem Lehrstellenmarkt, wenn deren Ausgestaltung individuell auf einzelne Bereiche ausgerichtet wird. Globale Steuerungsmassnahmen sind ungeeignet, weil die Situation auf dem Lehrstellenmarkt regionale und Branchenunterschiede sowie Unterschiede bei den einzelnen Berufen ausweist.

3. Welches sind die Wirkungen des schweizerischen arbeitsmarktorientierten Berufsbildungs- und Fachhochschulsystems auf das Individuum, seine Arbeitsmarkt- und Studierfähigkeit?

Entgegen immer wieder geäusserten Vermutungen ist die Zufriedenheit der Lehrtöchter und Lehrlinge mit ihrer beruflichen Ausbildung hoch, wobei die schulische Ausbildung schlechter beurteilt wird als die betriebliche. Ebenso wird die Belastungssituation als nicht besonders schwerwiegend erachtet. Interessant ist, dass die Zufriedenheit in der Berufsbildung höher ist und die Belastung weniger empfunden wird als am Gymnasium. Demzufolge kann nicht behauptet werden, dass die Berufsbildung heute den individuellen Ansprüchen an die Ausbildung nicht gerecht werde.

Die Arbeitsmarktfähigkeit der schweizerischen Inhaberinnen und Inhaber eines Leistungsausweises einer beruflichen Grundbildung darf als gut beurteilt werden. Die Jugendarbeitslosigkeit ist im internationalen Vergleich verhältnismässig tief.

In Zukunft darf aber ein grundlegendes Dilemma nicht übersehen werden: Je stärker die Strukturierung der Berufe und die Spezialisierung der beruflichen Ausbildung übereinstimmen, desto besser ist die Arbeitsmarktfähigkeit der Lehrlinge und Lehrtöchter. Diese Spezialisierung schafft aber keine idealen Voraussetzungen für die berufliche Mobilität. Deshalb ist im Interesse der Arbeitsmarktfähigkeit und der Mobilität bei der Entwicklung von jeder Ausbildungsverordnung nach einem wirksamen Kompromiss zu suchen. Das Expertenmodell schafft dazu gute Voraussetzungen.

Die für die Studierfähigkeit notwendige Vorbereitung an der Berufsmittelschule scheint im Wesentlichen zu genügen, wenn auch im Einzelnen Mängel (insbesondere in Mathematik und in der Muttersprache) bestehen. Erfreulich ist auch, dass bei einer Prüfungsanalyse für die Zulassung zur Fachhochschule zwischen Deutschland und der Schweiz trotz unterschiedlicher Gestaltungsformen keine wesentlichen Unterschiede im Anspruchsniveau festgestellt wurden. Deshalb kann ohne Bedenken am System der Berufsmittelschule und der Berufsmaturität festgehalten werden, wenn auch bessere Absprachen mit den Fachhochschulen über Lerninhalte erwünscht wären.

Auch die Arbeitsmarktfähigkeit der Absolvierenden der Fachhochschule ist gut, zum Teil sogar besser als bei Universitätsabsolventinnen und -absolventen. Allerdings bestehen bezüglich der Arbeitsmarktfähigkeit teilweise bedeutende Unterschiede je nach Regionen, Studiengebieten und für Frauen gegenüber Männern. Die Unterschiede sind vor allem regional-, wirtschafts- und konjunkturpolitisch bedingt und können kaum auf Mängel in der Ausbildung zurückgeführt werden.

4. Welches sind die für die spätere Arbeitsmarktfähigkeit relevanten Stärken gegenüber rein schulischen beruflichen Ausbildungen? Wie beeinflussen sie die Qualität der Fachhochschulabschlüsse an sich und im Vergleich zum Ausland?

In Kapitel 2 wurden die Stärken (aber auch die Schwächen) der dualen Berufsbildung aufgezeigt. Allerdings ist darauf hinzuweisen, dass sich die Vorzüge des dualen Systems im Verlauf der Berufstätigkeit abschwächen. Deshalb kann nicht von einer generellen, langfristig wirksamen Überlegenheit des dualen Systems gesprochen werden. Leider fehlen genaue empirische Untersuchungen, welche verlässliche Aussagen über die langfristigen unterschiedlichen Auswirkungen auf die Arbeitsmarktfähigkeit der Absolvierenden des dualen und des vollschulischen Systems zulassen. Bestätigt ist aber, dass kurzfristig die Arbeitsmarktfähigkeit der dual Ausgebildeten besser ist. Ein Indikator für eine gewisse Überlegenheit des dualem Systems ist die geringere Jugendarbeitslosigkeit in Ländern mit dualen System, wobei auch hier wieder die häufig angesprochene Einschränkung der Übereinstimmung der beruflichen Strukturen mit der Konzeption der Ausbildungsberufe zu wiederholen ist: Je grösser die Übereinstimmung ist, desto geringer die Jugendarbeitslosigkeit und umso höher die Arbeitsmarktfähigkeit. Daraus lässt sich schliessen, dass sich eine vollschulische Ausbildung, gar wenn sie immer stärker theoretisiert wird, auf die Arbeitsmarktfähigkeit mindestens kurzfristig eher negativ auswirkt. Es sei ergänzend erlaubt, noch eine Beobachtung beizufügen. Vergleicht man dual Ausgebildete in der Schweiz mit vollschulisch ausgebildeten Amerikanern bei industriell-handwerklichen Arbeiten (der Verfasser tat dies bei folgenden Arbeiten: umfassende Reparatur eines Brenners einer Ölheizung, Installation und Richten einer Satellitenschüssel für das Fernsehen, zeichnerischer Entwurf einer Brückenkonstruktion sowie Beratung für eine internationale Überweisung bei einer Bank), so zeigte sich bei den dual Ausgebildeten eine Überlegenheit bei folgenden Kompetenzen: Schnelligkeit des Erkennens des Problems und zielstrebige Arbeit (weniger Versuchs- und Irrtums-Verfahren), speditivere Aufnahme der konkreten Arbeitsschritte in der Arbeitsgruppe (weniger generelle Diskussionen über die Vorgehensweise) und sorgfältigere Arbeit. Leider ist aber darauf hinzuweisen, dass die Streuung dieser Kompetenzen bei den Arbeitskräften beider Systeme im Zunehmen begriffen ist.

Alle im Kapitel 5 angeführten Befunde deuten darauf hin, dass die Arbeitsmarktfähigkeit für Absolvierende der schweizerischen Fachhochschulen gut ist. Daraus lässt sich folgern, dass die Vorbildung im dualen System mit der starken Gewichtung der praktischen Berufsbildung für ein Fachhochschulstudium nicht ungenügend sein kann. Dies belegt auch die Inseratenanalyse, welche gezeigt hat, dass nur ein kleiner Teil der offenen Stellen ausschliesslich für universitäre Absolventinnen und Absolventen ausgeschrieben ist. Allerdings gilt es in diesem Zusammenhang auf einen wesentlichen Aspekt hinzuweisen, der zu einer Abwertung der berufspraktischen Ausbildung für ein Fachhochschulstudium führen könnte. Die Studienpläne und der Unterricht an den Fachhochschulen müssen auf der berufspraktischen Ausbildung aufbauen und auf die angewandte Forschung vornehmlich im Zusammenhang mit Dienstleistungen für die Wirtschaft ausgerichtet werden. Auf diese Weise schaffen sich die Fachhochschulen ihr eigenes Profil, das durch einen gezielten Einbezug der berufspraktischen Erfahrungen der Studierenden charakterisiert wird. Versuchen die Fachhochschulen aber – beispielsweise aus wissenschaftlichen Prestigeüberlegungen – ihren Unterricht und ihren erweiterten Leistungsauftrag im akademischen Sinn zu vertheoretisieren, so würden die praktischen Kompetenzen, die ihre Studierenden mitbringen, ihren Stellenwert verlieren. Sollten die Universitäten zugleich ihre theoretisch-wissenschaftliche Ausrichtung infolge des Massenbetriebes, ungenügender Selektion, fehlender Finanzmittel und mangelnder Ausrichtung auf die Förderung einer wissenschaftlich leistungsfähigen Elite vernachlässigen (mit einem auch auf die Übernahme einer Berufstätigkeit ausgerichteten universitären Bachelor besteht die Gefahr), so würde sich die Frage stellen, ob eine Zweiteilung der Hochschulausbildung überhaupt noch Sinn macht. Daher entscheiden die Fachhochschulen anhand ihres Profils letztlich selbst, welchen Stellenwert die berufspraktische Ausbildung des dualen Systems für ein Fachhochschulstudium hat: Je stärker sie die berufspraktischen Kompetenzen ihrer Studierenden gezielt in ihren Lehr-, Forschungs- und Dienstleistungsbereich einbinden, desto wertvoller und nützlicher wird die berufspraktische Ausbildung während der Lehrzeit.

5. Welche berufspraktischen Kompetenzen können als adäquat mit Kompetenzen aus rein schulischen Ausbildungen betrachtet werden?

Diese Frage lässt sich aus zwei Gründen nicht beantworten. Erstens ist der Kompetenzbegriff wissenschaftlich weiterhin nicht abschliessend geklärt. Die heute vor allem in der Praxis verwendete Gliederung in Fach-, Methoden-, Sozial- und Ichkompetenzen ist zu oberflächlich und führt zu einer Atomisierung von Lernprozessen (wie dies in vielen Schullehrplänen zum allgemein bildenden Lehrplan an gewerblich-industriellen Berufsschulen deutlich wird). Aus lerntheoretischer Sicht sind diese Kompetenzbereiche mit umfassenderen Problemfeldern der Wissenschaft oder der Arbeitswelt zu kombinieren. Zweitens lassen sich Kompetenzen – von wenigen ganz allgemeinen Kompetenzen abgesehen – nur mittels Fachinhalten fördern, denn Kompetenzen sind viel stärker wissensgebunden als dies allgemein angenommen wird. Dies sei an einem Beispiel verdeutlicht. Studierende sollen auf ihre Rolle als Vorgesetzte einer Arbeitsgruppe in einem Unternehmen oder in der Staatsverwaltung vorbereitet werden. Dazu sollen sie lernen, wie sie mit der Arbeitsgruppe in ihrem Fachgebiet (dazu brauchen sie Fachkompetenz) gemeinsam (dazu benötigen sie Sozialkompetenz) ein Problem lösen (Methodenkompetenz) und wie sie Überzeugungskraft gewinnen (Ich-Kompetenz). In einem Medizinstudium kann dazu als Beispiel eine ungeklärte Frage aus der gentechnologischen Forschung bearbeitet werden. An einer Wirtschaftsfachhochschule lässt sich das gleiche Ziel am praktischen Beispiel eines Businessplans eines Unternehmens erreichen. Abgesehen vom Fachinhalt werden in beiden Beispielen die gleichen Kompetenzen gefördert, sodass es wenig Sinn macht zwischen berufspraktischen Kompetenzen und Kompetenzen aus rein schulischen Ausbildungen zu unterscheiden. Entscheidend ist vielmehr, an welchen konkreten Lerninhalten welche Kompetenzen gefördert werden sollen, und welche Form des Unterrichtes dem jeweiligen Kontext der Studierenden (Ziel des Studiums; Vorwissen und Erfahrungen der Studierenden, konkretes Lernziel des jeweiligen Unterrichtsabschnittes) am angemessensten ist.

Mit dieser ganzheitlichen Betrachtung des Kompetenzbegriffes sollte deutlich werden, dass die Unterscheidung in berufspraktische Kompetenzen und Kompetenzen aus rein schulischen Ausbildungen wenig Sinn macht, gar wenn noch die Meinung vertreten wird, dass rein schulisch erworbene Kompetenzen «wertvoller» sind als berufspraktische. Voraussetzung ist aber, dass sowohl im berufspraktischen als auch im theoretischen Unterricht die Kompetenzförderung in dem hier vertretenen umfassenden Sinn gepflegt wird, was unterrichtsmethodisch sehr anspruchsvoll ist.

6. Welche Kompetenzen lassen sich im Rahmen des ECTS anrechnen (Äquivalenzen)?

Vorderhand sind Credit-Systeme formale Systeme, die vorgeben, welche Unterrichtszeiten (Kontaktstudium) und selbstständige Arbeitsstunden (Selbststudium) für eine bestimmte Credit-Punkte-Menge aufzubringen sind. In Bezug auf die Lerninhalte, d. h. bezüglich der Ausgestaltung der Studienpläne behalten die Schulen ihre Freiheiten. Deshalb werden bislang bei den deutschen Akkreditierungsverfahren nur die generellen Studienziele und die Zweckmässigkeit der Stundentafel sowie die inhaltliche Struktur beurteilt. Zudem wird überwacht, ob die formalen Bedingungen des ECTS-Systems erfüllt sind. Im Übrigen gilt das Vertrauensprinzip. Ob in den einzelnen Modulen oder Lerneinheiten die «richtigen» Kompetenzen gefördert werden, wird nicht betrachtet, zumal noch an keiner Hochschule umfassende in Credits messbare Kompetenzsysteme bestehen.

Neuerdings hört man zwar gelegentlich von Vertretern der Wissenschaftsadministration die Forderung, der nächste Schritt müsse eine Verbindung von Kompetenzen und Credits sein, damit Studiengänge präzise vergleichbar würden. Eine solche Weiterentwicklung des ECTS-Systems stellt nicht nur das Vertrauensprinzip in Frage, sondern es würde auch zu einer grossen Bürokratie führen, und – was noch schlimmer wäre – jede Kreativität und Innovation im Hochschulunterricht verunmöglichen, weil diese Kompetenzvorgaben zur einzigen Grundlage der Unterrichtsgestaltung würden. Deshalb müssen im Interesse der Schulqualität solche Massnahmen unter allen Umständen verhindert werden.

7. Wie müssten Verfahren ausgestaltet sein, damit sich Äquivalenzen im Rahmen der ECTS oder anderer Systeme anrechnen lassen?

Solange das ECTS-System ein Formales bleibt, erübrigt sich diese Frage. Sie ist auch hinfällig, solange nicht Credits der Berufsmittelschule an Fachhochschulen angerechnet werden, wie es im Gutachten vertreten wird. Die praktischen Anleitungen der SUK und der KFH weisen den richtigen Weg. Die Schulen ohne Studienpläne sollten sich möglichst schnell diesen Anleitungen anpassen und sich anschliessend mit aller Kraft um die inhaltliche Profilierung ihrer Studienpläne bemühen, was eine sehr aufwendige Arbeit ist. Nicht Formalismen, sondern die Substanz der Studienpläne entscheidet über die Qualität unserer Fachhochschulen.

Literatur

Abraham, K. (1966). *Wirtschaftspädagogik.* Grundfragen der wirtschaftlichen Erziehung (2. Aufl.). Heidelberg: Quelle und Meyer.

Arbeitsgruppe Dubs (2001, 2002). Vorschlag und erläuternder Bericht zu *«Die Passerelle von der Berufsmaturität zur gymnasialen Matura und zur allgemeinen Hochschulreife»* vom 31. August 2001 sowie *«Endgültiger Vorschlag mit Erläuterungen aufgrund des Vernehmlassungsverfahrens»* vom 31. August 2002.

Backes-Gellner, U. (2003). Die duale Berufsbildung ist besser als ihr Ruf. Eine übereilte Akademisierung schwächt den Standort Schweiz. *Neue Zürcher Zeitung* vom 22./23. Februar 2003, Nr. 44, 27.

Bader, R. (2001). Berufliche Schulen – Kompetenzzentren für die Region. *Die berufsbildende Schule,* 53 (4), 105–115.

Bader, R. & Jenewein, K. (2004). Professionalisierung für Berufsbildung sichern und erweitern. *Die berufsbildende Schule,* 56 (1), 9–16.

BBT (2002). *Kostenrechnung für Fachhochschulen.* Ein Leitfaden des BBT. Bern: BBT.

Becker, G.S. (1993). *Human Capital. A Theoretical and Empirical Analysis with Special Reference to Education.* 3rd Edition (zitiert nach Gangl).

Blossfeld, H.-P. (1991). Unterschiedliche Systeme der Berufsbildung und Anpassung an Strukturveränderungen im internationalen Vergleich. In: *Bundesinstitut für Berufsbildung* (Hrsg.). Die Rolle der beruflichen Bildung und Berufsbildungsforschung im internationalen Vergleich. Berlin: Bundesinstitut für Berufsbildung.

BMBF-Bundesministerium für Bildung und Forschung (2003). *Berufsbildungsbericht.* Bonn: Bundesministerium für Bildung und Forschung.

Borch, H., Diettrich, A., Frommberger, D., Reinisch, H. & Wordelmann, P. (2003). *Internationalisierung der Berufsbildung. Strategien – Konzepte – Erfahrungen – Handlungsvorschläge.* Bonn: Bundesinstitut für Berufsbildung.

Büchtemann, C. F., Schupp, J. & Soloff, D.J. (1993). Übergänge von der Schule in den Beruf – Deutschland und USA im Vergleich. *Mitteilungen aus der Arbeitsmarkt- und Berufsforschung.* 26 (4), 507–520.

Bundesamt für Statistik (2002). *Berufsmaturität 2001.* Neuchâtel: Bundesamt für Statistik.

Bundesamt für Statistik (2003). *Wege in die nachobligatorische Ausbildung. Die ersten zwei Jahre nach Austritt aus der obligatorischen Schule. Zwischenergebnisse des Jugendlängsschnitts TREE.* Neuchâtel: Bundesamt für Statistik.

Bundesamt für Statistik (2003a). *SAKE – Schweizerische Arbeitskräfteerhebung 2002 in Kürze.* Neuchâtel: Bundesamt für Statistik.

Bundesamt für Statistik (Hrsg.) (2003b). *Akademiker und Akademikerinnen am Arbeitsmarkt. Wo stehen die Hochschulabsolventen und -absolventinnen vier Jahre nach Studienabschluss?* Neuenburg: Bundesamt für Statistik.

Bundesamt für Statistik (Hrsg.) (2003c). *Die Entwicklung des Arbeitsmarktes für hoch qualifizierte Arbeitskräfte 1991–2001.* Neuenburg: Bundesamt für Statistik.

Bundesinstitut für Berufsbildung (2001). Übergang von der Schule in die Berufsbildung. Statistische Analysen zur «Ersten Schwelle». *Meldung* 15/2001. Bonn: BIBB.

Bundesinstitut für Berufsbildung (2003). *Neues aus Europa*, Ausgaben 7 und 8, http:/www. bibb.de/5375.htm.

Deissinger, Th. (1996). Modularisierung der Berufsbildung. Eine didaktisch-curriculare Alternative zum «Berufsprinzip». In: K. Beck et al. (Hrsg.). *Berufserziehung im Umbruch.* Didaktische Herausforderungen und Ansätze zu ihrer Bewältigung. Weinheim: Deutscher Studienverlag, 189–207.

Descy, P. & Tessaring, M. (2002). *Kompetent für die Zukunft – Ausbildung und Lernen in Europa: Zweiter Bericht zur Berufsbildungsforschung in Europa – Synthesebericht.* Luxemburg: Cedefop Reference Series 5.

Dubs, R. (1999). Auf dem Weg zu einem neuen Berufsbildungsgesetz in der Schweiz. *Zeitschrift für Berufs- und Wirtschaftspädagogik*, 95 (3), 363–372.

Dubs, R. (2001). Grenzen ökonomischer Prinzipien aus pädagogischer Sicht. In: H.A. Wüthrich, W.B. Winter & A. Philipp (Hrsg.). *Grenzen ökonomischen Denkens.* Auf den Spuren einer dominanten Logik. Wiesbaden: Gabler, 289–303.

Dubs, R. (2001a). New Public Management im Schulwesen. In: N. Thom & R. J. Zaugg (Hrsg.). *Excellence durch Personal- und Organisationskompetenz.* Bern: Haupt, 419–440.

Dubs, R. (2003). *Qualitätsmanagement an Schulen.* St. Gallen: Institut für Wirtschaftspädagogik.

Dubs, R. (2004a). Lernortskooperation aus internationaler Perspektive: Schweiz. In: D. Euler (Hrsg.). *Handbuch der Lernortkooperation.* Band 1. Theoretische Fundierungen. Bielefeld: Bertelsmann, 564–579.

Dubs, R. (2004b). *Selbstgesteuertes und lebenslanges Lernen: Versuch einer unterrichtspraktischen Begriffsordnung.* In: R. Dubs, D. Euler & H. Seitz (Hrsg.). *Aktuelle Aspekte in Schule und wissenschaftlichem Unterricht.* St. Gallen: Institut für Wirtschaftspädagogik, 56–74.

Dubs, R. (2004c). *Bildungsstandards – ein erfolgreicher Paradigmawechsel?* Ein Umsetzungsversuch als Diskussionsgrundlage im Fach Volkswirtschaftslehre. In: M. Wosnitza, A. Frey & R.S. Jäger (Hrsg.). *Lernprozess, Lernumgebung und Lerndiagnostik.* Wissenschaftliche Beiträge zum Lernen im 21. Jahrhundert. Landau: Verlag Empirische Pädagogik, 38–55.

Dubs, R., Prandini, M., Zwyssig, M. & Käppeli, M. (1997 und 1998). *Evaluation des Rahmenlehrplans (RLP) für den allgemeinbildenden Unterricht (ABU) an gewerblich-industriellen Berufsschulen und Lehrwerkstätten.* St. Gallen: Institut für Wirtschaftspädagogik an der Universität St. Gallen.

Dybowski, G. (2000). Dynamisierung und Gestaltungsoffenheit der beruflichen Bildung. *Personalführung*, 33 (7), 16–22.

Eidgenössische Berufsmaturitätskommission (2003). *Empfehlungen an die Schulen betreffend den Einbezug externer Sprachdiplome in den Berufsmaturitätsabschluss vom 14. März 2003.*

Euler, D. & Reemtsma-Theiss, M. (1999). *Sozialkompetenzen?* Über die Klärung einer didaktischen Zielkategorie. Zeitschrift für Berufs- und Wirtschaftspolitik. 95 (2), 168–198.

Euler, D. (1999). *Kooperation der Lernorte in der Berufsbildung.* Expertise für die Bund-Länder-Kommission für Bildungsplanung und Forschungsförderung im Auftrag des Bundesministeriums für Bildung, Wissenschaft, Forschung und Technologie. Nürnberg: Universität, Lehrstuhl für Pädagogik.

Euler, D. (Hrsg.) (2004). *Handbuch der Lernortkooperation.* Band I. Theoretische Fundierungen. Bielefeld: Bertelsmann.

Fibbi, R., Bülent, K. & Piguet, E. (2003). *Nomen est omen: Quand s'appeler Pierre, Afrim ou Mehmet fait la différence.* Synthese 4 des Nationalen Forschungsprogramms Bildung und Beschäftigung. Bern: Koordinationsstelle Weiterbildung Universität Bern.

Frick, S.P.A. (2000). *Die Übungsfirma in der kaufmännischen Lehre. Zusammenhänge und Einflüsse auf die Entwicklung der beruflichen Handlungskompetenz.* St. Gallen: Dissertation HSG.

Gangl, M. (2003). Bildung und Übergangsrisiken beim Einstieg in den Beruf. Ein europäischer Vergleich zum Arbeitsmarktwert von Bildungsabschlüssen. *Zeitschrift für Erziehungswissenschaften.* 6 (1). 72–89.

Geissler, K.H. (1992). Hat das Duale System der Berufsbildung noch eine Zukunft? *Schweizerische Blätter für beruflichen Unterricht.* (117) 6/7, 259–264.

Geser, H. (1999). *Determinanten des Lehrstellenangebotes in Schweizer Industrie- und Dienstleistungsbetrieben.* Zürich: Universität, Soziologisches Institut.

Gonon, Ph. (Hrsg.) (1996). *Schlüsselqualifikationen kontrovers.* Aarau: Sauerländer.

Götze, W., Marty, R. & Zeltner, E. (1998). *Modularisierung in der Grundausbildung.* Entwicklungsprojekt 10. Kilchberg: Büro für Bildungsfragen.

Hässler, T. (1977). *Die Berufsmittelschule im industriell-gewerblichen Bereich. Berechtigung – Zielsetzung – Konzepte.* St. Gallen: Dissertation HSG.

Hennig, H.W. (1989). *Kosten der betrieblichen Lehrlingsausbildung.* Theoretische Ansätze zu ihrer Erfassung und Fallstudien bei schweizerischen Unternehmen. St. Gallen: Dissertation HSG.

Huptka, S. (2003). Ausbildungssituation und -verläufe. In: BFS (Hrsg.). *Wege in die nachobligatorische Ausbildung.* Die ersten zwei Jahre nach Austritt aus der obligatorischen Schule. Zwischenergebnisse des Jugendlängsschnitts TREE. Neuchâtel: Bundesamt für Statistik. 33–58.

IAB-Institut für Arbeitsmarkt und Berufsforschung (2003). *Beschäftigten- und Arbeitslosenstatistik der Bundesanstalt für Arbeit: Berufe im Spiegel der Statistik.* VI/4. Nürnberg: IAB.

Jaag, T. & Kummer, M. (2002). *Memorandum betreffend Bologna-Deklaration/Fachhochschulen.* Gutachten für Swiss Engineering, Zürich.

Jeschke, I. (2002). *Berufsschulen als regionale Kompetenzzentren in Bildungsnetzwerken. Analyse der aktuellen Diskussion und Ermittlung des Handlungsbedarfs für die praktische Realisierung.* Dresden: Technische Universität. Dresdner Beiträge zur Wirtschaftspädagogik.

Kell, A. (1985). Allgemeinbildung als Problem der Berufsschule. In: P. Dehnbostel, G. Heursen & G. Sattler (Hrsg.). *Bildung und Beruf.* Zur Stellung der allgemeinbildenden Fächer an beruflichen Schulen. Königstein: Anton Hein, 31–47.

Klieme, E. (2003). *Zur Entwicklung nationaler Bildungsstandards.* Frankfurt am Main: Deutsches Institut für internationale pädagogische Forschung.

Kloas, P.W.(1997). *Modularisierung in der beruflichen Bildung.* Berlin: Bundesinstitut für Berufsbildung.

Kopri, T. & Mertens, A. (2002). *Training Systems and Labor Mobility. A Comparison between Germany and Sweden.* SFB 373 Working Paper 19 (2002). Berlin: Humboldt Universität.

Lempert, W. (1995). Das Märchen vom unaufhaltsamen Niedergang des «dualen Systems». *Zeitschrift für Berufs- und Wirtschaftspädagogik.* 3 (91), 225–231.

Linderholm, Ch. & Parker, G. (Hrsg.) (2000). *Qualität der Ausbildung in der europäischen Union.* UEAPM.

Lipsmeier, A. & Pätzold, G. (Hrsg.) (2000). Lernfeldorientierung in Theorie und Praxis. Beiheft 15 zur *Zeitschrift für Berufs- und Wirtschaftspädagogik.*

Lipsmeier, A. (2000). Berufsschule in Abhängigkeit oder Autonomie? Lernortkooperation und Lernfeldorientierung als potenzielle Stabilisierungsfaktoren für das duale System. *Zeitschrift für Berufs- und Wirtschaftspädagogik.* 1 (96), 12–29.

Lipsmeier, A. (2001). Qualitäts- und Effizienzindikatoren für die berufliche Aus- und Weiterbildung in der internationalen Diskussion. In: T. Koch, G. Neumann & M. Stach (Hrsg.). *Aspekte Internationaler Berufspädagogik – Von der Qualitätssicherung über Länderberichte zur Methodik der Vergleichsforschung.* Kassel: Universität-Gesamthochschule, 35–57.

Lusti, M. (1981). *Die Vorhersage des Hochschul- und Berufserfolges von Wirtschaftswissenschaftern aus Schulleistungen und Intelligenzwerten.* St. Gallen: Dissertation HSG.

Metzger, Ch. (2001). Lernstrategien schweizerischer Berufsschülerinnen und Berufsschüler. *Empirische Pädagogik.* Zeitschrift zu Theorie und Praxis erziehungswissenschaftlicher Forschung, 15 (2), 343–361.

Metzger, Ch., Dörig R. & Waibel, R. (1998). *Gültig prüfen.* Modell und Empfehlungen für die Sekundarstufe II unter besonderer Berücksichtigung der kaufmännischen Lehrabschluss- und Berufsmaturitätsprüfungen. St. Gallen: Institut für Wirtschaftspädagogik.

Meyer, T., Stalder, B.E. & Matter, M. (2003). *Bildungswunsch und Wirklichkeit.* Thematischer Bericht der Erhebung PISA 2000. Neuchâtel: Bundesamt für Statistik.

Meyer, Th. (2003). Jugendliche mit Migrationshintergrund. In: *BFS (Hrsg.). Bundesamt für Statistik: Wege in die nachobligatorische Ausbildung.* Die ersten zwei Jahre nach Austritt aus der obligatorischen Schule. Zwischenergebnisse des Jugendlängsschnitts TREE. Neuchâtel: Bundesamt für Statistik. 111–118.

Meyer, Th. (2003a). Zwischenlösung – Notlösung? In: *BFS (Hrsg.). Bundesamt für Statistik: Wege in die nachobligatorische Ausbildung.* Die ersten zwei Jahre nach Austritt aus der obligatorischen Schule. Zwischenergebnisse des Jugendlängsschnitts TREE. Neuchâtel: Bundesamt für Statistik. 101–109.

Mittelstrass, J. (1998). Die Zukunft des Universitätssystems und die Universität St. Gallen. In: S. Spoun, E. Müller-Möhl & R. Jann (Hrsg.). *Universität und Praxis.* Zürich: Verlag NZZ, S. 535–548.

Moser, U. & Rhyn, H. (1996). *Evaluation der Sekundarstufe I im Kanton Zürich. Schulsystemvergleich.* Erster Bericht. Bern: Universität, Institut für Pädagogik.

Mühlemann, S., Schweri, J. & Wolter, S.C. (2004). *Warum Betriebe keine Lehrlinge ausbilden – und was man dagegen tun könnte.* Die Volkswirtschaft, 77 (9), 43–48.

Müller, W. & Shavit, Y. (1998). Bildung und Beruf im institutionellen Kontext. Eine vergleichende Studie in 13 Ländern. *Zeitschrift für Erziehungswissenschaft*, 1, 501–534.

OECD (1991). *Review of National Policies for Education.* Switzerland. Paris: OECD.

OECD (1997). *Economie Survey. Switzerland.* Paris: OECD (79–114).

Pilz, M. (1999). *Modulare Strukturen in der beruflichen Bildung – eine Alternative für Deutschland.* Eine explorative Studie am Beispiel des schottischen Modulsystems. Marktschwaben: Wirtschaftspädagogisches Forum.

Pilz, M. & Papenbrock, J. (2001). Flexibilisierungs- und Aktualisierungspotenziale der neugeordneten Laborberufe unter besonderer Berücksichtigung des/der Biologielaboranten/-laborantin. *Die berufsbildende Schule*, 53 (7/8), 232–237.

Rhyn, H. & Moser, U. (2001). *Input-Evaluation Zürcher Fachhochschule Winterthur.* Zürich: Kompetenzzentrum für Bildungsevaluation und Leistungsmessung an der Universität Zürich.

Rosen, S. (1972). Learning and Experience in the Labor Market. *Journal of Human Resources*, 7, 326–342.

Schneider, S. & Pilz, M. (2001). *Jugendarbeitslosigkeit als Gütekriterium für berufliche Bildungssysteme?* Eine kritische Analyse der zugrunde gelegten Objektbereiche und verwendeten Messinstrumente. Zeitschrift für Berufs- und Wirtschaftspädagogik. 97 (1), 108–124.

Schurer, B. (1977). *Die Anfangsphase der Erwerbstätigkeit nach dualer und vollschulischer Ausbildung.* Frankfurt am Main: Haag + Herrchen.

Schweri, J., Mühlemann, S. et al. (2003). *Kosten und Nutzen der Lehrlingsausbildung aus der Sicht der Schweizer Betriebe.* Chur: Rüegger.

Seitz, H. (1988). *Entwicklung der Qualifikationsanforderungen in kaufmännischen Berufen – Konsequenzen für das kaufmännische Bildungswesen.* Zürich: Verlag des Schweizerischen Kaufmännischen Verbandes.

Shavit, Y. & Müller, W. (2000). *Vocational Secondary Education. Where Diversion and where Safety net.* European Societies, 2, 29–50.

Sheldon, G. (1998). Die Berufslehre im wirtschaftlichen Strukturwandel. *Die Volkswirtschaft.* (4), 58–62.

Sidler, F. (2004). Die Bologna-Diskussion ist in vollem Gange. *Fachhochschule Schweiz*, 1, 19 – 20.

Smith, W. J. (1987). Time. In: M. J. Dunkin (Ed.). *The International Encyclopedia of Teaching and Teacher Education.* New York: Pergamon Press, 372–380.

Spirgi, S. (1986). *Die Berufsausbildung und die anschliessende Integration ins Erwerbsleben bei der Betriebslehre und bei der Lehre in einer öffentlichen Lehrwerkstatt.* St. Gallen: Dissertation HSG.

Sporn, B. (in Vorbereitung). *Studie für Avenir Suisse über eine «Vision Hochschullandschaft Schweiz 2012».*
Staatssekretariat für Wirtschaft (SECO) (2003). *Arbeitsmarktstatistik (Stand Oktober 2003).* Bern: SECO.
Stalder, B.E. (2003). Schule, Arbeit, Ausbildungszufriedenheit. In: BFS (Hrsg.). *Wege in die nachobligatorische Ausbildung.* Die ersten zwei Jahre nach Austritt aus der obligatorischen Schule. Zwischenergebnisse des Jugendlängsschnitts TREE. Neuchâtel: Bundesamt für Statistik. 59–79.
Steiner, M. (1980). *Lehrplandifferenzierungen in der kaufmännischen Berufsbildung. Untersuchung zur Problematik der Differenzierung nach Neigungen im schweizerischen kaufmännischen Berufsschulwesen.* St. Gallen: Dissertation HSG.
Strahm, R. (2003). «Bologna» – Grab für die Berufslehre? *Neue Zürcher Zeitung* vom 11. April 2003, Nr. 85, 13.
Strohmeier, R. (2001). Die bildungs- und berufspolitischen Zielsetzungen und Zuständigkeiten der EU sowie ihre Entscheidungsprozesse. In: G. Rothe (Hrsg.). *Die Systeme beruflicher Qualifizierung Deutschlands, Österreichs und der Schweiz im Vergleich.* Villingen-Schwenningen: öbv & hpt Verlagsgesellschaft, 84–89.
Swissmem (1999). *Modell-Lehrgang Polymechaniker/Polymechanikerin.* 2. Auflage. Winterthur: Swissmem.
Swissmem (2002). *Modell-Lehrplan Polymechaniker/Polymechanikerin.* Version 3.0. Winterthur: Swissmem.
Swissmem (2002a). *Berufsübergreifende Fähigkeiten.* 3. Auflage. Winterthur: Swissmem.
Swissmem (2003). *Swissmem-Bulletin* Nr. 18 vom 9. September 2003. Winterthur: Swissmem.
Timmermann, D. (1988). Die Abstimmung von Bildungs- und Beschäftigungssystem: ein Systematisierungsversuch. In: H.J. Bodenhöfer (Hrsg.). *Bildung, Beruf, Ausbildung.* Berlin: Duncker & Humblot, 25–82.
Topel, R.H. & Ward, M.P. (1992). Job Mobility and the career of Young Men. *The Quarterly Journal of Economics.* 107 (2), 439–479.
Utinger, U. (2003). *Lehrstellenabbau hat selten konjunkturelle Gründe.* Panorama, 6, 44–46.
Wagenschein, M. (1973). Verstehen, Lehren. Genetisch-Sokratisch-Exemplarisch. Weinheim: Beltz.Weinert, F. E. (2001). Concept of Competence: A Conceptual Clarification. In: D.S. Rychen & L. Hersh Salganik (Eds.). *Defining and Selecting Key Competences.* Göttingen: Hogrefe & Huber, 45–63.
Westholm, G. (1994). Die Arbeit des OECD-Direktorats für Wissenschaft, Technologie und Industrie auf dem Gebiet von Statistik und Indikatoren. In: W. Miller & U. Schäfer (Hrsg.). *Die internationalen Bildungsindikatoren der OECD – ein Analyserahmen.* Frankfurt a.M.: OECD/CERI-Bericht.
Wettstein, E. (2001). Ein Modell macht Karriere. *Berufsbildung aktuell.* Nr. 54.
Wettstein, E. (2002). *EURO-BAC Schweiz. Schlussbericht zuhanden des Bundesamtes für Berufsbildung und Technologie* (unveröffentlicht).

Wilbers, K. (2002). Die Schule im regionalen Berufsbildungsnetzwerk. In: BLK (Hrsg.). *Kompetenzzentren: Kompetenzzentren in regionalen Berufsbildungsnetzwerken – Rolle und Beitrag der beruflichen Schulen*. Bonn: BLK, 101–121.

Wolter, S.C. & Schweri, J. (2004). Kosten und Nutzen der Berufsmatur. *Die Volkswirtschaft*, 77 (4), 26–29.

Wolter, S.C., Mühlemann, S. & Schweri, J. (2003). Why Some Firms Train Apprentices and Many Others Do Not. *Discussion Paper IZA DP* No. 916. Bonn: Forschungsinstitut zur Zukunft der Arbeit.